서해의 에메랄드, 신안 천사섬

역사문화
진경 산책
3

서해의 에메랄드, 신안 천사섬

황호택 이광표 지음

역사문화 진경 산책 3
서해의 에메랄드,
신안 천사섬

지은이 황호택 이광표
펴낸이 이리라

책임 편집 이여진
편집 에디토리얼 렌즈
표지 디자인 엄혜리

2024년 8월 20일 1판 1쇄 펴냄

펴낸곳 컬처룩
등록번호 제2011- 000149호
주소 03993 서울시 마포구 동교로 27길 12 씨티빌딩 302호
전화 02.322.7019 | 팩스 070.8257.7019 | culturelook@daum.net
www.culturelook.net

ⓒ 2024 황호택 이광표

ISBN 979 - 11 - 92090 - 42 - 9 04910
ISBN 979 - 11 - 85521 - 78 - 7 (세트)

* 이 책의 출판권은 저자와의 계약을 통해 컬처룩에 있습니다. 저작권법에 의해 보호를 받는 저작물이므로 어떤 형태나 어떤 방법으로도 무단 전재와 무단 복제를 금합니다.

culturelook

차례

머리말　9
감사의 말　13

1부 흑산도, 홍도 권역

20　철새는 날아가고 홍어는 돌아온다: 흑산도 ① 철새 박물관과 전국 최대의 홍어 위판장
29　어부들을 구해 준 흑산 고래: 흑산도 ② 고래잡이와 바다 어시장 파시
37　해양 생물 백과사전 《자산어보》 탄생지: 흑산도 ③ 사리마을 훈장 정약전
46　유배지에서 그리스도인의 삶: 흑산도 ④ 정약전의 길
55　장보고 선단이 기항한 국제 항구: 흑산도 ⑤ 봉수대와 중국 사신 관사 터
64　바다에서 감상하는 만물상: 홍도 ① 유람선 여행
75　오랜 세월 파도가 둥글게 깎은 몽돌 해변: 홍도 ② 골목 여행과 방파제 포장마차
84　국내 최초로 섬에서 발견된 산지 습지: 대장도의 해무
93　억울한 세금…… 정조 행렬에 징 울렸다: 대둔도의 의인 김이수, 정약전의 조교 장덕순
103　3관왕 명품 마을의 거북손과 홍합: 코끼리 바위섬 영산도
112　'부러진 연필 자루' 수백 개, 1억 년 비경: 〈삼시세끼〉와 낚시꾼의 섬 만재도
121　2m 대물 심해어 '돗돔'의 황금 어장: 가거도의 경승, 달뜬목 해뜰목

2부 북부 권역

136   6월 병어 맛 모르고 어찌 여름 나려는가: 병어의 중심지 지도

145   현복순 할머니의 30년 수선화 사랑: 작아서 더 예쁜 섬 선도

154   부자 양반이 먹던 민어와 전장포 새우젓: 매화와 튤립의 섬 임자도

163   투명하게 빛나는 광활한 소금밭: 증도 ① 국내 최대의 염전

173   신안 보물섬, 한국 수중고고학의 탄생: 증도 ② 신안선과 짱뚱어 이야기

184   갯벌 위로 걷는 12km 노두 길 섬티아고: 순교자의 길 따라 걷는 기점·소악도

3부 중부 권역

200   눈 오는 날 애기동백꽃 4,000만 송이: 압해도의 바다 정원과 고이도의 왕산성

209   동양 최대 독살에서 숭어가 뛴다: 자은도의 뮤지엄파크와 무한의 다리

218   소작 쟁의 주역들과 친일 지주의 변신: 동백나무 파마머리의 암태도

228   참척의 슬픔을 이겨낸 이순신: 정유재란 승리의 교두보, 팔금도

238   신안의 섬들, 김환기 추상화의 점이 되다: 한국 미술 최고가 132억 원, 김환기 미학의 산실 안좌도

248   라벤더가 지천인 보랏빛 성지: 형제섬 박지도와 반월도

4부 남부 권역

262 시금치와 비금 섬초는 이렇게 다릅니다: 비금도 ① 섬초와 대동염전
271 AI 알파고를 무너뜨린 이세돌의 바둑 DNA: 비금도 ② 한국과 프랑스의 첫 만남
280 수국의 파스텔 톤에 흠뻑 취하다: 도초도, 수국 축제와 〈자산어보〉 세트장
289 홍어 장수 문순득의 필리핀 마카오 표류기: 우이도 ① 정약전 인터뷰집 《표해시말》
296 살기 위해 배교한 정약전의 마지막 기도: 우이도 ② 가장 오래된 해양 문화유산 진리 선창
307 큰 바위 얼굴로 우뚝 솟은 섬마을 소년: 김대중의 영원한 고향 하의도
315 의원·장관 5명 나온 고택: 노블레스 오블리주의 섬 장산도
324 목포에서도 여기 낙지는 최고로 알아줍니다: 다이아몬드 제도의 중앙, 팔구포 옥도
334 해오름길에서 바라본 다도해 풍광: 전국 천일염 20% 생산하는 신의도

5부 천사섬의 미각과 미학

348 남도 섬에만 있는 산해진미: 신안의 미각 ①
355 우럭돌미역국, 간재미무침, 붕장어탕……: 신안의 미각 ②
363 예술과 낭만이 있는 한국의 나오시마: 신안의 꽃 축제와 박물관 미술관
371 우리는 왜 신안으로 가는가: 새로운 신안학을 위하여

참고 문헌   379

일러두기
- 한글 전용을 원칙으로 하되, 필요한 경우 원어나 한자를 병기하였다.
- 한글 맞춤법은 '한글 맞춤법' 및 '표준어 규정'(1988), '표준어 모음'(1990)을 적용하였다.
- 외국의 인명, 지명 등은 국립국어원의 외래어 표기법을 따랐으며, 관례로 굳어진 경우는 예외를 두었다.
- 사용된 기호는 다음과 같다.
  영화, 시, 노래 제목, 신문 및 잡지 등 정기 간행물, 학위 논문 등:〈 〉
  책(단행본):《 》

머리말

신안은 섬으로만 이뤄진 군郡이다. 거제시, 울릉군, 강화군, 진도군 등 섬으로 이뤄진 기초자치단체가 여럿 있지만 신안은 그 차원이 다르다. 신안군에 속해 있는 섬은 72개 유인도와 953개 무인도를 합해 1,025개. 우리나라 섬 전체의 3분의 1을 차지한다.

그러나 실제 섬의 수보다 21개나 줄여 1004섬이라고 부른다. 그렇다고 해서 아무도 이유를 따지지 않는다. 1004는 천사天使다. 브랜드 네이밍 Brand Naming의 성공작이다. 사우전드 아일랜드Thousand Island는 캐나다와 미국 국경을 가로지르는 1864개 섬을 부르는 지명이다. 천사섬은 사우전드 아일랜드에 비해 훨씬 실제 수에 가까운 근사치다.

신안 하면 사람들은 무엇을 떠올릴까. 섬과 바다가 어우러진 멋진 풍광, 유네스코 세계자연유산 갯벌, 국내 최대 규모의 천일염전(증도, 비금도, 신의도 등), 정약전과 《자산어보》(흑산도, 우이도), 홍도의 기암괴석 비경, 1920년대 치열했던 소작 쟁의 운동(암태도), 김대중 전 대통령의 고향(하의도), 국내 미술품 경매 최고가 신기록(132억 원)의 주인공인 김환기의 고향(안좌도), 세계적인 프로 바둑 기사 이세돌의 고향(비금도), 보랏빛 가득한 퍼플섬(반월도, 박지도), 섬티아고 순례길(대기점도, 소기점도, 소악도), TV 예능 프로그램 〈삼시세끼〉 촬영지(만재도), 산 정상부에 있는 람사르 습지(장도), 2m 대물 심해어 돗돔을 만나러 가는 섬(가거도)…….

2년 전만 해도 두 저자의 생각 또한 이 정도에서 멈췄다. 그런데 신안의 섬들을 직접 답사하고 사람들을 만나 보니 그게 아니었다. 신안은 우리 생각보다 훨씬 더 넓고 훨씬 더 깊었다. 뭍에서는 발견할 수 없는 섬 특유의 내력이 있고 거센 파도를 헤치고 살아온 끈질긴 생명력이 있다.

신안엔 홍어, 간재미, 낙지, 짱뚱어, 병어, 민어와 같은 생선이 있고 최고 품질의 시금치(비금 섬초)가 있으며 맛깔 나는 먹거리가 수두룩하다. 수선화, 수국, 맨드라미, 원추리, 매화, 동백, 유채꽃, 튤립, 라벤더 등 아름다운 꽃이 사시사철 있고 그 꽃이 발산하는 특유의 색깔이 섬을 물들인다. 꽃과 어우러진 다양한 축제가 1년 내내 열린다. 섬 곳곳에 멋진 박물관과 미술관이 생기고 있다. 이러한 것들은 서로 어우러지면서 신안의 핵심적인 문화 관광 자원으로 자리 잡았다.

1년 내내 축제 열리는 신안의 섬들

우리가 신안의 매력을 제대로 만나게 된 것은 2023년 초. 경기도 남양주와 전남 담양 책을 출간해 놓고 다음 작품을 놓고 고민하던 차에 김충식 가천대 부총장이 찾아왔다. 김 부총장은 신안과 아무 인연이 없던 필자들을 연결시켜 주었고 아이디어를 제시하고 우리가 모르는 이야기들을 들려줬다. 《서해의 에메랄드, 신안 천사섬》이라는 책 제목도 김 부총장의 작품이다. 〈오마이뉴스〉에 연재한 시리즈의 제목은 "서해의 보석"이었는데, 밀리언 셀러 《남산의 부장들》의 저자답게 감각적인 작명을 해 주었다.

2023년 초부터 준비에 들어가 그해 8월부터 집필을 시작했다. 연재는 2024년 5월까지 한 주도 거르지 않고 계속되었다. 우리 두 사람이 1년 가까이 37회에 걸쳐 매주 글을 쓰는 것은 그리 쉬운 일은 아니었다. 그러나 많은 분의 격려에 힘입어 무사히 연재를 마칠 수 있었다. 그 연재 원고를 수정보완해 이렇게 한 권의 책으로 펴내게 되니 가슴이 뿌듯하다. 이 책들은 수많은 도시의 골목 도서관 서가에 꽂혀 독자의 손길을 기다릴 것이다.

신안의 역사문화를 다룬 책, 신안의 여행안내 책은 벌써 여러 권 나와 있다. 그럼에도 우리가 이 책을 내는 이유는 좀 더 의미 있고, 보다 가슴 뭉클한 신안을 보여 주고 싶어서다. 신안의 대표적인 섬들을 속속들이 찾아다니고 그 지역 사람들을 만나 이야기를 듣고 관련 자료를 뒤졌다. 이를 토대로 그 섬들의 다채로운 내력과 면모, 아름다운 장소와 여러 뒷얘기 등 유익하고 흥미로운 정보를 풍성하게 담고자 했다. 정보의 재미와 질, 정확성에 특히 역점을 두었다. 그동안 일반인들에게 잘 알려지지 않았던 내용을 소개하고자 노력했으며 잘못 알려진 내용을 바로잡고자 했다.

우리가 신안의 섬들을 답사 취재하면서 글을 썼던 1년 6개월은 힘들었지만 무척이나 행복한 시간이었다. 신안의 맛과 멋에 매료되는 차원을 넘어 섬과 바다의 역사적 문화적 존재 의미를 체감하는 시간이었다. 이러한 경험을 독자들과 함께하고 싶다. 이 책이 신안 여행을 즐기고 신안의 문화와 역사를 제대로 이해하는 교본이 되길 기대한다.

신안군의 박우량 군수, 이정수 기획전략실장, 박희성 기획의회팀장, 주춘규 주무관, 이재근 학예사의 세세한 관심과 도움이 없었으면 이 책은 나오지 못했을 것이다. 목포항에서 출렁거리는 파도에 쾌속선을 떠나보내며 생면부지의 섬들을 연결시켜 준 나광수 남해고속 회장에게도 감사드린다.

황호택 이광표

감사의 말

이 책이 나오기까지 많은 분들이 도움을 주셨습니다. 특히 박우량 신안 군수, 김충식 가천대 부총장, 박석무 다산연구소 이사장, 최성환 목포대 교수의 격려와 지원에 크게 힘입었습니다. 그 외 답사 및 연재 과정에서 도 아낌없이 도움을 준 분들에게 감사의 마음을 전합니다.

강경순 신안군 비금면 주민 | 강선희 신안군 식문화팀장 | 강원석 신안군 신의면 6형제 소금밭 대표 | 강주등 신안군 신의면 6형제소금밭 대표 | 고경남 신안군 세계유산과 장 | 고광복 신안군 장산면 대리 이장 | 김경민 신안군 하의도 관광해설사 | 김경인 남 해고속 이사 | 김광석 영산강유역환경청 해설사 | 김기철 가거도 중학교 과학 교사 | 김 대중 신안군 비금농협 과장 | 김상현 흑산도 철새박물관 주무관 | 김선호 퍼플섬 반 월도 이장 | 김성종 신안군 지도읍사무소 주무관 | 김언종 한국고전번역원장 | 김옥경 《유네스코 세계유산 신안 갯벌》 저자 | 김용민 대둔도 오정리 이장 | 김윤인 흑산도 김 이수 6대손 | 김정중 자은면 직원 | 김준 광주전남연구원 책임연구위원 | 김창식 장도 습지 해설사 | 김하송 고구려대(현 나주대) 교수 | 김혁제 가거도 관리사무소 직원 | 김 현우 신안군 소악도 소악교회 | 김호남 신안군 공무원 | 김효순 남해고속 과장 | 나승 두 신안군 지도읍 선도 주민(현복순 할머니 사위) | 나광수 남해고속 회장 | 노선미 신 안군 관광진흥과 영양사 | 노용태 가거도 등대 소장 | 모성현 압해읍 고이도 출장소 직

13

원 | 문은임 신안군 우이도 문순득 6대손 | 문종옥 신안군 우이도 진리1구 이장 | 문치성 압해도 천사섬 분재공원 팀장 | 박관호 신안군 가고싶은섬 지원팀장 | 박상철 신안군 팔금면 원산리 이장 | 박종화 태평염전 본부장 | 박흥영 신안군 우이도 진리2구 이장 | 서용락 신안군 기획의회팀장 | 송승학 신안군 하의면 옥도출장소장 | 양영근 압해읍장 | 유창훈 요셉 흑산성당 신부 | 이건욱 신안군 문화예술팀 주무관 | 이동석 전라남도 문화관광해설사 | 이미주 신안군 관광진흥과 | 이재근 신안군 학예사 | 이재언 《한국의 섬》저자 | 이정수 신안군 기획홍보실장 | 이춘복 하의 유스호스텔 관장 | 이화영 신안군 자은면장 | 임동수 전라남도 문화관광해설사 | 임병진 신안군 소악도교회 목사 | 장미숙 신안군 하의면 옥도출장소 주사 | 장하석 장병준 손자 | 전영진 신안군 압해읍 부읍장 | 정병길 전남해양수산과학원 갯벌연구팀 연구사 | 조대선 가거도 어민 | 주춘규 신안군 기획홍보팀 주무관 | 최강 전라남도 문화관광 해설사 | 최바다 신안군 영산도 주민 | 최성광 신안군 영산도 명품마을위원장 | 최성원 압해읍 고이도 출장소장 | 최완신 철새박물관 주사 | 최완웅 신안군 장산면장 | 최휘철 신안문화원 사무국장 | 한재성 신안군 임자면장

1부
흑산도, 홍도 권역

대둔도

흑산도

영산도

홍도

대장도

가거도   만재도

흑산도 상라산 쪽에서 내려다본 상 나리 고개 열두 굽잇길. ⓒ 신안군

홍도의 북쪽 끝에 있는 홍도 등대. 1931년 일제가 대륙 침략의 목적으로 세운 것이다. ⓒ 신안군

 # 철새는 날아가고 홍어는 돌아온다

흑산도 ① 철새 박물관과 전국 최대의 홍어 위판장

흑산도 사람들은 홍어라는 말이 생기기 전부터 홍어를 잡았다. 인근 예리항 상가 골목에서 단일 업종으로 가장 많은 점포가 홍어 가게다. 전국을 상대로 하는 중매인, 도매인과 홍어 식당이 몰려 있다. 예리항 부두에는 홍어 모양으로 생긴 '黑山島(흑산도)' 표지석이 배에서 내리는 선객들에게 홍어의 본고장에 왔음을 알려준다. 대청도와 군산에서도 홍어가 잡히지만 홍어의 본고장이자 집산지는 누가 뭐래도 흑산도다.

홍어 표지석 뒤에는 신석기 시대부터 인간이 거주한 흑산도의 연혁이 빼곡하게 적혔다. 손암 정약전巽庵 丁若銓(1758~1816, 정약용의 형)이 지은 《자산어보玆山魚譜》는 비늘이 없는 고기인 무인류無鱗類의 첫 번째로 홍어를 소개하는데 설명이 흥미롭다.

> 암컷은 크고 수컷은 작다. 몸통은 연잎과 비슷하게 생겼고 색깔은 적흑색이다. 연한 코는 머리 위치에 있는데 몸에 붙어 있는 부분은 두툼하고 끝부분은 뾰족하다. 수컷은 생식기가 두 개 있다. 생식기는 뼈이고 생김새는 구부러진 칼과 같다. 그 아랫부분에 알주머니가 있다. 양쪽 날개에 가느다란 가시가 있어서 암컷과 교미할 때면 날개가 가시로 암컷을 걸어 붙잡고 교미한다. 혹 암컷이 낚싯바늘을 물고 엎드리면 수컷이 다가가 교미하기도 해서, 낚싯바늘

예리항 부두에 있는 홍어 모양의 흑산도 표지석. ⓒ 황호택

을 들어 올리면 함께 따라서 올라온다. 암컷은 먹는 것 때문에 죽고 수컷은 음탕함 때문에 죽는 것이니 색욕色慾을 탐하는 자들에게 경계가 될 만하다.

정약전은 수컷 홍어의 목숨을 건 색욕을 나무라고 있지만 후대에 DNA를 전달하려는 본능은 어느 동물에나 있다. 하필 사랑을 나누던 암컷이 어부가 내려보낸 미끼에 걸린 타이밍이 나빴을 뿐. 홍어는 수컷보다 암컷을 더 알아준다. 암컷이 크고 고기 맛이 좋다. 수컷의 생식기는 홍어 꼬리 양쪽으로 하나씩 붙어 있다. 수컷 생식기에는 가시가 숨어 있어 조업하다가 손을 다칠 수도 있어 어부들은 수컷을 낚자마자 배 위에서 생식기를 싹둑 잘라낸다. 맛도 떨어지고 가격도 싸니 미련 없이 쳐낸다. 여기서 "만만한 게 홍어ㅇ"이라는 속어가 생겼다.

↑ 흑산도 수협 위판장에서 중매인이 경락競落한 홍어를 들어 보이고 있다. ⓒ 박학준

↓ 막걸리와 함께 신김치와 돼지 삼겹살, 삭힌 홍어를 싸서 먹는 홍탁삼합은 서울의 한정식집에서도 인기 품목이 된 지 오래다. ⓒ 구영식

홍어 늘게 한 신의 한 수

홍어는 '걸낙'을 이용해서 잡는다. 걸낙에는 고기를 걸리게 하는 갈고리인 미늘이 없다. 미끼를 끼우지 않는 여러 개의 낚시를 매달아 홍어가 헤엄치는 바다 바닥에 늘어놓는다. 날개를 퍼덕이며 헤엄치는 홍어의 속성을 이용한 낚시 도구다. 역사가 오랜 이 홍어잡이 방식이 2021년 해양수산부의

국가중요어업유산으로 지정됐다.

　남도 사람들은 홍어로 상차림에 점수를 매긴다. 전라도에서는 잔칫상뿐 아니라 장례식장 조문객 상차림에도 홍어 음식이 나온다. 홍어는 살은 말할 것도 없고 뼈부터 내장까지 버릴 것이 없다. 정작 흑산도, 영산도 사람들은 삭힌 홍어를 먹지 않는다. 한 주민은 "생홍어회가 훨씬 쫀득쫀득한 식감이 좋다. 삭히면 이런 맛이 사라지고 톡 쏘는 맛만 남는다"라고 말했다.

　그러나 삭힌 홍어에 입맛이 길든 이들의 반론도 들어봐야 한다. 정약전은 《자산어보》에서 나주와 가까운 고을 사람들은 삭힌 홍어를 즐겨 먹으니 보통 사람들과는 기호가 같지 않다고 적었다. 삭힌 홍어는 원래 나주 영산포에서 유래했다는 것이 정설이다. 흑산도에서 홍어를 잡아 배에 싣고 며칠 걸려 영산포에 다다르면 운반 도중에 발효가 됐다.

　삭힌 홍어에서 발생하는 암모니아 냄새는 요소 성분이 분해되어 나오는 것이다. 암모니아는 그 자체로 인체에 해가 없고 부패 박테리아의 증식을 억제한다. 홍어에서 암모니아 냄새가 나는 동안은 홍어의 살이 부패하지 않는다. 삭히는 기간은 보통 사나흘에서 일주일 정도 된다. 막걸리와 함께 신김치와 돼지 삼겹살, 삭힌 홍어를 싸서 먹는 홍탁삼합洪濁三合은 서울의 한정식집에서도 인기 품목이 된 지 오래다. 추운 겨울에 홍어 내장(애)에다 파릇파릇한 보리 순을 넣고 된장을 풀어 끓이는 홍어앳국도 한번 먹어 보면 쉽게 그 맛을 잊지 못한다.

　국립수산과학원은 홍어의 인공 부화와 양식을 연구했으나 경제성이 떨어져 중단했다. 홍어는 부화에 3~6개월이 걸리고 한 번에 고작 4~6개의 알을 낳는다. 냉수성 어종인 홍어를 기르려면 양식장에 전기로 가동하는 쿨러를 설치해야 하는 데 비용이 만만찮게 들었다.

　하지만 반가운 소식도 있다. 흑산 어장에 홍어가 다시 돌아온 것이다.

신안군의 보조금을 받고 폐선한 홍어잡이 배가 새 조각 공원에 전시돼 있다. ⓒ 황호택

김대중 정부 때는 수요가 급증해 8kg 암홍어 한 마리가 100만 원을 호가했으나 지금은 홍어의 어획량이 늘어나면서 25만 원 정도면 살 수 있다. 홍어의 산란기인 6월 1일~7월 15일에 홍어를 못 잡게 하는 금어기禁漁期를 설정한 것이 신의 한 수였다. 전국에서 홍어가 모여드는 흑산수협 위판장도 이 기간에는 문을 닫는다. 홍어의 오른쪽 날개 끝에서 왼쪽 날개 끝까지의 길이(체반장) 42cm 미만은 잡지 못하게 법으로 금지했다.

《세종실록지리지》에는 1454년 홍어를 임금에게 진상했다는 기록이 나온다. 태풍을 만나 오키나와, 필리핀, 마카오까지 떠돌다 귀국한 홍어 장수 문순득文淳得(1777~1847)의 표류기 《표해시말漂海始末》은 흑산도 권역에서 홍어 매매가 중요한 경제 활동이 되었음을 보여 준다.

철새들의 정거장

한반도의 서남단에 자리한 흑산군도는 목포에서 직선으로 약 115km, 중

흑산도에 있는 신안 철새박물관. ⓒ 신안군

국 양쯔강 하구에서는 약 450km 떨어져 있다. 봄, 가을 이동기에 한반도를 통과하는 많은 철새가 월동지인 동남아시아와 번식지인 시베리아 등으로 이동하는 중간에 흑산도를 기착지로 이용한다.

 철새는 계절의 변화에 따라 가장 좋은 환경에서 번식하기 위해, 또는 추운 겨울을 나기 위해 이동한다. 여름 철새는 동남아시아 등 따뜻한 지역에서 겨울을 지내고 우리나라에서 번식한다. 겨울 철새는 시베리아 등 고위도 지역에서 번식하고 겨울에 우리나라를 찾는다.

 겨울 철새들의 번식지인 몽골, 시베리아, 알래스카 지역 등 고위도 지역은 면적이 광대하다. 시베리아 등 고위도의 겨울은 1월 평균 기온이 영하 22도. 여름 2~3개월 동안 시베리아는 완전히 다른 모습을 보인다. 평균 온도가 14도로 높아져 눈과 얼음이 녹고, 초원과 습지, 숲이 끝없이 펼쳐지며, 곤충 등 먹이가 풍부해진다.

 번식이 끝나면 추위를 피하고 먹이를 찾아 더 따뜻한 남쪽으로 철새

흑산도 읍동마을에 있는 새 조각 공원. ⓒ 황호택

들은 이동한다. 우리나라에 여러 종류의 물새, 맹금류들과 산새들이 겨울을 나기 위해 온다. 또 다른 조류들은 연중 온난한 동남아시아로 이동하고, 도요물떼새 중 큰뒷부리도요나 붉은어깨도요는 여름철엔 호주까지 이동한다.

철새들은 장거리 이동을 위해 출발하기 전에 평상시보다 많은 양의 체지방(30~50%)을 축적한다. 이러한 급격한 지방 축적은 며칠 동안 쉬지 않고 비행하기 위한 것이다. 이동 시기에 철새들은 5,000~10,000m 높이까지 올라간다.

1982년 천연기념물로 지정된 칠발도는 신안군 비금면에 있는 무인도다. 동아시아 대양주 철새 이동 경로의 서식지로 인증된 섬이다. 해수면 높이에 따라 7개 또는 8개의 섬이 보인다고 해서 원래 이름은 칠팔도였다. 가장 큰 섬은 경사가 급한 종 모양으로 정상에는 1905년 설치된 등대가 있다. 바다제비는 약 1만 쌍, 바다쇠오리는 최소 2,000여 쌍, 슴새는 수백

동아시아와 대양주 철새 이동 경로에 있는 바닷새의 낙원 칠발도. ⓒ 신안군

쌍이 번식한다.

흰꼬리수리는 매우 큰 수리로 흑산도와 홍도에서 관찰되는 겨울 철새다. 멸종 위기 야생 동물 1급으로 지정받은 천연기념물. 전신은 약 65~95cm, 양 날개를 편 길이는 1.8~2.5m에 이른다. 먹이는 육식성으로 연어·송어는 물론, 토끼·쥐 같은 소형 포유류, 오리·꿩 같은 날짐승 등을 잡아먹는다. 수달이나 가마우지 등이 사냥한 먹이를 빼앗아 먹기도 한다. 하늘의 멋쟁이 흰꼬리수리가 급격히 멸종 위기에 처한 이유는 농약 살충제 등의 살포로 먹이가 급격히 감소했기 때문이다.

새장 열어 동박새 날려 보낸 법정 스님

흑산도 철새박물관은 1952년 여름방학 때 대학생 친구들과 흑산도를 찾은 법정 스님(속명 박재철)의 사진을 전시하고 있다. 흑산도 사람들은 동백나무 숲에 흔한 동박새를 잡아서 애완용으로 키우거나 새장에 넣어 관광객들에

멸종 위기 야생 동물 1급 흰꼬리수리는 흑산도와 홍도에서 관찰할 수 있다. ⓒ 신안군

게 팔았다. 동박새는 귀엽고 목소리가 아름답다. 사진 속의 법정 스님 앞에는 새장이 놓여 있다. 법정 스님은 기념으로 사진을 찍은 후 새장 문을 열어 갇혀 있던 동박새를 풀어 주었다고 한다.

흑산도 배낭기미습지는 국립공원 특별 보호 구역이다. 태풍 때를 제외하곤 바닷물이 유입되지 않는 담수 습지다. 버드나무, 찔레나무, 소나무 등이 많이 자라고, 습지 중심부에 물웅덩이가 형성되어 있다. 다양한 먹이와 갈대숲 같은 은신처가 있어 철새의 중요한 보금자리다.

세계적으로 1만 1,000여 종 철새가 있으나 우리나라에서는 580여 종이 관찰된다. 이 중 400여 종이 흑산도를 거쳐 가고 있다. 철새를 연구하는 학자들에게 흑산도는 성지 같은 곳이다. 흑산도에는 철새박물관, 새조각공원, 철새연구센터가 함께 모여 있어 철새를 관찰하고 공부하는 학생들에게 최적의 학습장이다.

어부들을 구해 준 흑산 고래

흑산도 ② 고래잡이와 바다 어시장 파시

다산 정약용茶山 丁若鏞(1762~1836)의 차남 정학유丁學游(1786~1855)는 부친의 당부로 둘째 큰아버지인 정약전을 찾아뵈려고 1809년 2월 험한 뱃길에 올랐다. 전남 강진을 떠나 영암 도씨포에서 벼 110석을 싣고 흑산도로 가는 중선中船을 얻어 탔다. 화물이 무거워 배허리에서 물에 잠기지 않은 부분이 한 뼘도 채 안 되었다. 지금 같으면 쾌속선으로 두 시간이면 닿을 뱃길을 꼬박 여드레나 걸렸다.

마침내 흑산도가 바라다보이는 교맥도蕎麥島 인근에 다다라 점심을 먹었다. 교맥은 메밀의 한자어다. 섬의 모양이 메밀을 닮았대서 생긴 이름이다. 지금은 매물도라 불린다. 학유는 교맥도 앞에서 난생처음으로 고래 다섯 마리가 바다 위로 솟구치며 소리치고 물기둥을 뿜는 장관을 보고 기행문《부해기浮海記》에 글을 남겼다.

막 밥을 먹으려는데 갑자기 큰 소리가 바다 가운데서 일어나니 하늘을 쪼개고 땅을 찢는 듯하였다. 뱃사공이 수저를 놓칠 정도였다. 나 또한 매우 놀라 넋이 나갈 지경이었다. 물어보니 고래 울음소리라고 한다. 이때 고래 다섯 마리가 나와 노닐며 멀리서 거슬러 왔다. 그중 한 마리가 하늘을 향해 물을 뿜는데, 그 형세가 마치 흰 무지개 같고, 높이는 백 길 남짓이었다. 처음 입에서 물을 뿜자 물기둥이 하늘 끝까지 떠받치는 것 같았다…… 물을 뿜을 때는 고개는 치켜 등마루를 솟구치니, 마치 물건을 운반하는 큰 배와 같았다. 수면에서 몸을 뒤집자 검은 거죽이 몹시 어두웠고 비린내가 확 끼쳐 왔다. 겁이 나서 가까이할 수가 없었다.

그날 날이 늦은 뒤에야 배가 흑산도 사리마을에 도착했다. 학유는 흥분을 가라앉히고 유배 중인 중부仲父 약전에게 절을 올렸다.

흑산도 근해는 수온과 수심이 적당하고 조기, 멸치, 새우, 청어 등 먹이가 풍부해 대형 고래들이 찾아오는 어장이었다. 특히 흑산도는 해마다 산란을 위해 한반도 서해를 회유하는 조기 군단의 통로. 고래는 조기가 산란장과 월동장을 이동하는 길목을 지켰다.

고래가 구해 준 목숨 '思鯨' 족보에 올라

사리마을 주민 박남석(87) 씨 집안에는 고래가 조상들의 목숨을 구해 준 이야기가 전해 내려온다. 남석 씨의 아버지(경문)와 당숙 등 네 명이 흑산도 서남쪽 바다에서 조업 중 갑자기 거센 바람이 불기 시작해 생사 위기에 처했다.

다들 뱃전을 붙잡고 바닥에 납작 엎드려 있는데 거대한 고래가 나타났다. 고래는 배 밑창 아래로 들어가 어선을 받치고 흑산도 쪽으로 다가가 배를 등에서 내려놓았다. 어부들은 마을로 돌아가려고 허겁지겁 노를 저었지만 돌풍이 강해 배를 통제할 수 없었다. 그때 저만치 멀어졌던 고래가 다시 돌아와 배를 사리마을 앞 해변까지 밀어주어 무사히 집으로 돌아올 수 있었다.

근해에서 조업하는 옛 한선韓船은 바닥이 평평한 평저선平底船이 많았다. 대왕고래 같은 경우는 길이가 21~27m에 이르니 작은 배는 가랑잎처

흑산도 고래판장이 있던 곳에 고래공원을 만들었다. ⓒ 신안군

럼 등에 얹을 수 있다. 흑산 바다에서 가장 많이 나온 참고래도 길이 20m 까지 자란다.

강제윤 섬연구소 소장은 "세계 각국에는 고래나 거북 등에 업혀 살아남은 어부들의 이야기가 많다"라며 "고래의 도움으로 함께 살아난 박한비(남석의 당숙, 1892년생) 씨의 아호가 족보에 사경思鯨으로 올라가 있는 것을 확인했다"라고 말했다.

동네 어르신들이 '고래의 은혜를 생각하라'는 뜻으로 지어 준 아호다. 사리마을 사람을 구해 준 고래 이야기는 이주빈의 논문에도 등장하는데, 주인공 이름이 논문에서는 "경호 할아버지"라고 나온다. 같은 이야기의 다른 버전이다. 사리마을 함양 박씨들은 조상의 목숨을 구해 주었다 해서 고래고기를 먹지 않는다.

1905년 러일 전쟁에서 승리한 일제는 한반도 근해에서 포경을 독점했다. 그러다 10년 넘게 고래 남획으로 동해에서 포경업이 쇠퇴하기 시작하자 1916년 12월에 흑산도 포경 기지를 설치해 1917년 4월까지 고래

87마리를 포획했다. 생태계를 파괴하는 고래 남획이었다.

일본 포경협회가 작성한 통계에 따르면 1926~1944년 장생포, 서귀포, 흑산도, 대청도 등 4개 포경 기지에서 포획한 고래 3,130마리 가운데 27.4%인 858마리를 흑산도 기지에서 잡았다. 이 중 827마리는 참고래(긴수염고래), 28마리는 혹등고래, 3마리는 대왕고래였다.

흑산도 고래 파시波市(고기가 한창 잡힐 때 바다 위에서 열리는 생선 시장)는 일제 강점기에 번성했으나 해방과 함께 포경업이 금지되면서 지금은 맥이 끊겼다. 흑산도항에서 고래를 해체하던 고래판장 자리에는 고래공원이 조성돼 있다.

한 해에 고래 100마리 잡던 포경 근거지

일제는 1916년 흑산도 예리에 포경 근거지를 설치했다. 고래잡이에 종사하는 일본인 어촌이 들어서고 신사가 세워졌다. 흑산도 고래잡이 시기는 11월부터 다음 해 5월까지. 흑산도에서 해체된 고래고기는 시모노세키로, 고래 부산물로 만든 비료는 효고兵庫현으로 운송되었다.

일본 포경 회사들은 조선인 노동자들에게 고래고기로 임금을 줄 때도 있었다. 조선인에게 일을 시키고 조선 바다에서 잡은 고래고기로 월급을 준 날강도 사업 방식이다. 조선 노동자들은 고래고기를 흑산, 비금, 도초, 목포에 내다 팔았다. 쌀농사를 짓는 비금도, 도초도에서는 고래고기와 쌀을 물물 교환했다. 고래판장 노동자들에게서 산 고래고기를 목포 홍어집에서 술안주로 파는 풍습은 광복 이후까지 오래 남아 있었다.

흑산도의 일본인 어촌 고래마을에는 바다의 신 곤피라金比羅상을 모시는 신사가 있었다. 일본 신사 앞에는 우리나라 절의 일주문一柱門 같은 도리이鳥居가 있다. 도리이의 양쪽 기둥은 고래에서 나온 턱뼈로 만들었고 두 기둥이 만나는 곳에 고래 엉치뼈를 장식으로 얹었다. 일제가 물러나면서

흑산도 일본인 어촌 고래마을에 있던 신사의 도리이. 두 기둥을 고래의 턱뼈로 만들고 두 기둥이 만나는 곳에 엉치뼈를 얹었다. ⓒ 신안군

신사는 해체되고 도리이를 만든 고래 뼈는 흑산도 예리 여객선 터미널 옆 자산문화도서관에 전시돼 있다.

조기잡이 배 2,000척 몰려든 파시

파시는 파도 위의 어시장이다. 어업 기술과 운반·냉장 시설이 발달하지 않았던 시기에 어장에서 잡아 올린 생선을 곧바로 바다 위에서 매매했다. 조기처럼 짧은 어기漁期에 높은 어획고를 올리는 어종들은 일시에 어장이나 인근 지역에 어선과 상선이 밀집했다. 파시의 근거지에는 목돈을 만지는 선원들과 선주들을 상대로 음식점, 숙박 시설, 위락 시설, 선구점, 점포 등이 들어섰다.

《조선왕조실록》이나《신증동국여지승람》에도 조기 파시가 소개되어

1960년대 조기 파시가 열린 흑산도 예리항. ⓒ 신안군

있을 정도로 조기는 우리 민족과 역사를 함께한 어종이었다. 산 자와 죽은 자를 연결하는 제사상에도 반드시 조기가 올라갔다. 조기는 한국인의 입맛에 착 달라붙는 생선이어서 값이 싸지 않은데도 수요가 풍부했다.

조기를 바닷바람에 말린 것이 굴비다. 3년 묵은 간수가 빠진 단맛이 나는 소금으로 조기를 간했다. 바람과 습도 일조량이 적당해야 좋은 굴비가 만들어진다. 조기는 겨울에 제주도 남서쪽 및 중국 상하이 동남쪽 근해에서 월동한 후 2월경부터 산란을 위해 우리나라 서해안을 따라 서서히 북상한다. 흑산도 해역을 거쳐 3월경 영광·위도 앞바다인 칠산어장에 도착해 산란을 한다. 4~6월경에는 연평도와 평안북도 대화도 근해로 올라갔다.

서해 해역의 흑산도, 위도, 연평도가 전국의 3대 조기 파시였다. 영광

파시의 거리 표지석. ⓒ 황호택

　법성포의 조기 파시, 비금도의 강달어(황석어) 파시, 임자도의 민어 파시는 전남의 3대 파시로 꼽혔다. 흑산도에서는 파시가 1년 내내 열렸다. 1~4월에는 조기 파시, 2~5월에는 고래 파시, 6~10월에는 고등어 파시가 형성됐다. 조기 파시가 흑산도에서 가장 일찍 형성돼 봄 파시라고 했다.

　파시 때 예리항 부두에 몰리는 어선이 많을 때는 2,000여 척에 달했다. 밤이 되어 바다를 덮은 배들이 불을 밝히면 해상에 불야성 도시가 생겼다. 예리항 뒤편 '파시의 거리'는 1960, 1970년대 흑산도 파시가 번성하던 시절에 형성됐다. 가족과 떨어져 파도에 지친 어부들을 유혹하는 환락가가 일시적으로 형성됐다가 사라졌다. 흑산도 갈매기(술집 아가씨)들을 상대로 하는 미장원, 술집, 다방이 번성하던 곳이지만 '파시의 거리'라는 표지석을 빼놓으면 파시의 흔적을 찾아보긴 어렵다.

　동중국해에서 저인망, 안강망 등으로 조기를 싹쓸이하고 수온과 조류가 변하고 오염되면서 조기가 귀해지자 조기 파시는 시들어 갔다. 동력선과 냉장 시설이 발달해 해상에서 직접 거래하는 어물 판매 방식은 존재 이유가 사라졌다. 흑산도 조기 파시와 고래 파시는 황금시대의 추억으로만 남았다. 고래공원에는 작은 고래상이 세워져 있는데 신안군의 의뢰로 크고 멋진 고래상이 제작 중이다.

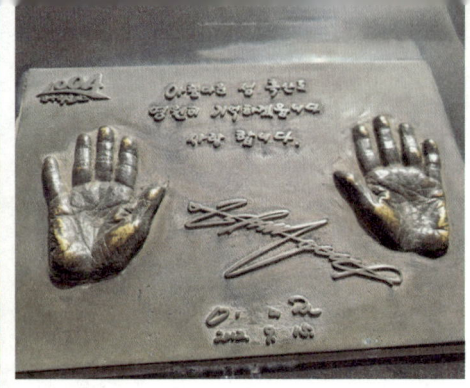

← 흑산항에서 육지 쪽을 바라보는 흑산도 아가씨 동상.
ⓒ 황호택
→ 국민 가수 이미자가 흑산도에 남긴 핸드 프린팅. ⓒ 신안군

등대로 가는 방파제 입구에는 〈흑산도 아가씨〉 동상이 서 있다. 1969년에 제작된 동명의 영화 주제가였다. 이미자가 노래를 내놓은 지 43년 만에 흑산도를 찾아와 콘서트를 열고 동상 옆에 핸드 프린팅을 남겨 놓았다. 선객들이 예리항 여객선 터미널에 내리면 "남몰래 서러운 세월은 가고/물결은 천번 만번 밀려오는데……"가 시도 때도 없이 들려와 흑산도에 도착한 것을 실감하게 된다.

해양 생물 백과사전《자산어보》탄생지
흑산도 ③ 사리마을 훈장 정약전

손암 정약전의 첫 유배지는 흑산도가 아니라 우이도였다. 그 시절에는 지금의 흑산도를 대흑산도라 불렀고, 우이도는 흑산도 또는 소흑산도라고 했다. 같은 흑산도권이어서 유배인들은 우이도와 흑산도 중에서 유배지를 선택할 수 있었다. 1801년 우이도에서 유배 생활을 시작한 손암은 1805년 여름 흑산도로 옮겨갔다. 손암은 우이도에서 끼니를 걱정할 정도로 생계가 어려워지자 인구가 많은 흑산도에서 서당을 열면 여유가 생기지 않을까 기대를 품고 흑산 바다를 건너갔다.

다산의 둘째 아들 정학유의 기행문《부해기》에 따르면 손암은 흑산도에서 처음에는 수군진水軍鎭이 있던 진리鎭里에 머물다가 얼마 안 돼 사리로 옮겼다. 손암은 진리를 마다하고 왜 11km나 떨어진 사리마을로 갔을까. 높은 산들에 둘러싸인 골짜기에 들어선 사리마을은 농사를 지을 땅이 없어서 주민 대부분이 어업 활동으로 살아가는 곳이었다. 사리마을은 지금도 여전히 산비탈에 밭뙈기만 있고 논이 없다. 사리마을 주민들은 아이들의 학채學債를 해산물로 물납物納하는 경우도 있었다. 어부들은 희한한 고기가 잡히면 가져와 보여 주었다. 손암은 물고기의 이름을 잘 모르는 터라 이러한 무지를 깨우쳐야 하겠다 싶어《자산어보》를 쓰기 시작했다고 한다.

사리 포구는 7개의 섬이 자연 방파제 역할을 하는 천혜의 포구다. 해녀의 아들 7형제가 바다에 들어가 두 팔을 벌려 파도를 막아 7개의 작은 섬들로 굳어졌다는 전설이 내려온다. 사리는 흑산도에서 가장 경치가 뛰어난 해변 마을이다. 손암은 사리 포구의 아름다운 경치에 매료돼 눌러살 결심을 한 것 같다.

해양 생물 백과사전 《자산어보》 서문에는 "흑산 바다에는 어족魚族이 매우 번성했으나 이름을 아는 자가 드물었다. 널리 섬사람들을 찾아다니며 계보를 만들 생각을 하였는데 사람마다 각자 말이 달라 그대로 따를 수가 없었다"라고 집필 동기를 밝혔다. 일부 학자들의 견해처럼 어보魚譜를 쓰려고 사리마을에 간 것이 아니라 어촌에 살다 보니 연구와 집필 의욕이 솟아났다고 보는 것이 자연스럽다.

학채로 받은 물고기 이름 알려다 집필

사리마을이 한눈에 들어오는 산비탈에 약전이 아이들을 가르치던 사촌서당沙村書堂이 복원돼 있다. 손암의 《여유당전서與猶堂全書》에 나오는 〈사촌서실기沙村書室記〉에 따르면 약전은 1807년 초가 두어 칸을 지어 놓고 어린 아이 대여섯 명을 가르치며 사촌서실이라고 이름 지었다. 사리마을의 사촌서당 편액은 동생 다산의 글씨에서 집자集字했다.

손암이 사리마을에 서당을 연 지 151년 만인 1958년 사촌서당 유적지 앞에 천주교 공소가 세워졌다. 정약전에 대한 천주교의 애정이 깃들인 공소다. 공소 앞에 큰 우물이 있는 것이 이채롭다. 공소 초창기에 옛 물길을 찾아내 우물을 파고 마을 주민들에게 제공하기 시작했다. 사리마을 사람들은 지금까지 이 우물을 사용하고 있다. 우물 옆에 마리아상이 서 있다. 갈릴리 호수로 가는 길에 있는 '처녀의 샘'이라는 이름을 가진 마리아의 우물을 연상시킨다.

작은 섬들이 방파제 노릇을 하는 사리 포구. ⓒ 황호택

복원된 사촌서당. 강한 바닷바람을 막는 사리마을의 담장은 성곽 같다. ⓒ 신안군

    형태는 흑산도 본당 건물과 흡사하다. 철골을 사용하지 않고 바닷가에 흔한 몽돌로 벽체를 쌓았다. 당시 사리마을에는 36세대 109명의 신도가 있었다. 공소와 사촌서당 옆에 돌담으로 둘러싸인 야생 화원이 있다. 구절초, 말나리, 비비추, 원추리, 흰 머위가 철에 따라 꽃을 피운다.
    국가동록문화유산인 사리마을 옛 담장은 돌담 밑이 넓고 위가 좁은 형태로 마치 작은 성처럼 견고하고 높게 축조돼 있다. 작은 호박돌과 길고 평평한 돌을 교차해 쌓아 올려 거센 바닷바람에도 버틸 수 있다. 손암의 동상은 돌담 길 앞에 서서 호수처럼 잔잔한 사리 포구를 바라보고 있다.
    유배문화공원에는 정약전, 최익현崔益鉉(1834~1907) 등 흑산도에서 유배 생활을 한 인물의 이력을 새긴 비석들이 있다. 주민들이 일부 유배인들의 비석을 깨뜨려 한쪽 구석에 쌓아둔 것이 보인다. 파렴치한 죄를 저지른 유배자들의 비석까지 세워 줄 필요는 없다는 뜻이었다.

최익현은 1905년 을사늑약이 체결되자 호남에서 의병을 일으켰으나 뜻을 이루지 못하고 적지 대마도에서 옥사한 애국지사다. 사리마을에서 저수지 가는 길에 지장암이라는 바위가 있고 '箕封江山 洪武日月'(기봉강산 홍무일월)이라는 최익현의 글씨가 새겨져 있다. '기봉강산'은 중국인 기자가 만들어 준 나라가 바로 조선이고, '홍무일월'은 주원장이 세운 명나라의 해와 달이 조선을 비춘다는 의미다. 조선의

사리공소와 김주중 선교사. 김 선교사는 흑산도에 유배 온 정약전의 행적을 연구하고 있다. ⓒ 황호택

우국지사로 추앙받는 조선 선비들이 소중화小中華 의식에 빠져 있음을 보여 주는 암각문이다.

《자산어보》는 어류 101종을 포함해 227종의 수중 생물을 비늘이 있는 종류鱗類, 비늘이 없는 종류無鱗類, 딱지가 있는 종류介類, 기타 바다 생물인 잡류雜類로 나누었다. 1814년에 출간된 《자산어보》는 흑산도 주변에서 발견되는 약 220여 종의 해양 동식물을 거의 망라했다. 《자산어보》의 상어 편에는 눈에 보이지 않는 상어의 몸속 구조까지 세밀하게 묘사하고 있다.

무릇 알에서 태어나는 물고기는 암수가 교미하지 않고 수컷이 먼저 흰 액(정액)을 쏟아내면 암컷이 정액에 알을 낳아 새끼가 부화한다. 유독 상어라는 것만은 새끼를 낳는데, 새끼를 낳는 때가 정해진 때가 없으니 물에 사는 동물 중에서도 특별한 사례다. 수컷은 외부에 생식기가 두 개 있고, 암컷은 자궁 두 개

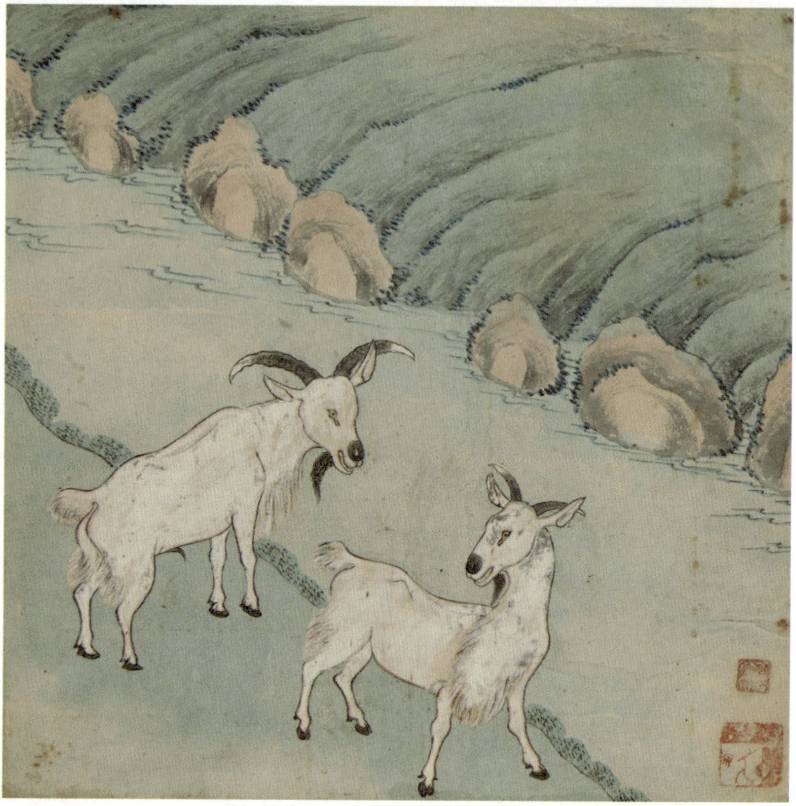

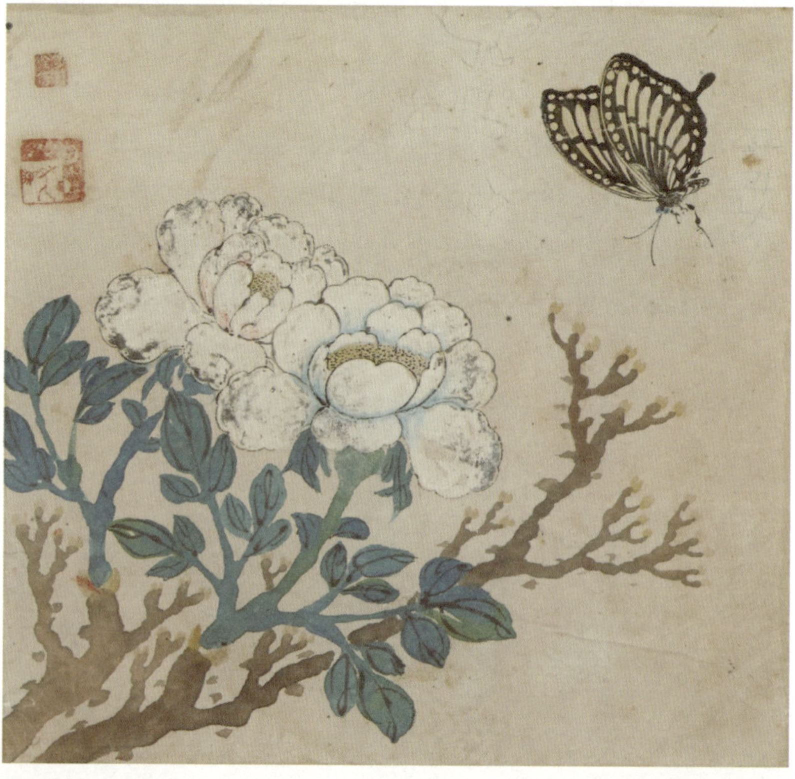

가 있으며 자궁 안에 각기 4~5개의 태胎가 만들어지는데 태가 성숙하면 새끼를 낳는다. 새끼 상어는 가슴 아래에 각기 알 하나씩을 품고 있는데 크기는 수세미 열매 만하며, 알이 사라지면 새끼를 낳는다.

《자산어보》의 원제 '해족도설海族圖說'은 그림을 곁들인 백과사전을 쓰려는 구상에서 나왔다. 다산은 물고기에 관한 '해족도설'을 쓴다는 형(손암)의 편지를 받고 "그림의 형상은 어떻게 하시렵니까"라고 묻고는 "글로 쓰는 것이 그림으로 그리는 것보다는 나을 것입니다"라고 자문자답했다. 한국천주교순교자박물관은 손암 작품으로 전해지는 사실주의 화풍의 그림 두 점을 소장하고 있다. 낙관에 십자가를 진 사람의 문양이 들어 있다. 이들 작품의 수준이 높아 손암이 《자산어보》에 물고기 그림을 덧붙였더라면 과학과 예술의 뛰어난 합작품이 태어났을 뻔했다. 그래서 "그림은 그만두고 글로 쓰라"라는 다산의 조언이 아쉬움으로 남는다.

《자산어보》는 당시로서는 상상하기 어려운 해부학적 지식을 담고 있다. 말미잘이나 불가사리같이 먹지 못하는 생물도 내부 구조를 묘사한 것을 보면 과학적 연구를 위해 해부를 했다고 볼 수밖에 없다. 손암이 생선을 해부해서 내장을 끄집어내 관찰하는 모습을 보고 주민들은 미친 사람인가 하는 생각이 들었다는 말이 우이도에 전해 내려온다.

《자산어보》에는 상어와 인간이 벌이는 혈투가 생생하게 기록돼 있다. 상어가 주낙에 걸려 올라오면 삼지창으로 찔러 작살에 낚싯줄을 묶어놓고 요동을 치며 달아나도록 내버려 두고 지치기를 기다렸다가 끌어당겼다. "가끔 상어가 낚싯바늘을 물고 달아나는 경우가 있는데 낚싯줄에 손이 잘리거나, 허리에 감기면 온몸이 물속으로 딸려 들어갈 수도 있다"라고 경고했다.

손암은 바닷속 어류들의 생태를 기록하기 위해 사리마을의 '인어'들과

약전의 작품으로 전해지는 〈축수도畜獸圖〉(↑)와 〈화접도花蝶圖〉(↓) ⓒ 한국천주교순교자박물관

사리마을 돌담 길에서 사리 포구를 바라보는 정약전 동상. ⓒ 황호택

도 소통했던 것으로 보인다. 어족들의 바닷속 생태가 세밀하게 묘사돼 있기 때문이다. 정학유의 《부해기》는 "한 여인네가 머리를 풀고 젖가슴을 드러낸 채 바다에 떠서 가곤 했다…… 피부가 검어서 예쁘게 보이지는 않았다"라고 사리마을 해녀들의 물질을 인어에 비유하며 묘사했다. 정학유는 농촌의 세시 풍속과 교훈적인 내용을 담은 〈농가월령가農家月令歌〉의 작자이기도 하다. 한가한 마음에 해녀의 가슴과 인물평을 글에 담은 것 같다.

해녀들에게 물은 바닷속 어류 생태

흑산도는 윤기 나는 검푸른 상록수로 뒤덮여 산이 검게 보여 흑산도黑山島로 부르게 되었다. 약전 약용 형제는 편지를 주고받으며 유배의 섬 흑산黑山이 주는 컴컴한 이미지가 싫어 흑산 대신에 '자산玆山'이라고 썼다.

'자산'은 흑산이다. 나는 흑산으로 유배되었는데, 흑산이라는 이름이 컴컴하여 두려우니 가족들의 편지에서 번번이 자산이라고 하였다. '자' 역시 검다는 말이다. ―《자산어보》서문

'자兹'는 '이것'이라는 뜻과 '검다'는 뜻을 함께 지니고 있다. 자산은 흑산이면서 동시에 손암의 또 다른 호다. 다산은 형이 쓴 산림에 관한 글을 '자산필담兹山筆談'이라고 불렀다.《자산어보》는 곧 '흑산어보'이고 더 풀자면 '정약전이 쓴 흑산 어보'라는 뜻을 담고 있다.《자산어보》를 '현산어보'라고 읽어야 한다는 독음 논쟁은 한문학계에서《자산어보》의 판정승으로 결론이 났다.

당대 유학자들이 공자 맹자나 삼강오륜만 논하고 있을 때 실학자인 손암은 섬마을에서 해족海族을 관찰하고 해부하며 해양 생물 백과사전을 편찬했다. 사리마을은 실학 명저의 탄생지다.澤

# 유배지에서 그리스도인의 삶
흑산도 ④ 정약전의 길

흑산성당은 손암 정약전이 흑산도에 유배된 지 153년이 지난 1958년에 건립됐다. 예리항과 흑산도 주변 섬들이 내려다보이는 언덕 위에 자리하고 있다. 해변 몽돌을 자재로 사용한 아담하면서도 아름다운 성당이다. 건축사적으로도 의미를 지닌 건물로 2019년 국가등록문화유산으로 지정됐다.

흑산성당은 공소가 6개나 된다. 2005년 기준 흑산도 주민의 36.4%가 천주교인이었다. 어느 곳보다도 천주교 주민 비율이 높다. 섬 주민의 존경을 받던 손암의 삶과 정신은 흑산도에서 천주교의 홀씨를 퍼뜨리는 데 큰 힘이 됐을 것이다. 구제품救濟品 신자도 있었다. 가톨릭 구제회는 전후 빈궁에 찌든 흑산도 주민들에게 의약품, 밀가루 같은 구제품을 보급했다.

1902년 목포 본당의 신부였던 알베르빅토 드예Albert-Victor Deshayes 신부가 천주교 서울대교구장인 귀스타브샤를마리 뮈텔Gustave-Charles-Marie Mutel(1854~1933) 주교에게 보낸 사목 서신에는 손암에 관한 흥미로운 내용이 들어 있다.

> 저는 정약전이 흑산에 천주교인이 된 박인수Pak in syou 집에 귀양 가 있었다는 것을 알았습니다. 정약전은 한국 성가를 만들었습니다. 제가 그것을 받자마자 주교님께 보내드리도록 하겠습니다. 이 최초의 교인에 대한 평판은 존

예리항과 주변 섬들이 바라다보이는 언덕에 자리 잡은 흑산성당. ⓒ 신안군

경에 차 있었습니다. 모든 사람이 그를 성실과 겸손과 정결함의 모범으로 이야기하고 있습니다.

드예 신부의 사목 보고서는 '흑산도 최초의 그리스도인'이라는 제목을 달아 은색 금속판에 새겨져 흑산성당 입구를 장식하고 있다. 흑산성당 유창훈 요셉 신부는 "정약전이 살기 위해서 배교背敎했지만 마음속으로는 계속 신앙을 간직하고 있었을 것"이라고 말했다. 그러나 지금까지 박인수라는 이름이 들어간 족보를 찾아내지 못했다. 손암이 지었다는 성가집도 발견되지 않았다.

사목 보고서가 나온 역사적 배경을 이해하기 위해 신유박해(1801) 당시의 분위기와 약전 약용 형제의 유배 경위를 살펴봐야 한다. 정조가 승하한 뒤 노론 벽파가 순조의 수렴청정을 하는 대왕대비 정순왕후의 지원을 받아 천주교도를 박해하고 서학西學을 일찍 받아들인 남인에 대한 탄압을 본격화했다. 구舊 집권 세력인 남인으로서 천주교에 깊숙이 발을 담갔던 약전 약용 형제 집안은 신유박해 태풍에 휘말려 풍비박산이 났다.

프랑스에서 함대를 보내 조선의 천주교 탄압을 막아달라는 편지를 베이징 주교에게 보낸 백서帛書 사건(1801)의 주모자 황사영黃嗣永(1775~1801)은 약전 약용의 맏형인 정약현丁若鉉(1751~1821)의 사위였다. 한국 최초의 세례 교인인 순교자 이승훈李承薫(1756~1801)은 다산의 매형이다. 셋째 형 정약종丁若鍾(1760~1801)은 배교를 거부하고 장남과 함께 처형당해 온 식구가 절멸했다.

살아남은 사람들은 더 애달픈 삶을 살았다. 황사영의 부인인 정난주丁蘭珠(1773~1838)는 정약현의 딸로 제주 관아의 관비가 되어 유배를 갔다. 제주도로 가던 길에 두 살 난 아들(황경한黃景漢[1800~?])을 추자도에 내려놓았다. 황경한은 그곳 어부의 보살핌으로 살아남았다. 황경한의 일부 후손들이 지금도 추자도에 살고 있다. 천주교는 그 인연을 기려 추자도에 공소를 설립했다.

다산과 손암은 배교를 하고 겨우 목숨을 건져 유배를 갔다. 배교만이 살길이었다. 그러나 그것만으로는 부족했다. 다산은 의금부 조사 과정에서 천주교도들의 실체 파악과 검거에 협조했다. 조선 시대 의금부에 넘어온 중죄인의 조사·판결서를 모은 추국推鞫 기록 문서〈추안급국안推案及鞫案〉이 한국연구재단 지원으로 전주대학교 고전국역총서 150권으로 번역됐다. 이 추안급국안에 다산의 행적이 상세히 나와 있다.

다산은 천주교에 입교해 약망若望이라는 세례명을 받았다. 의금부 조사관들이 다산의 집에서 압수한 편지를 들이대며 "정약망이 누구냐"라고 캐묻자 다산은 "저희 일가 중에 이런 이름을 가진 사람은 없습니다"라고 부인했다. 스스로 천주교인이었음을 잡아뗀 것이다.

지금 이 지경을 당하고 보니 사악한 천주학을 하는 사람은 제게 원수입니다.

흑산성당 내부. ⓒ 신안군

> 지금 만약 제게 10일 기한을 주시고 영리한 포교를 데리고 나가게 해 주신다면 이른바 사악한 천주학의 소굴들을 마땅히 체포하여 바치겠습니다. — 2월 11일 정약용 심문 기록

조카사위 황사영과 선 그어 목숨 건진 다산

다산은 이날 심문을 받으며 곤장 30대를 맞았다. 옥관獄官들은 "약전 약용 형제는 황사영의 흉서凶書에 참여하거나 간섭한 일이 없으므로 죽이지 말기를 청한다"라는 의견을 냈다. 2월 13일 심문 기록에서 다산은 "황사영은 죽어도 변치 않을 것이며 비록 조카사위지만 바로 원수입니다"라고 분명하게 선을 그었다. 다산이 입을 다물었더라도 황사영은 살 수 없는 사람이었다.

심문관이 약용 집에서 압수된 편지에 나오는 "이백다李伯多와 권사물權沙物이 누구냐"라고 묻자 다산은 백다(베드로)는 이승훈이고 사물(프란치스코 하비에르)은 권일신權日身(?~1791)이라고 알려주면서 '서양식 호(세례명)'에 대한 설명을 덧붙였다.

손암은 동생이 붙잡혀 들어온 지 나흘 뒤인 2월 14일 의금부에 수감됐으나 심문 기록은 남아 있지 않다. 손암도 목숨을 구하기 위해 배교를 했으나 천주교인들과의 교유가 폭넓지 않아 천주교인 검거에 도움이 안됐던 모양이다. 손암은 흑산도와 우이도에서 몇 권의 저서와 시문을 남겼고, 동생 다산과 주고받은 편지들이 전해진다. 그러한 문서에서 천주교에 관한 어떤 언급도 찾아볼 수 없다.

손암은 해배解配된 동생 다산이 찾아온다는 소식을 듣고 흑산도에서 우이도로 나가 동생을 기다리다 죽었다. 손암이 "동생이 바다를 두 번이나 건너게 할 수는 없다"라며 흑산도에서 우이도로 나가려고 했을 때 흑산도 사람들이 모두 일어나 떠나지 못하게 했다. 손암은 야밤에 첩과 두 아들을 배에 태우고 몰래 빠져나갔다. 날이 밝고 안개가 걷히자 흑산도 사람들이 쫓아와 배를 붙잡아 막무가내로 끌고 갔다.

우이도에 나가 동생 기다리다 죽은 약전

연안의 앞바다는 곶串과 섬들이 방파제 노릇을 해 주기 때문에 바다가 잔잔한 편이다. 그러나 우이도에서부터 흑산도로 가기 위해 난바다(먼바다)로 들어서면 풍랑이 거칠어진다. 우이도를 지나 동중국해의 물결이 바로 밀어닥치는 먼바다에 이르면 배는 바닷속으로 잠길 듯이 가라앉았다가 하늘로 다시 치솟기를 반복한다.

우이도~흑산도 항로는 당시 목선으로 이틀 정도 걸렸다. 물때랑 바람이 잘 맞아야 하는데, 가다가 바람이 안 불면 닻을 내리고 쉬었다. 손암은 험한 뱃길을 동생이 건너오게 할 수 없다며 우이도에 나가서 기다린 것이다. 우이도에는 손암이 집 바로 앞에 있는 굴봉에 자주 올라가 기도를

흑산성당의 마리아상. ⓒ 신안군

드렸다는 이야기가 전해 내려온다.

　손암이 우이도에 나온 지 3년이 지났는데도 다산의 해배解配 공문이 내려오지 않아 1816년 손암은 아우를 만나지 못하고 생을 마쳤다. 약용의 해배 공문이 내려온 것은 그로부터 2년 뒤인 1818년이다. 다산은 해배된 뒤 고향 마재에 돌아가 18년을 더 살다가 세상을 떴다. 손암은 유배 기간에 해배가 거론된 적도 없다. 박석무 다산연구소 이사장은 "손암은 다산처럼 명망이 높지 않았고 조정의 실력자들과 교유 관계가 없어 흑산도 유배 15년 동안 잊혀진 인물이 돼 버렸다"라고 말했다.

　흑산도에 많을 때는 95명이 넘는 유배인이 배소配所됐다. 섬사람들끼리 먹고 입기도 부족한데 제발 유배인들을 다른 곳으로 보내달라고 청원한 문서가 대둔도의 의인義人 김이수의 문중에 전해 내려온다. 굶주린 섬사람들이 험한 산중을 다니며 칡을 캐 먹고살기도 했으니 유배인이 달가웠을 리 없다. 다산은 두 아들에게 보낸 편지에서 형 손암의 대덕大德을 칭송했다.

봉건 시대에 죄지은 자를 가두던 옥섬. 흑산성당 예수상에서 이 옥섬이 내려다보인다. ⓒ 신안군

수령이 상경했다가 다시 내려오면 백성들이 길을 막고 거절한다는 소리를 들었어도 유배객이 다른 섬으로 이주하려 하자 섬사람들이 길을 막고 남아 달라고 했다는 말은 듣지 못했다.

손암은 사리마을 어부들과 어울리며 술친구를 했다. 대과大科에 합격하고 승정원과 규장각에서 일한 최고 수준의 양반 지식층임에도 교만을 부리지 않았다. 사리마을 사람들은 다투어 손암이 자기 집에 와주기를 청했다.

손암이 《자산어보》를 저술한 사리마을 전경. ⓒ 신안군

흑산성당~사리마을 '정약전의 길'

흑산 성당 입구에 하얀색의 예수 석상이 서 있다. 진리 해안과 흑산도항 일대가 한눈에 들어오는 곳이다. 예수상은 흑산 앞바다의 옥獄섬을 바라보며 두 팔을 벌리고 죄지은 자를 사해 주는 듯하다. 흑산성당 초대 주임 신부였던 아일랜드 출신 숀 브라질Sean Brazil(한국 이름 진요한)이 세계 7대 불가사의인 브라질 리우데자네이루 코르코바두도 산 정상의 예수 석상을 본떠 세운 것이다.

신안군과 천주교 광주대교구는 흑산성당의 초장草葬골 성당박물관을 헐고 흑산성당역사관과 성모미술관을 새로 짓는다. 흑산도 천주교의 역사를 담은 박물관이다. 신안군은 흑산성당에서 사리마을을 잇는 '정약전 평화의 길'(11.5km)을 닦고 있다. 사리마을에는 사촌서당과 유배문화공원을 중심으로《자산어보》테마 마을을 조성한다.

예리항에서《자산어보》탄생지인 사리마을로 가는 길은 걸어서 두 시간가량 걸린다. 파도가 밀려오는 바다를 바라보며 두 세기 전 이곳에서 유배인으로 살았던 정약전의 삶을 사유하는 시간을 갖는 길이다.澤

장보고 선단이 기항한 국제 항구
흑산도 ⑤ 봉수대와 중국 사신 관사 터

흑산도는 통일 신라 시대부터 고려, 조선에 이르기까지 한·중 해로에서 중요한 위치를 차지한 섬이다. 중국 사신들이 머무는 관사 터와 사신의 입경入境을 알리는 봉수대의 존재는 읍동마을이 한중 해로에서 핵심적인 거점 포구였음을 알려준다.

〈흑산도 아가씨〉 노래비가 서 있는 상나리 고개에서 가파른 계단을 올라가면 상라산上羅山(높이 226m) 정상에 고대의 제사 유적이 남아 있다. 지금은 관광객들이 오르내리는 전망대가 되었다. 2010년 발굴 조사 때 지표와 암반층 사이에서 통일 신라 시대 토기편과 철제마鐵製馬 7점, 토제마 1점을 비롯해 조질粗質청자류 흑유자기黑釉磁器 등 다량의 고려 시대 자기편이 출토됐다. 제사를 지냈던 방향은 유물의 출토 지점으로 보아 북동쪽을 향하고 있었다.

철마 신앙은 위험한 항해 활동에 종사하는 뱃사람들이 안전을 기원하는 고대 해양 신앙이다. 전남 연안과 도서 지방의 제사 터에서도 철마가 많이 발견됐다. 상라산 제사 터는 통일 신라 시대부터 고려 시대까지 사용한 유적이다. 고려 말기부터 주민을 육지로 이주시키는 공도空島 정책을 쓰면서 상라산 제사는 사라졌다.

흑산도에 남아 있는 청동기 시대의 유물 지석묘. ⓒ 황호택

당나라 향하는 길목에 있던 흑산

제사 터 유적에서 50m 아래로는 봉수대가 복원돼 있다. 서긍徐兢(1075~1151)의 《고려도경高麗圖經》에 나오는 봉수대다. 중국 사신의 입국 또는 주변 섬들 사이에 긴급 상황을 알리는 기능을 했다. 봉수대 아래로는 읍동마을에서부터 꾸불꾸불 기어 올라오는 상나리 고개 열두 굽잇길이 아찔하게 내려다보인다.

읍동마을 뒷산에 조성된 산성은 상라산의 북쪽 능선에 있다. 지형적으로 건물지 양쪽이 암벽으로 둘러싸여 외부에서는 보이지 않으나 산성에서는 해로를 감시할 수 있다. 규모가 작고 우물터가 없는 것으로 보아 외적을 방비하는 기능보다는 바다를 조망하고 봉수대를 관리하는 임무가 주였을 것이다.

중국 사신 관사 터는 상라산에서 뻗어 내린 해발 약 7~9m의 지대에 자리한 구릉 끝에 있다. 일명 해내지골로 불렸다. 주춧돌, 적심積心, 기

중국 사신이 들어오면 봉화를 밝히던 봉수대. ⓒ 황호택

단基壇, 석열, 축대 등 유구遺構가 남아 있다. 전체 건물의 규모가 남북으로 26.4m, 동서로 11.7m. 정면 초석 간 거리는 4.4m. 자연석이나 막돌이 아닌 상면을 잘 다듬은 초석을 사용했고 100×90cm로 큰 편에 해당한다. 남송에서 고려를 오가던 중국 사신이 묵던 곳이다. 몇 차례에 걸친 발굴 조사에서 평기와, 막새, 명문銘文기와, 자기, 도기, 중국 동전 등이 나왔다. 이 중 '능성군와초제8대陵城郡瓦草第八隊'라는 명문은 이 건물의 기와를 제작한 곳을 가리킨다.

능성군은 현재 전남 화순 능주의 옛 명칭. 자기류는 청자가 주류이고 대접, 접시, 병 등이 출토됐다. 중국 남송대(1127~1279) 자기도 함께 출토됐다. 중국 자기와 더불어 발견된 중국 동전 가우통보嘉祐通寶와 희령원보熙寧元寶는 11세기인 송나라 인종·신종 연간에 주조된 것으로 건물의 운용 시기와 기능에 단서를 제공하는 유물이다. 발굴 조사를 마친 뒤에는 유구를 흙으로 덮어두어 지금은 잡초가 무성하다. 몇백 년 묵은 후박나무 한 그루가 중국 사신 관사 터를 오래도록 지키고 있다.

서긍의 《고려도경》에도 흑산도 관사터와 봉수대에 관한 이야기가 나온다. 그는 1123년 송나라의 국신사國信使 일행으로 고려에 와서 3개월간 고려 방문 일정과 체류 기간에 보고들은 정보를 글과 그림으로 세세히 서술했다.

> 흑산은 백산의 동남에 있어 바라보일 정도로 가깝다. 처음 바라보면 극히 험준하고, 바싹 다가가면 산세가 중복된 것이 보인다. 앞의 한 작은 봉우리는 가운데가 굴같이 비어 있고 양쪽 사이로 바다가 들어가 있는데[灣入], 배를 감출 만하다. 옛적의 해정海程에서 사신 선이 머무른 곳으로 관사가 아직 남아 있다. 그런데 이번 길에는 여기에 정박하지 않았다. 주민이 사는 취락이 있다. 나라 안의 대죄인으로 죽음을 면한 자들이 흔히 이곳으로 유배돼 온다. 중국 사신 선이 이르렀을 때 밤이 되면 매번 산마루에 봉홧불을 밝히고 여러 산이 서로 호응해 왕성(개경)에까지 이르는데, 이 일이 이 산에서 시작된다. ―《고려도경》제35권, 해도海道 흑산조黑山條

서긍은 명주明州 닝보寧波에서 출발해 흑산도 근처를 지나 서해를 따라 북상해 개경에 이르는 항로를 거쳤다. 해정이라는 옛 표현을 쓴 것으로 보아 흑산도가 통일 신라 시대부터 국가의 중요한 관문 포구로 기능했음을 알 수 있다. 이중환李重煥(1690~1756)은 《택리지擇里志》에 흑산도 항로를 소개하면서, 최치원崔致遠(857~?)과 김가기金可紀(?~859), 최승우崔承祐(?~935) 등이 이 항로를 오가는 상선에 편승해 당나라에 들어가 과거에 합격했다고 적고 있다.

신안 천사섬에도 마을마다 공동체의 안녕과 풍요를 기원하는 제당들이 있었는데 기독교의 영향으로 지금은 명맥이 끊긴 곳이 많다. 흑산도에

흑산도 일대 당산의 최고 당인 진리당. ⓒ 신안군

는 신안군 향토 사료로 지정된 진리당이 남아 있다. 진리당은 정월 초부터 3일간 열리는 용왕굿을 통해 뱃길의 무사 항해와 풍어를 빌던 곳이다. 진리당 우측으로는 숲길을 따라 150m 떨어진 해변에 바다의 신을 모시는 용왕당龍王堂이 있다. 진리당의 하당下堂이다. 용왕당 주변에는 흑산도의 해안 경관을 바라볼 수 있는 전망대가 설치돼 있다.

당산 제사로 어선 무사고와 평화 빌던 어민들

흑산도와 주변의 섬에는 모두 15개의 당산이 있다. 마을의 안녕과 어선의 무사고, 풍어豊漁를 비는 제사를 지내는 곳이다. 흑산도 일대는 제당祭堂 신앙이 아직도 견고하게 버티고 있다. 먼바다의 풍랑이 밀어닥치고 바다에 삶을 의지하는 거친 환경에서 어민들은 당산에서 심리적 안정을 얻고 공동체의 화합을 추구했다.

진리당은 흑산도 일원에 있는 당산들의 본당이다. 정월 초에 제사를 지낸다. 진리당 주변에는 제당을 감싸는 성황림이 우거져 있다. 그 안에 초령목招靈木 자생지가 있다. 초령목은 목련과 초령목속이며 아시아 1종 1속의 희귀종. 이 나뭇가지를 불전에 꽂아 귀신을 부른다는 의미로 '귀신 나무'라고 불렀다. 수령 300년의 초령목은 천연기념물로 지정받았으나 1994년 고사했다. 대신 주변에는 어린 초령목 40여 그루가 자라고 있어 전라남도 기념물로 대를 잇고 있다. 초령목 자생지 주변에는 산책로가 조성돼 신안군이 '신들의 정원'이라는 이름을 붙였다.

겨울에 꽃이 피는 동백나무까지 어우러져 사철 꽃이 피는 정원이다. 신우대와 소나무가 만든 터널이 성황당에서 철새박물관까지 이어진다. 터널 아래로는 딱딱한 바위나 나무껍질 위에 자라는 양치식물인 석위와 일엽초一葉草가 군락을 이루고 있다. 석위는 줄기 하나에 모든 몸을 의지하고 산다. 가느다란 줄기는 철사처럼 강해 다른 식물과의 경쟁에서 살아남는다. 일엽초는 줄기가 옆으로 뻗으며 잎이 무더기로 난다.

읍동마을 뒤편 속칭 탑산골 골짜기에는 통일 신라 시대 사찰인 무심사라는 절이 있었다. 그전까지는 절 이름도 모르고 석탑과 석등만 서 있는 채로 방치됐다. 유물 지표 조사 과정에서 '无心寺禪院'(무심사선원)이라고 새겨진 기와 조각이 발견돼 사찰의 명칭과 시대가 밝혀졌다. 국가유산청과 신안군은 6차에 걸친 무심사지 발굴 조사를 마치는 대로 국가사적 승격 및 복원을 준비하고 있다.

2009년 조사에서는 '일산지유자영선원日山指鍮自英禪院'이라는 명문 기와가 출토됐다. 일산은 흑산도이고, 지유는 사찰 건축을 지휘하던 승려 장인, 자영은 승려의 성명이다. 폐사된 절터에 절의 건축을 지휘한 승려의

통일 신라 시대의 사찰인 무심사의 삼층석탑과 석등. 팽나무는 수령 300년이 넘은 보호수다. ⓒ 신안군

이름이 남아 있는 것도 드문 사례다. 선원은 선종 계통의 절을 말한다. 한문 8자 속에 많은 의미가 담겨 있다.

　강봉룡 목포대 교수는 논문에서 한반도 서남해 지역의 완도에 청해진을 건설하고 동아시아 해상 교역을 주도한 장보고(8세기 말~841) 시대부터 흑산도의 읍동 포구가 중요한 기능을 했을 것으로 추정했다. 읍동마을에서 출토된 유물들을 살펴보면 통일 신라 말기에서 고려 시대까지 번성했던 포구임을 알 수 있다.

　읍동마을에서 보도블록으로 사용되었을 와전瓦塼도 다수 발굴됐다. 당시 장보고 선단은 산둥반도의 적산포에서 청해진을 연결하는 해로로 취항했을 것으로 보인다. 강 교수는 "흑산도 읍동마을은 장보고 해로의 중간 기항지로서 보도블록이 깔리고 다수의 건물이 들어선 국제 해양 도시로 성황을 이루었을 가능성이 있다"라고 밝혔다.

혼자 피해 온 백제 왕자

백제가 나당연합군에 의해 멸망했을 때 백제의 왕자가 피란한 곳이 흑산이라는 기록도 남아 있다. 9세기 일본 교토 엔랴쿠지延曆寺의 승려 엔닌圓仁은 9년간(838~847) 당나라에 머물며 장보고의 도움을 받아 활동했다.《입당구법순례행기入唐求法巡禮行記》라는 그의 책에서 재당在唐 신라인의 활동상과 장보고에 관한 기록을 확인할 수 있다. 엔닌은 통역도 신라인을 썼다. 그는 일본에 귀국할 때 산둥반도를 거쳐 충청도 먼바다를 통해 고이도(신안군 압해읍)에 이르렀다. 그는 여기서 들은 흑산도에 관한 이야기를 소개했다.

> 고이도의 서북쪽으로 백리 남짓한 곳에 흑산도가 있는데 섬의 모습은 동서로 다소 길다. 듣자니 이곳은 백제의 제3 왕자가 도망하여 피란한 곳이라 한다. 오늘날에는 300~400가구가 산속에서 살고 있다.

백제 패망 이후 의자왕과 왕족들은 대부분 당나라로 끌려갔는데, 셋째 왕자는 어떻게 흑산도로 도망칠 수 있었던 것일까. 흑산도를 피란지로 삼았던 제3 왕자의 그 후 소식은 이어지지 않는다. 역사에서 패자의 아픔은 승자의 함성과 진군나팔 속에 묻혀 버린다.澤

바다에서 감상하는 만물상
홍도 ① 유람선 여행

누군가는 "신이 빚은 최고의 명작"이라고 하고, 누군가는 "바위와 바람과 파도가 빚어낸 절경"이라고 한다. 기암괴석의 비경을 자랑하는 신안군 흑산면 홍도紅島. 홍도 탐승을 위해 2월 말 목포항에서 남해고속 쾌속선 뉴엔젤호에 올랐다. 1시간 지나 비금(도초)항에, 다시 1시간 지나 흑산항에 기항했다. 정약전 유배지 흑산에서 30여 분 더 가니 범상치 않은 바위들이 나타난다.

홍도는 목포에서 서남쪽으로 115km 떨어진 작은 섬이다. 전체 면적은 196만 평이고, 해안선 길이는 20.8km다. 270여 종의 식물이 자란다. 붉은색 톤의 바위가 많아서, 해 질 무렵 섬의 절벽이 붉게 물든다고 해서 홍도란 이름을 얻었다. 1965년 천연기념물(홍도천연보호구역), 1981년 다도해 해상국립공원, 2009년 유네스코 생물권보전지역으로 지정되었다.

숨 막힐 듯 끝없이 밀려오는 33경

1박 2일의 첫날밤, 흑산초등학교 홍도분교 앞의 한 포장마차에 들렀다. 손님은 10여 명. 젊은 외국인 2명도 있었다. 포장마차 주인은 한국어가 유창한 외국인에게 "내일 아침 유람선을 꼭 타야 한다"라고 신신당부했다. 다른 한국인에게도 "유람선을 빼먹으면 홍도에 온 보람이 없을 것"이라고

신안군 흑산면 홍도의 선착장과 홍도 1구 마을. ⓒ 신안군

했다.

    홍도 여행의 하이라이트는 유람선 관광. 뭐니 뭐니 해도 홍도 비경은 바다에서 감상해야 하기 때문이다. 홍도 10경(1경 남문바위, 2경 실금리굴, 3경 석화굴, 4경 탑섬, 5경 만물상, 6경 슬픈여, 7경 부부탑, 8경 독립문바위, 9경 거북바위, 10경 공작새바위)을 중심으로 33경과 여러 바위섬을 관람하는 이 프로그램은 국내 유람선 관광의 백미로 꼽힌다.

    둘째 날 오전 7시 50분 홍도 1구 선착장에서 유람선이 출발했다. 예상 소요 시간 2시간 내외. 유람선이 출발하자 기관사가 마이크를 잡았다. "머나먼 홍도까지 찻길로 뱃길로 이렇게 와주신 여러분께……"라며 리드미컬한 어조로 감사의 멘트를 날렸다. 곧이어 안내 승무원이 마이크를 넘겨받았다. 이제 본격적으로 유람이 시작한다.

    유람선은 먼저 도승바위를 지난다. 앞에서 보면 수도승 같다가 옆에서 보면 관음보살 같기도 하고 뒤에서 보면 성모마리아 같다. 그 기묘함에

2024년 2월 말, 홍도 유람선에 승선하는 관광객들. ⓒ 이광표

시작부터 눈 호강이다. 안내 승무원이 홍도를 세 가지로 소개했다. 33경을 자랑하는 기암괴석, 정원수와 분재 스타일의 나무, 맑은 물. 안내 승무원은 "바닷물은 봄이 되면 맑아지기 시작해 여름엔 수심 10m까지 육안으로 볼 수가 있다"라고 했다.

    홍도의 지질은 사암砂岩과 규암硅岩의 해저 퇴적층으로 구성되어 있다. 특히 수직 절리垂直節理에 의한 퇴적층이어서 해안 바위는 수직과 수평으로 그 층들이 즐비하다. 그래서 기묘하면서도 멋진 풍경을 연출한다. 특히 규암층은 광물 성분의 특성상 붉은색을 띠는 경우가 많다.

    도승바위를 지나니 1경 남문바위다. 바위 사이로 동굴이 나 있고 홍도의 남쪽에 있어 남문바위라 부른다. 한동안 한 TV 방송의 새벽 종료 시각에 애국가가 시작할 때 등장했던 바로 그곳이다. 남문바위는 홍도의 관문이자 홍도의 상징으로, 홍도 제일의 포토 존이다. 유람선이 남문 앞에서 잠시 멈추자 관광객들은 줄지어 남문바위를 배경으로 사진을 찍었다.

홍도 제1경 남문바위. 오랫동안 한 TV의 방송 종료 시각에 애국가와 함께 등장했던 바로 그 장소다. ⓒ 신안군

홍도 해안엔 남문바위와 같은 해식 동굴이 120여 개 있다. 안내 승무원은 "예전에 똑딱선을 타고 유람할 때는 남문 동굴을 드나들었는데 요즘은 대형 유람선이 통과할 수가 없다"라고 했다. 관광객 모두 아쉬운 표정이다.

탕건을 닮은 탕건바위, 병풍을 쫙 펼친 듯한 병풍바위를 지나니 2경 실금리굴이 나온다. 속세를 떠난 한 선비가 가야금을 타며 여생을 즐겼다는 굴이다. 가야금굴이라 부르기도 한다. 동굴은 상당히 커 200여 명이 들어가도 충분하다고 한다. 감탄할 틈도 없이 칼바위, 돛대바위, 기둥바위, 시루떡바위 등이 지나가고 몽돌(빼돌)해수욕장이 나온다. 그리고 9경 거북바위, 5경 만물상이 이어진다.

9경 거북바위는 홍도의 수호신이다. 홍도의 신당에서는 매년 정월초 당제(堂祭)를 지냈다. 짚으로 허수아비를 만들어 바다에 띄워 수궁으로 보내며 마을의 복을 기원한다. 그때 이 거북바위가 용신을 맞이하고 홍도의 풍어와 안전을 기원했다.

위로 쭉 뽑은 머리, 길쭉한 몸통, 앞으로 올려놓은 왼발……. 참으로 절묘하다 싶은데 안내 승무원이 설명을 거든다. "저 거북바위, 보는 것만으로는 너무 아깝지요. 가져가고 싶지요?" 아니 홍도는 천연기념물이어서 돌 하나 갖고 나갈 수 없는데, 이게 무슨 말인가. 그는 "가져가는 방법이 있긴 있지요. 거북바위 통째로 가져가면 됩니다"라고 너스레를 떨었다.

만물상 뒤편으로 홍도 2구의 홍도 등대(1931)가 보인다. 조금 더 올라가니 3경 석화굴이 나온다. 해식 동굴인 이곳은 특히 해 질 무렵 풍경이 압권이다. 석양에 비친 동굴은 오색 꽃이 핀 것처럼 보이는데 그래서 꽃동굴이라고 부르기도 한다. 1972년 정진우 감독의 영화 〈석화촌〉(원작 이청준, 주연 윤정희 김희라 윤일봉)을 촬영한 곳이기도 하다. 홍도와 석화굴에서 이 영화를 촬영하게 된 것은 홍도 출신의 이동석(87) 씨와 정 감독의 동생 정상

홍도 제9경 거북바위. 이 바위는 홍도의 수호신이다. ⓒ 신안군

우 씨의 인연이 결정적이었다.

전라남도 문화관광해설사인 이 씨는 홍도의 역사 문화를 보존하고 관광 인프라를 구축하는 데 노력해 왔다. 홍도에서 만난 이 씨는 그 일화를 들려주었다. "정상우는 저와 군대 동기였는데 1972년 우연히 목포에서 만났어요. 이런저런 이야기기를 나누던 중, 상우가 '형이 영화를 찍어야 하는데 촬영 장소를 고르느라 고민 중'이라고 하더군요. 영화 줄거리를 들어보니 홍도가 제격이라는 생각이 들었습니다. 그래서 제가 홍도와 석화굴을 추천했고 곧바로 홍도로 향했지요." 윤정희는 이 영화로 1972년 청룡영화상과 백상예술대상에서 여우주연상을 받았다.

영화 이야기가 나왔으니 목포 출신 시인 김지하와 홍도의 인연도 덧붙여야 할 것 같다. 1974년 4월 김지하는 민청학련 사건에 연루되어 지명

↑ 홍도 제3경 석화굴. 정진우 감독의 영화 〈석화촌〉을 촬영한 곳이다. ⓒ 신안군
↓ 홍도 제8경 독립문바위. ⓒ 신안군

수배되자 홍도의 영화촬영장으로 잠시 몸을 피했다. 당시 이만희 감독은 홍도에서 영화 〈청녀靑女〉(문정숙, 남궁원 주연)를 촬영했다. 이만희 감독과 친분이 있던 김지하는 피신 겸 휴식을 위해 홍도 촬영에 동행했다. 3주간 촬영을 마치고 일행과 함께 흑산도를 거쳐 목포로 나가려던 김지하는 흑산도에서 경찰에 체포되었다. 그리고 곧 사형선고를 받았다.

8경은 독립문바위다. 가운데에 사각형의 구멍이 난 이 바위는 독립문과 모양이 비슷하다. 그 너머로 멀리 흑산도가 보인다. 안내 승무원은 "서울의 독립문보다 훨씬 오래전에 태어났으니 이게 형님 독립문"이라고 했다.

잊을 수 없는 선상 횟집의 추억

이즈음 멀리서 작은 배 한 척이 다가온다. 그 자리에서 회를 떠주는 선상 횟집이다. 바다에서 그날그날 건져 올린 생선으로 즉석에서 회를 떠준다. 흥미로운 유람 상품이자 낭만적인 추억이 아닐 수 없다. 회를 떠주는 사람들은 홍도 2구 주민들이다.

회 몇 점 먹다 보면 6경 슬픈여가 나타난다. 뭍에 나가 명절 선물을 사 오신다던 부모님이 파도에 휩쓸려 세상을 떠나고, 기다리던 7남매는 부모님을 찾아 바닷속으로 들어갔다 하나둘 바위가 되었다는 슬픈 전설이 있다. 큰 바위 두 개는 부모님이고 그 옆에 줄지어 선 작은 바위는 일곱 남매를 닮았다.

바위섬들이 대부분 우렁차고 장중하며 하늘로 치솟았는데 6경 바위섬은 무언가 잔잔하고 아련한 분위기다. 마지막 10경은 공작새 바위. 오른쪽에서 보면 모자母子 같고, 정면에서 보면 공작새 같으며, 왼쪽에서 보면 천마天馬와 같다.

10경이 아니더라도 곳곳에 기기묘묘한 바위들이 있다. 입맞춤하는 해태바위, 떨어질 것 같은데 떨어지지 않는 아차바위, 외계인을 닮은 ET

바위, 시루떡바위, 주전자바위, 코카콜라병바위 등등. ET바위라는 이름은 10여 년 전 한 어린이가 붙였다고 한다.

　코카콜라병바위는 바위에 뚫린 구멍이 콜라병을 닮았다고 한다. 잘 들여다보니 영락없는 코카콜라병 모양이다. 시루떡바위와 주전자바위 전설도 재미있다. 옛날 어느 날 서해의 용왕이 신하들과 주연을 베풀었는데 그때 먹다 남긴 시루떡은 시루떡바위가 되고 술을 담았던 주전자는 주전

← 홍도 제6경 슬픈여. 부모를 잃은 일곱 남매의 슬픈 전설이 담겨 있다. ⓒ 신안군
→ 홍도 유람선 관광 도중 해상에서 만나는 선상 횟집. 홍도 2구 어민들이 운영한다. ⓒ 이광표

자 바위가 되었다는 얘기.

안내 승무원의 아차바위 설명도 기억에 남는다. 길게 불쑥 솟은 바위 맨 윗부분 끝에 바윗덩어리 하나가 올라앉은 형국이다. 그 바위는 곧 떨어질 것 같다. "아차 하면 떨어질 것 같은데, 아직 떨어지지 않고 있어요, 왜 그럴까요? 누군가를 애타게 기다리기 때문이지요."

여기저기 해안 풍경을 가 보았지만 홍도의 기암괴석은 단연 압권이다.

수직으로 씻겨 내려간 바위에 꼿꼿하게 자라고 있는 노송들도 무척이나 인상적이다. 천야만야한 절벽에 달라붙은 홍도의 나무들은 모두 자연 상태의 명품 분재다. 안내 승무원의 흥미로운 설명이 이어진다.

> 홍도에는 사철나무, 너도밤나무, 동백나무가 주종입니다. 단풍나무는 없어요. 그래서 홍도는 늘 푸르지요. 게다가 거의 눈이 오지 않는데 눈이 와도 곧 녹습니다. 얼음이 거의 얼지 않아요. 그래서 홍도는 더 푸릅니다.

붉은 갈색의 바위, 늘 푸른 소나무와 파란 바다. 홍도 유람 1시간 50분은 탄성의 연속이었다. 감탄하랴, 사진 찍으랴, 설명 들으랴 그리고 싱싱한 회 몇 점 집어먹으랴, 순식간에 두 시간이 지나가 버렸다.

입담 좋은 안내 승무원은 김씨 성만 알려주고 나이와 이름을 끝내 밝히지 않았다. 홍도 출신으로 유람선 안내원 경력 35년째라고 했다. 홍도 유람선을 타면 안내 승무원의 구수한 입담에 귀 기울여야 한다. 이런저런 정보는 물론이고 흥미로운 뒷얘기가 가득하기 때문이다. 그걸 잘 기억해 둬야 어디 가서 홍도 유람 다녀왔다고 설說을 좀 풀 수 있을 것 아닌가. 유람선은 하루에 두 차례 출발한다. 정원은 195~240명. 성수기에 사람이 너무 많이 몰릴 때면 임시 유람선을 하루 한 차례 추가로 운행하기도 한다.

# 오랜 세월 파도가 둥글게 깎은 몽돌 해변

홍도 ② 골목 여행과 방파제 포장마차

3월 말부터 관광객이 늘어나면 작은 섬 홍도는 분주해진다. 목포를 떠난 쾌속선은 홍도 1구 선착장 여객터미널에 도착한다. 여객터미널 건물의 필로티 공간 기둥에 1~10까지 번호가 붙어 있다. 관광객과 숙박업소 주인들이 만나는 약속 장소다. 이곳에선 삼륜 오토바이들이 줄지어 대기한다. 이륜 오토바이 뒷부분을 개조해 바퀴를 두 개 달고 거기 짐칸을 붙였다. 숙박업소 주인들은 여기에 관광객들의 짐을 싣고 언덕 골목길로 올라간다.

홍도에는 마을이 두 개다. 1구 마을은 90가구, 2구 마을은 40가구. 모두 350여 명의 주민이 산다. 홍도에는 평지가 거의 없다. 차도 다니지 않는다. 선착장이 있는 홍도 1구는 모든 길이 오르내리막이다. 작은 마을이지만 그래도 없는 것 빼고는 다 있다. 호텔과 여관과 민박집, 횟집과 식당과 실내 포장마차, 노래방, 홍도 관리사무소, 국립공원센터, 생태전시관, 교회와 천주교 공소, 우체국, 초등학교 등등. 선착장을 중심으로 반경 200~300m 이내에 모두 모여 있다.

이국적인 오르내리막 골목길

안내판을 따라 남쪽 골목을 따라 올라가면 생태전시관이 나온다. 홍도의 식물과 새와 곤충, 분재에 관한 자료를 전시한다. 그 옆길을 따라 더 올라

홍도의 당집과 동백 숲. 수령 300년이 넘은 동백나무가 많다. ⓒ 이광표

가면 홍도의 당집(제당)이 나온다. 매년 정월 초, 홍도 사람들은 이곳에서 풍어와 안전을 기원하는 당제를 지냈다.

　당제가 끝나면 선창가로 가서 풍어제를 열고 배를 타고 거북바위(홍도 제9경) 앞으로 나가 허수아비를 띄워 보냈다. 그래서인지 당집 주변은 영험함이 가득해 보인다. 당숲에는 수령 300년이 넘은 동백나무를 비롯해 후박나무, 황칠나무와 같은 고목들이 많다. 이 당집은 1970년대 허물어졌던 것을 2007년 복원한 것이다.

　2월 말 이곳을 찾았을 때, 서둘러 핀 동백꽃이 군데군데 떨어져 있었다. 당숲 길을 따라 계속 올라가면 일출 전망대가 나온다. 거기 서면 유람선 관광의 제1코스인 도승바위와 남문바위가 보인다. 파도 소리를 들으며 동백꽃 떨어진 산길을 걷고 중간중간 홍도 앞바다 바위섬을 내려다보는 것, 홍도 여행의 또 다른 매력이 아닐 수 없다.

　생태전시관 앞으로 내려와 마을 골목을 걷는다. 건물 하나하나를 보

관광 철이 되면 홍도 선착장 방파제에 해녀 포장마차가 줄지어 들어선다. ⓒ 신안군

면 그리 세련된 디자인은 아니지만 멀리서 보면 은근히 이국적이다. 바닷가 항구 관광지의 분위기를 그대로 보여 준다. 여기저기 골목길을 걷다 보면 가장 높은 곳에 홍도우체국이 나온다. 우체국에서는 홍도 1구 마을과 선착장이 쫙 내려다보인다.

우체국 앞에 빨간 우체통이 서 있다. 우체국 앞 계단에 앉아 누군가에게 엽서라도 한 장 부치고 싶다. 우체국 직원 얘기를 들어봤다. "전망이 좋다 보니 관광객들이 많이 찾아옵니다. 대부분 바닷가 선착장을 배경으로 셀카를 많이 찍고 가지요." 홍도의 골목 여행에서 빠뜨리지 말아야 할 코스다.

밤늦게까지 불을 밝히는 방파제 포장마차는 홍도의 진풍경이다. 주요 메뉴는 홍도 2구의 해녀들이 물질로 건져 올린 전복, 홍합, 소라, 해삼 등이다.

모래는 없고 둥근 돌이 가득한 몽돌해수욕장. ⓒ 이광표

야구공 같은 둥근 몽돌이 가득한 홍도해수욕장

홍도 1구 골목길 오른쪽 끝부분에 흑산초등학교 홍도분교가 있다. 한쪽으로 깃대봉 오르는 길이 나 있고 그 반대편으로 넘어가면 몽돌해수욕장이 나온다. 몽돌은 둥글둥글한 돌을 가리킨다. 모래가 반짝이는 여느 해변과 달리 이곳엔 모래는 없고 둥근 몽돌이 가득하다. 작은 건 주먹만 하고 큰 건 축구공만 하다. 해식海蝕 작용으로 떨어져 나온 바위 조각들이 오랜 세월 동안 파도에 쓸려 둥근 모습으로 바뀐 것이다. 세월의 힘, 파도의 힘을 느끼게 된다.

  홍도에서 가장 높은 곳은 해발 365m의 고치산 깃대봉으로, 홍도분교에서 한 시간 정도 걸린다. 그 깃대봉을 넘어가면 홍도 2구 마을이 나온다. 깃대봉까지 가는 길은 초반엔 꽤 가파르고 중반쯤부터는 아늑하고 울창한 숲길이 이어진다. 그 숲길은 동백나무를 비롯해 후박나무, 구실잣밤나무, 황칠나무, 서어나무 등이 가득하다.

↑ 홍도분교에서 깃대봉 가는 길. 이곳을 지나면 연인들의 사랑이 이뤄지고 부부의 금실이 좋아진다고 해서 연인의 길이라 부른다. ⓒ 신안군
↓ 깃대봉 가는 길에 만나는 청어 미륵. 크고 길쭉한 두 개의 돌이 청어 미륵이다. ⓒ 신안군

특히 3월 말이 되면 동백터널로 바뀐다. 요즘엔 이 길을 홍도 에코트레일코스라 부른다. 숲길 중간에 구실잣밤나무 연리지連理枝가 있다. 이 앞을 지나면 연인들의 사랑이 이뤄지고 부부의 금실이 좋아진다고 한다. 그래서 연인의 길이라 부르기도 한다.

깃대봉에 오르다 보면 미륵 2기가 나온다. 미륵이라고 하지만 커다란 돌덩이 두 개다. 여기엔 재밌는 전설이 전해 온다. 청어 파시가 호황을 누리던 옛 시절에 어민들이 그물을 던지면 청어는 잡히지 않고 자꾸만 돌이 걸려 올라왔다. 마을 사람들의 근심이 커졌다. 그러던 중 한 어민이 꿈에 '깃대봉 근처 풍광 좋은 곳에 돌을 잘 모시면 다시 청어가 잡힐 것'이라는 계시를 받았다. 마을 주민들은 곧바로 돌을 모셨고 다시 풍어가 찾아왔다.

이때부터 홍도 사람들은 이 돌들을 청어 미륵으로 모셨다. 주강현 해양민속학자는 이를 "바다 미륵"으로 부른다. 청어 미륵에서 더 가면 일제 강점기에 숯을 구웠던 숯굴이 있다. 일제는 군수물자로 쓰기 위해 이곳에서 숯을 만들었고 홍도 주민들이 그 노역에 동원되었다.

깃대봉 정상엔 시원한 전망대가 설치되어 있다. 흑산도, 대장도, 가거도, 태도(상태도, 중태도, 하태도) 등 주변의 섬이 한눈에 들어온다. 깃대봉을 넘어가면 홍도 2구. 홍도 1구가 분주한 관광지라면 홍도 2구는 조용한 어촌이다. 유람선 관광을 할 때 선상횟집에서 회를 떠주는 사람들이 바로 홍도 2구 어민들이다.

그런데 깃대봉에서 홍도 2구로 내려가는 길은 조심해야 한다. 중간에 샛길이 많아 길을 잃기 십상이다. 실제로 길을 잃고 구조 요청을 하는 관광객들이 종종 나온다. 여럿이 함께, 그것도 날씨가 좋을 때만 트레킹이 가능한 길이다.

홍도 2구의 맨 끝 그러니까 홍도의 가장 북쪽 해안에 홍도 등대가 있다. 홍도 등대는 목포항과 서해안의 남북 항로를 이용하는 선박들의 뱃길

유람선에서 바라본 홍도 등대. ⓒ 이광표

을 안내한다. 등대가 세워진 것은 1931년, 대륙 진출을 추진하던 일제는 자국 함대의 안전을 위해 이 등대를 만들었다. 아픈 역사가 담긴 근대 문화유산이라고 할 수 있다.

등탑의 높이는 약 10m. 등탑은 그리 크지 않지만 높은 곳에 있어 불빛은 45km까지 간다. 대부분 등탑이 원주형인데 홍도 등대는 사각기둥의 특이한 구조다. 깃대봉에서도 멀리 홍도 등대가 보인다. 유람선에서 만나는 등대도 멋진 모습이다. 홍도 등대는 그 역사적 가치를 인정받아 해양수산부 등대문화유산 3호로 지정되었다.

매년 7월 홍도에서 열리는 '섬 원추리 축제'. ⓒ 신안군

홍도야 우지마라…… 분교가 있다

흑산초등학교 홍도분교는 학생이 6명이고 교사가 3명이다. 교사 1인당 학생 수가 2명으로 세계 최고 수준이다. 학교가 폐교될 위기에 처하자 신안군이 학부모에게 '빈집'과 월급 320만 원 정도의 일자리를 제공하고 2024년 신학기에 학생 3명을 받아들였다. 6학년 3명이 졸업한 빈자리를 어렵게 메운 것이다. 홍도분교를 살린 것은 잘한 일이다. 분교 운동장에서 아이들이 뛰어노는 소리가 들리지 않으면 신안 천사섬의 명품 홍도가 활력을 잃게 된다.

홍도에서 원추리를 빼놓을 수 없다. 원추리는 해안 지역에서 주로 자라기 때문에 육지에서는 보기 어려운 식물이다. 꽃은 7월에서 9월 사이에 피는데, 유난히 크고 곱다. 그 아름다움 덕분에 사람들이 근심 걱정을 잊어버린다고 해서 망우화忘憂花라고도 부른다. 원추리는 봄철에 어린 순을 나물로 무치거나 국으로 끓여 먹기도 한다. 보릿고개로 힘든 시절, 육지와 달리 홍도에서는 원추리를 먹으며 배고픔을 이겨냈다. 싹과 잎은 나물로 무쳐 먹고 뿌리는 전분으로 이용했다. 꽃이 지면 잎을 잘라서 새끼를 꼬아 띠 지붕을 만들었다.

매년 7월 중순 홍도에선 '섬 원추리 축제'가 열린다. 축제 기간이 되면 홍도의 해안선은 온통 노란색으로 물든다. 홍도분교 주변의 원추리 꽃밭을 걸어도 좋고 유람선에서 산과 바위의 원추리를 감상하는 것도 좋다.

유람선 관광이 바다에서 홍도의 비경에 감탄하는 기회라면 골목과 숲길 탐방은 홍도의 내력과 일상 문화를 경험하는 기회다. 홍도의 문화와 역사를 알리는 데 애쓴 이동석 씨는 "홍도에는 비경도 있고 역사, 문화도 있다"라고 힘주어 말한다.

늦겨울 2월의 홍도 여행도 매력적이었지만, 여름이 되면 홍도가 또 생각 날 것이다. 쾌속선에서 쏟아져 내리는 관광객들, 바쁘게 언덕을 오르내리는 삼륜 오토바이, 불야성을 이루는 방파제의 해녀 포차, 파란 바다를 배경으로 활짝 피어난 노랑원추리······柏

국내 최초로 섬에서 발견된 산지 습지
대장도의 해무

　흑산도는 크고 작은 섬들이 모인 흑산군도群島의 교통 행정 중심지다. 목포에서 달려온 쾌속선이 흑산도 예리항에 닿으면 이웃 섬들로 가는 작은 도선渡船들이 기다리고 있다. 예리항에서 20분가량 가면 장도長島 선착장에 닿는다.

　장도 가는 도선에서 손님이라곤 우리 둘과 해녀 두 명이 전부여서 자연스럽게 말을 붙였다. 40, 50대로 보이는 여인들은 낯을 가리지 않고 외지인에게 바다의 삶에 대해 술술 이야기해 주었다. 장도의 한 해는 이른 봄부터 시작한다. 봄 한 달은 까나리를 잡고 7월부터 12월까지는 멸치잡이를 한다.

　바람이 불고 파도가 치는 날에 그물을 던져야 멸치가 많이 올라온다. 배 뒤에서 파도가 치면 배가 뒤집힐 듯 요동을 치는 바람에 혼절할 것 같다. 절이나 교회를 안 다니는 여인들도 밤에 멸치잡이 나갈 때는 기도를 드린다.

　멸치액젓은 천연 조미료다. 간장 대신에 멸치액젓을 쓰면 음식의 감칠맛이 깊다. 멸치액젓을 담가서 5년을 숙성시켜야 제맛이 우러난다. 우럭 양식도 주요 소득원이다. 장도의 우럭은 앞바다에서 잡은 생물 멸치를 먹고 자라 자연산 우럭과 별반 다르지 않다. 멸치는 우럭에게 쌀밥과 같다.

하늘에서 내려다본 장도습지. 장도를 둘러싼 해식애가 절경이다. ⓒ 신안군

대장도의 장도마을 전경. 오른쪽 썰물 때 대장도와 이어지는 소장도. ⓒ 황호택

해녀들은 멸치잡이 외에도 미역과 전복, 해삼 채취로 살림을 보탠다.

두 개의 섬이 동서 방향으로 길게 뻗어 있어서 장도라는 이름이 붙었다. 큰 섬이 대장도, 작은 섬이 소장도. 하루에 두 번 썰물 때가 되면 바닷물이 빠지면서 두 섬이 연결된다. 소장도에 두 가구가 살았으나 지금은 모두 대장도로 넘어와 무인도가 됐다. 대장도 마을에는 35가구 60여 명이 산다. 지붕은 모두 주황색이다. 신안군이 경관 조례 시행 규칙을 제정해 마을의 지붕을 섬별로 같은 색깔로 칠해 통일적인 색감을 구현했다. 군에서 페인트 비용을 지원한다.

장도마을에서는 장도습지를 '뒷산'이라고 부른다. 그저 마을 뒷산으로 알았다가는 혼쭐이 난다. 45도의 급경사 길이다. 장도습지 해설사 김창식(76) 씨는 평지처럼 휠휠 걸어갔다. 장도 토박이인 그는 베트남 참전 용사로, 베트남 전쟁이 끝난 뒤 중동에서 건설 노동자로 6년 일했다. 내게 나이를 물었지만 결례를 무릅쓰고 가르쳐주지 않았다. "젊은 사람이 70대

대장도와 소장도 사이에 있는 암반 해안. 밀물 때면 물에 잠긴다. ⓒ 신안군

노인을 못 따라오느냐"라는 핀잔을 듣기 싫었다. 그는 나와 보조를 맞추기가 답답했던지 한참을 앞서가다 멈춰 서곤 했다. 손님들을 안내하면서 한 달이면 스무 번은 장도습지에 올라온다고 했다. 숨을 헐떡이며 깔딱 고개를 넘어서니 산 정상에 광활한 습지가 펼쳐진다.

조류협회 회원들이 등산 왔다 발견

2003년 조류보호협회 회원들이 대장도에서 고산高山 습지를 발견해 세상에 알렸다. 조상 대대로 물려받은 땅을 '발견'했다고 하면 섬 주민들에게 황당하게 들릴지 모르지만, 국내 최초로 섬에서 발견된 산지 습지였다. 273m 정상에 2만 7,000평 습지가 조성돼 있다. 2004년 환경부가 습지 보전 지역으로 지정했다. 2005년에는 창녕 우포늪, 대왕산 용늪에 이어 우리나라에서 세 번째로 등록된 람사르 습지다.

산 정상에는 겨울에도 얼지 않는 물이 흐른다. 장도습지는 섬 양쪽 봉

우리 사이에 옹배기처럼 파인 곳에 형성돼 있다. 과거 대장도 주민들이 식수로 이용하던 집수정集水井이 남아 있다. 주민들은 습지 한가운데 솟아나는 용천수에 파이프를 연결해 마을까지 끌어와 식수로 사용했다. 환경부가 습지 보호 지역으로 지정하면서 골짜기 물이 바다로 빠지는 작지기미에 저수지를 만들어 주었다. 지금은 이 물을 식수로 쓴다.

　장도 사람들은 습지 덕분에 오랜 세월 가뭄 때도 물 걱정 없이 살아왔다. 홍도에 담수화 시설이 들어서기 전까지는 장도로 물을 구하러 왔다. 요즘 서남해안의 도서들이 심한 가뭄을 타고 있는데도 장도습지 저수지에는 물이 찰랑거린다. 정자가 있는 곳에서부터 신우대 숲길이 시작된다. 신우대 숲으로 걸어가면 사람의 키가 파묻혀 보이지 않는다.

　해설사가 어렸을 때 마을에서는 신우대 숲이라고 했는데 습지가 알려지고 외지 사람들이 오면서부터 조릿대라는 말을 썼다고 했다. 인터넷에서 찾을 수 있는 장도습지에 대한 글에는 조릿대 숲길이라는 표현이 많다. 땀을 식힐 때 담양군 대나무자원연구소에 사진을 보내 문의하니 "신우대

← 밑에서 올려다본 장도습지. 이곳에 해무가 끼어 수분을 공급해 주는 날이 많다. ⓒ 신안군
→ 장도습지의 신우대 숲길은 사람 키를 훌쩍 넘는다. ⓒ 황호택

가 주류를 이루고 있는데 더러 조릿대가 섞여 있다"라는 문자 메시지가 왔다. 사람 키를 넘는 대나무는 신우대이고 키가 무릎 근처에 오는 대나무가 조릿대다. 신우대는 옛날에 화살을 만드는 데 썼다. 산죽山竹이라 부르는 조릿대로는 소쿠리를 만들었다. 지방에 따라 조릿대와 신우대라는 말을 병용한다고 사전에 나와 있다.

습지에서 돌멩이를 들추면 1급수 지표종인 5cm 크기의 가재가 기어 나온다. 가재는 달팽이, 유충, 벌레, 올챙이를 잡아먹고 산다. 장도에는 천연기념물인 매와 수달, 흑비둘기, 솔개, 조롱이 등 다양한 날짐승·들짐승이 살고 있다. 식물 294종, 조류 94종, 포유류 7종 등 500여 종이 분포한다. 멸종위기종인 흰꼬리수리와, 흑산도비비추, 참달팽이가 서식하는 생태계의 보고다.

산 정상에 습지가 형성된 것은 신비로운 자연의 조화다. 장도 산정山頂에는 물을 흡수 보존하는 이탄층泥炭層이 존재한다. 이탄층은 식물이 죽은 후 썩지 않고 수백 년 동안 쌓여 형성된 지층. 이탄층은 저수지와 수질 정화 기능을 동시에 수행하고 동물들에게 서식지를 제공한다. 이탄층 위의 풀밭을 밟아 주면 스펀지처럼 물이 스며 나온다.

장도습지에는 10마지기가량의 논이 있었다. 할아버지가 습지 한가운데 움막을 짓고 살며 논농사를 지었다. 마을 사람들이 보리와 고구마로 연명할 때 유일하게 쌀농사를 짓던 논이다. 할아버지가 논농사를 그만두자, 습지는 소 방목장이 되었다. 논농사는 수분이 충분히 공급되고 점토층 같은 불투수층이 있어 물이 잘 안 빠지는 토질이라야 가능하다. 논으로 이용되기에 앞서 최소한 수백 년 전부터 장도습지가 존재했음을 알 수 있다.

장도습지의 정상은 오목하고 하류부는 계곡이다. 장도 정상 중앙부에 있는 습지는 화강암, 주위를 둘러싼 산지는 단단한 규암이다. 화강암이 규암보다 빨리 침식해 중앙부가 옹배기처럼 오목한 모양을 만들었다. 주위 규암에서 침식된 모래 등이 빗물에 씻겨 내려 습지를 형성했다. 비가 오면 빗물이 대부분이 모래 입자와 점토의 함유율이 많은 사질砂質 토양에 침투한다.

식물이 썩으면 분해되어 사라지는데, 장도 정상부 경사는 5도 미만으로 완만하여 차디찬 계곡물이 서서히 흘러 식물의 분해를 더디게 한다. 장도에는 이탄층이 70~80cm 깊이에 잘 보전돼 있다. 이탄층의 방사성 탄소연대를 측정한 결과 1640~1960년으로 분석됐다. 300년에 가까운 연륜이다. 이탄층을 떠받치는 기반 암석은 화강암이다. 물이 잘 빠져나가는 암석층이었다면 이탄층이 있더라도 습지가 형성되지 못했을 것이다.

난류의 길목이라 해무가 늘 끼어
장도습지에 수분을 일정하게 공급하는 데는 해무海霧도 큰 몫을 한다. 장도는 한국 서남부를 통과하는 난류의 길목에 위치해 해무가 늘 끼어 있

장도습지에서 바다로 흘러가는 물을 담아두는 저수지. 마을 주민들이 식수와 생활용수로 쓴다. ⓒ 김창식

다. 지형적 특성으로 1년 내내 남쪽에서 바람이 지나가고 구름은 산 정상에 머무른다. 해무는 수분 공급과 동시에 습지 수분의 증발을 억제해 주는 역할도 한다. 이탄층, 화강암, 해무는 장도습지의 3대 공신이다.

흑산도 인근 지역은 연평균 강수량이 1,000mm 내외밖에 안 되는 소우少雨 지역이다. 그런데도 장도에 물이 풍부하고 논농사까지 가능했던 것은 전적으로 이 습지 덕분이다. 움푹 팬 와지臥地 지형도 물을 장시간 저장하는 기능을 한다. 그 속으로 바다 안개가 날이면 날마다 밀려들어 온다. 장도의 불투수층 토양은 수분을 오랫동안 유지해 준다.

장도습지는 미나리, 천남성, 엉겅퀴, 억새, 구슬잣밤나무, 후박나무, 동백나무, 찔레꽃, 산딸기 등이 자라는 자연 식물원이다. 그런데 방목을 금지하면서부터 버드나무 군락이 나타나 습지의 육지화를 가속하는 우려를 자아내고 있다. 버드나무 군락의 존치 여부를 놓고 학자들 사이에서 의견이 나뉜다.

천연기념물 수달이 여기서는 어민을 괴롭히는 악물이다. 수달은 하천이나 호수 같은 민물에 살지만, 이곳 수달들은 바닷물에 적응해 가두리 양식장의 우럭과 볼락을 잡아먹는다. 지능이 뛰어나 수단 방법을 가리지 않고 그물망을 뚫고 들어간다.

수달에게 어두일미魚頭一味는 통하지 않는다. 고기를 물면 머리를 남겨두고 몸통의 살만 뜯어 먹는다. 수달의 식습관을 보더라도 어두일미는 옛날 생선이 귀할 때 머리에 붙어 있는 작은 고깃점까지 젓가락으로 파먹게 하려고 만들어 낸 말 같다.

저수지가 있는 작지기미에서 장도마을까지 1km 신우대 숲길이 이어지고 그 밑으로는 바닷물에 수천 년 깎인 해식애海蝕崖가 펼쳐진다. 해변 신우대 숲길은 환경부가 안내판도 붙여 놓고 위험한 곳에는 데크도 깔아 놓았다. 해설사는 환경부의 관리와 지원을 받는 것을 자랑스러워했다. 해식애가 장도습지를 둘러싸고 있는 드론 사진을 보면 천하의 경승景勝이다.

바람이 없는 날은 흑산도와 대장도 사이의 바다가 흡사 강처럼 흘러간다. 홍도는 개울 건너 이웃처럼 가깝게 보인다. 장도습지에서 바라본 바다 풍경은 오래도록 기억에 남을 것이다. 다음에 올 때는 장도에 해무가 낀 모습을 보고 싶다.澤

# 억울한 세금…… 정조 행렬에 징 울렸다
대둔도의 의인 김이수, 정약전의 조교 장덕순

흑산도에서 종선從船으로 20분 정도 걸리는 곳에 대둔도, 영산도, 장도, 다물도가 모여 있다. 대둔도는 외지에서 오는 방문객이 드문 섬이다. 최근에야 이 섬의 역사 인물 두 사람이 새롭게 조명을 받으면서 찾는 사람들이 늘어났다. 신안군은 김이수金理守(1743~1805)와 장덕순張德順(1792?~?)의 생가를 복원하고 주변을 공원화하는 사업을 추진하고 있다. 대둔도는 오정리, 도목리, 수리 등 마을이 세 개나 있고 인근 섬들보다 인구가 많다. 김이수의 생가는 수리에, 장덕순의 생가와 묘소는 오정리에 있다.

민권운동가 김이수의 고향 대둔도

대둔도 주민 김이수는 한양 도성에 올라가 흑산도에 부과되는 과도한 세금을 시정하고 금의환향한 민권 운동의 선구자다. 백성들이 벼슬아치와 아전이라면 지은 죄도 없이 벌벌 떨던 조선 시대에 흑산도의 수군진과 나주 관아에 진정했으나 통하지 않자 그는 섬 주민 두 명과 함께 한양으로 올라갔다. 정조대왕이 대궐 밖으로 행차했을 때 행렬에 뛰어들어 징을 울리고 왕에게 부당한 세금을 철폐해 달라고 호소했다. 백성이 최고 통치권자에게 북이나 징을 쳐서 직접 청원을 하는 격쟁擊錚은, 선정을 베풀던 정조 연간에 활발했다.

흑산도 주민의 격쟁이 조정의 관심사로 대두하자 남인의 영수인 좌의정 채제공蔡濟恭이 전라도 관찰사의 장계狀啓를 받고 정조에게 보고했다. 이 기록이 《조선왕조실록》(1791년 5월 22일)과 《승정원일기》에 상세하게 남아 있다.

흑산도는 섬에서 나는 닥나무로 종이를 만들어 세금으로 훈련도감에 바쳤는데 땅이 척박해지면서 닥나무가 잘 자라지 않았다. 그마저도 숲이 없어져 바람을 막아 주지 못해 닥나무 껍질이 얇고 병들어 대부분 온전하지 못해 종이를 뜰 수 없는 지경에 이르렀다. 이런데도 닥나무 세금은 때가 돌아오면 장정과 노약자를 가리지 않고 남자에게 모두 인두세人頭稅로 부과됐다. 8~10세는 4전, 11~14세는 6전, 15~17세는 8전, 20~40세는 1냥 6전으로 계산해 닥나무 껍질 12,955근, 돈으로 580냥을 징수했다. 흑산도 사람들은 이 돈으로 다른 지방에서 종이를 사다 세금으로 바쳤으니 억울하고 부당한 일이었다.

과중한 세금을 견디다 못해 흑산도를 떠나는 사람이 늘어나고 남아 있는 사람들의 세금이 점점 무거워졌다. 당시 나주목에서 "흑산도의 닥나무 세금은 마치 거북이 등에서 털을 깎아 오라는 것과 같다"라는 보고서를 올렸지만 폐단은 시정되지 않았다.

정조대왕 행렬 뛰어들어 징 울린 이유

서해 외딴섬에서 배를 타고 뭍으로 나와 나주목牧 관아, 전라 관찰사가 있는 전주 감영을 거쳐 한양 훈련도감에 이르는 길은 멀고 멀었다. 김이수는 천 리 길을 걸어 한양으로 올라와 정조 행차에 대고 징을 울렸다. 지이이잉 징이이잉~.

김이수의 격쟁을 처리하기 위해 정조의 측근 좌의정 채제공이 나서자 한양에서 전라도를 오가는 파발마들이 흙먼지를 날리며 뛰었다. 흑산도

조선 시대 민권운동가 김이수의 생가가 있는 대둔도 수리마을 전경. ⓒ 신안군

↑ 김이수 생가는 오래도록 빈집으로 남아 을씨년스런 폐가가 됐다. 집 뒤로는 동백나무 숲이 울창하다. ⓒ 신안군
↓ 김이수 묘소 앞에 선 6대손 김윤인 씨. ⓒ 이순임

를 관할하는 나주목사牧使 이우규李羽逵가 현지 조사를 한 보고서를 전주 감영으로 올렸다. 이 보고서를 토대로 전라관찰사 정민시鄭民始가 장계를 작성해 채제공에게 보냈다. 파발마들은 뛰고 또 뛰었다.

채제공은 어전회의에서 "절해고도絶海孤島 주민들이 호소할 곳이 없어 한양에 올라와 징을 울렸는데, 탁지부가 대신해서 종잇값 300냥을 훈련도감에 매년 지급하는 것이 사리에 합당할 것 같습니다"라고 건의했다. 정조는 "그대로 시행하라"라고 말해 김이수는 흑산도에 큰 선물을 갖고 돌아올 수 있었다.

흑산도에서는 닥나무 세와 함께 콩에 부과하던 콩세도 백성들의 원성이 높았다. 이것도 김이수가 나서 해결했다. 흑산도에는 본래 논이 없고 산비탈에 자갈밭만 있었다. 그것도 지맥地脈이 점점 쇠하여 해마다 소출이 줄었다.

주민들은 피와 보리를 추수한 뒤에 그 땅에 이모작으로 콩과 팥 등 잡곡을 심어 생활에 보탰다. 처음 몇 해는 피와 보리만 세금을 내고 콩은 제외됐다. 어느 해 흑산진鎭에 사나운 별장別將이 부임하면서 섬사람들을 위협해 콩에도 세금을 부과했다. 피와 보리는 원래 세금을 내던 것이지만 보리밭 둔덕이나 고랑에 심는 콩에도 세금을 거두면서 1년에 세금을 두 번 내는 이중과세가 자행됐다.

별장은 조선 시대 산성, 포구, 작은 섬 등의 수비를 맡은 종9품의 무관이다. 관리 위계로 보면 미관말직微官末職이었지만 섬에서는 가장 높은 벼슬이었다. 그가 세금 징수와 노역까지 부과하니 섬사람들에게는 두려운 권력이었다. 김이수가 나주 관아에 콩세에 관련한 진정을 했지만 흑산도 수군진 별장이 나주와 전주를 다니며 거짓으로 꾸며대는 바람에 콩세 폐지 노력이 실패로 돌아가는 듯했다.

그러나 김이수가 바다와 육지를 건너다니며 3년이나 공을 들이니, 나주 관아도 불쌍한 섬 백성들의 사정을 전주 감영에 그대로 보고했다. 전주 감영은 "천여 냥이나 받던 것을 하루아침에 없앨 수 없으니 목화木化세라는 이름으로 150냥을 매년 10월까지 납부하라"라고 세금을 대폭 감경하는 조처를 했다. 목화세는 그 뒤 수년간 시행되다가 최도형 별장 때에 이르러 김이수의 설득으로 폐지됐다.

    그 뒤 부임한 별장들은 눈엣가시 같은 김이수를 미워했으나 어쩌지 못하고 흰자위로 흘겨보기만 했다. 어느 해 한상항이라는 별장이 가을에 시찰을 다니다가 김이수가 사는 동네를 지나게 되었다. 그는 콩이 잘 자란 밭을 보고 "누구의 밭이냐"라고 물었다. 한 주민이 "김이수"라고 대답하자 별장은 가마에서 내려 밭을 한번 둘러보고 나서 콩을 발로 차고 밟아 댔다. 보는 사람들이 배꼽을 잡고 웃었다.

    후손들은 〈김이수 행장기行狀記〉에서 어려서부터 똑똑하고 문장에 능하였으며 언변이 뛰어나고 이치에 밝았다고 적었다. 무엇보다도 일 처리에 대쪽 같은 자세로 임하는 정의감이 돋보였다. 수리에 있는 김이수의 생가 뒤에 동백나무 숲이 우거져 있고 집 앞으로는 조릿대로 울타리를 둘러놓았다. 김이수가 생전에 조경에 신경을 쓴 흔적이다. 신안군은 조선 시대 민권 운동의 선구자인 김이수 생가를 공원으로 만들 계획이다.

    닥나무 세금을 없앤 김이수가 세상을 뜨자 흑산도민장으로 장례를 성대하게 치렀다. 김이수의 묘소는 대둔도가 아니라 흑산도 풍수 좋은 곳에 꼭두장을 했다. 꼭두장은 남의 선산 위쪽에 묘를 쓰는 것으로 금기에 해당한다. 그러나 다른 성씨의 선산 사람들이 김이수를 존경해 못자리를 양보했다.

정약전과 물고기 함께 연구한 《자산어보》 제2 저자

흑산 바다에는 어족이 매우 번성하였으나, 사람마다 말이 달라 종잡을 수가 없었다. 이름을 제대로 아는 사람도 드물었다. 약전은 섬사람들을 수소문하며 어류에 박식한 이를 찾았다. 이즈음 홀연히 나타나 약전을 도운 사람이 장덕순(자字는 창대昌大)이다.

> 창대(덕순)는 문을 닫아걸고 손님을 사양한 채 독실히 옛 서적을 좋아했다. 다만 집이 가난하고 책이 적어 손에서 책을 놓지 않았음에도 공부한 것이 폭넓지 못했다. 하지만 성품이 조용하고 정밀해 무릇 직접 듣거나 풀과 나무, 새와 물고기는 모두 자세히 살피고 깊이 그 생리를 알았으므로, 그의 말은 믿을 만했다. 나는 마침내 그를 불러들여 머무르게 하면서 그와 함께 연구하고 차례를 매겨 책을 완성하고는 자산어보라고 이름을 붙였으니……
> ―《자산어보》 서문

《자산어보》를 학술 논문이라고 한다면 약전이 제1 저자, 덕순은 제2 저자다. 집안 족보에 따르면 덕순은 1792년생으로 20대 청년이었을 때 약전을 만나 어보 작성을 도왔다. 선착장에서 내려 오정리로 들어가는 초입에는 《자산어보》 탄생의 숨은 공로자 덕순을 기리는 기념비가 있다. 기념비의 좌우로 정약전이 덕순을 찬양하는 시비가 옹위한다.

연세대학교 소장본 《여유당집與猶堂集》에는 덕순과 관련해 정약전이 남긴 두 편의 시문이 남아 있다. 〈장창대에게 부치다寄張昌大〉라는 시는 덕순이 초저녁부터 밤이 새도록 정약전과 대화가 가능한 상대임을 보여 준다.

> 사람들은 장창대를
> 남들보다 뛰어난 선비라 하지
> 옛 책을 언제나 손에 들고
> 오묘한 도가 마음에서 떠나지 않네

조촐한 상석을 설치한 장덕순 묘소. 오른쪽은 대둔도 오정리에 있는 장덕순 기념비와 정약전의 시비.
ⓒ 신안군

초저녁부터 이야기 나누다 보면
어느새 바닷소리가 들려오누나
어찌하면 한낮부터 밤이 다하도록
이치의 근원을 더듬어 볼까?

학식에서 당대 최고 수준인 정약전이 밤새 세상 이치를 함께 논할 정도이니 장덕순의 지혜와 지식의 깊이가 만만찮았음을 말해 준다. 옛 책을 손에서 놓지 않는 '뛰어난 선비'였기에 그럴 수 있었을 것이다.

신안군은 오정리 장덕순 생가를 복원하고 집 뒤 마늘밭과 조릿대 숲을 공원화할 계획이다. 오정리梧井里란 이름에서 알 수 있듯이 옛날 이 마을에는 오래 묵은 오동나무들이 많았으나 지금은 모두 사라지고 마을 이름에만 남아 있다. 500년 된 우물에서 혹심한 가뭄에도 물이 펑펑 솟아나 오정리 주민들은 식수난을 겪지 않는다. 오정리는 일제 강점기에 오리로 바뀌었다가 근년에 주민들의 청원으로 원래 이름을 되찾았다.

대둔도 오정리 앞바다의 새벽. 부지런한 어부들이 가두리 양식장에 나와 작업을 하고 있다. ⓒ 신안군

대둔도의 500년 우물 표지석. 오정리라는 이름에도 우물 정井자가 들어 있다. ⓒ 황호택

덕순의 묘소는 오정리 도목리 수리로 가는 길이 갈라지는 삼거리에 있다. 가파른 철제 계단을 올라가야 나온다. 《자산어보》 신드롬이 일면서 방문객이 늘어나자 묘소 앞에 상석을 설치했다. '仁同張氏 昌大 德順之 墓'(인동장씨 창대 덕순지묘)라는 상석床石의 글씨가 선명하다.

 # 3관왕 명품 마을의 거북손과 홍합
코끼리 바위섬 영산도

영산강과 나주 영산포라는 이름은 영산도에서 유래됐다. 조선 시대 왜구들이 발호해 식량을 털어가자 섬을 비워 무인도를 만들었다. 이때 나주로 이주한 영산도 주민들이 고향을 그리워하며 나주평야를 흐르는 강을 영산강, 나주에 있는 포구를 영산포라고 불렀다.

영산도 선착장에 내리면 마을 오른쪽에 신령스러운 산세山勢가 눈에 들어온다. 자연이 조성한 거대한 조각상이다. 종일 따가운 햇볕을 쬔다고 해서 '덴볕산'이란 이름이 붙었다. 영산마을은 바다가 육지 속으로 움푹 파고들어 온 만灣에 형성됐다. 영산도의 서남쪽은 흑산도가 방파제 노릇을 해 경사가 완만하고 초목이 무성하게 자란다. 그러나 동북쪽은 수억 년 동안 대양에서 밀려오는 거센 파도에 깎인 해식애가 발달해 '작은 홍도'라 불린다.

흑산도 서쪽에는 홍도, 장도, 대둔도, 다물도가 있지만 영산도는 흑산도 동쪽에 혼자 떨어져 있다. 목포에서 오는 쾌속선 도착 시간에 맞추어 종선從船이 하루에 한 번 흑산도~영산도를 오가는 교통의 오지다. 운항 시간은 10분.

영산도는 영광스러운 3관왕이다. 다도해 해상국립공원, 신안-다도해 유네스코 생물권 보존 지역에 2013년엔 환경부 '자연생태 우수마을'로 지

뒷산 탐방로에서 바라본 영산마을 전경. ⓒ 신안군

정됐다. 섬의 황금기에는 영산마을과 액기미마을에 90가구 400여 명이 거주했으나 섬 인구가 감소하면서 액기미마을은 무주공산이 됐고 영산마을에 14가구 20명이 옹기종기 산다. 보건소와 파출소, 발전소 직원을 합하면 29명. 자칫하다간 공공기관 근무자가 마을 주민보다 많아질 판이다.

 영산도는 원래 국립공원 해제 구역에 들어갔으나 주민들의 합의로 2012년 국립공원으로 남았다. 그래서 국립공원관리공단이 섬의 우수한 자연 생태와 고유문화를 살려 주민들에게 먹고살 거리를 만들어 주는 명품 마을이 됐다. 명품 마을은 진도군 관매도, 신안군 영산도를 포함해 지금까지 19개 섬이 선정됐다.

우리나라에서 제일 큰 코끼리 바위. ⓒ 신안군

　영산도 관광에서 영산 8경을 둘러보는 선상 유람을 빼놓을 수 없다. 육지에서는 더위가 펄펄 끓는 여름 한낮인데도 바다로 나오면 서늘하다. 최성광 영산도명품마을위원장은 영산도를 찾아온 지질학자들이 영산도 해식애가 17억 년 전에 형성됐다는 조사 결과를 알려줬다고 말했다. 최 위원장은 외아들 이름을 바다(20)라고 지을 만큼 영산도 바다에 대한 애정을 가진 사람이다. 목포에서 직장에 다니는 바다는 주말에는 영산도에서 바다낚시를 한다.

　액기미는 주민들이 살지 않는 빈 마을이다. 액기미는 액운을 막는다는 뜻이다. 한창때 10여 가구가 살았던 마을에 인적은 보이지 않고 돌담과 우물, 냇물을 건너는 조그만 다리는 그대로 남아 있다. 해변이 아름답고 조용하다. 부엉이바위는 앉아서 잠을 자던 부엉이가 태풍이 오면 날아갔다가 태풍이 잦아들면 다시 찾아온다는 전설이 서린 바위다.

선상 유람 코스의 절경은 코끼리 바위. 파도가 수십억 년 몰아쳐 절벽에 구멍을 뚫어 섬과 바다를 잇는 아치형 돌문이 생겼다. 코끼리가 기다란 코를 바다에 처박은 형상이다. 석주대문石柱大門이라고도 불린다. 풍랑이 몰아칠 때 중국 배들이 석주대문 안으로 대피했다는 이야기도 전해진다. 홍도, 울릉도, 독도에도 코끼리 바위가 있지만 영신도 코끼리 바위가 가장 우람하다.

유람선 타고 섬 돌며 절경 감상

바위 구멍에서 코 고는 것 같은 바람 소리가 나는 비성석굴鼻聲石窟도 있다. 절벽 밑에 콧구멍처럼 굴이 두 개 뚫려 있다. 이 두 구멍이 바닷물을 끌어들였다가 뿜어내면 바람이 드센 날에는 물대포가 30m까지 나간다. 만조에는 콧구멍 바위가 물속으로 숨어버린다.

파수把守 바위에는 사람이 드나들 수 있는 큰 동굴과 먹을 물이 고여 있다. 굴 입구에서 비금도와 도초도가 바라다보인다. 일제 강점기에는 동굴 안에서 영산도 징용 기피자들이 숨어 살았다. 목포에서 출발해 비금도초를 거쳐 오는 징용선이 다가오는지를 파수 보던 곳이다.

비가 올 때만 폭포가 생기는 비류 폭포, 할아버지 바위, 사자바위, 거북이 바위, 토끼 바위도 영산도 해상 투어의 볼거리다. 작은 새끼 섬에 있는 영산등대는 앙증맞다. 섬의 아낙네들이 바구니에 돌을 담아 날라 등대를 세웠다.

영산도에서 인기를 끄는 해물은 거북손과 숭어다. 〈삼시세끼〉 같은 TV 예능 프로그램에 거북손이 소개되면서 일부 섬에서는 거북손 씨가 말

플랑크톤을 먹고 사는 거북손이 절벽에 달라붙어 있다. ⓒ 신안군

랐다. 영산도는 외지에는 팔지 않고 영산도를 찾은 사람에게만 내놓는다.

영산도 거북손은 오래 자랄 때까지 기다렸다가 따기 때문에 크고 맛있다. 영산도의 유일한 식당 부뚜막에서 회정식을 시키면 거북손과 홍합이 서비스로 나온다. 서울에서는 구경하기도 힘든 자연산 회정식이 1인당 3만 원이다. 어부들이 그날 잡은 생선으로 회를 뜨니 횟감은 가격과 관계없이 운수소관이다.

거북손은 갑각류 절지동물로 따개비의 사촌. 얼핏 보아서는 식물인지 동물인지 구분이 어렵다. 따개비처럼 거북손도 수십 개가 한데 붙어산다. 파도에 쓸려나가지 않으려고 여럿이 힘을 모아 저항하는 모양새다. 손암은 《자산어보》에서 5개 봉우리에 뿌리가 달린 모양의 거북손을 오봉호五峯蠔라고 이름 짓고 자세한 관찰기를 남겼다.

거북손알에서 깨어난 노플리우즈라는 유생이 부유하다가 바위벽에 딱 붙어 성체로 자란다. 거북손을 맨손으로는 딸 수 없다. 바위에 붙은 부분을 칼끝으로 파내야 한다. 아래쪽은 중국집에서 나오는 리치 과일처럼 까면 불그스름한 속살이 드러난다. 거북손을 까먹을 때 주의하지 않으면 맞은편 사람한테 물총이 날아간다. 오봉 양쪽을 엄지와 검지로 세게 누르면 깨지면서 완전한 속살을 내놓는다.

거북손은 특별한 요리법이 필요 없고 물에 살짝 데치면 된다. 즙에서 바다 냄새가 물씬 난다. 쫀득거리는 고기 자체가 조미료다. 약간의 간장 양념과 참기름을 무쳐 먹어도 좋다. 거북손을 우려낸 국물로 라면을 끓이면 천하별미다. 머리 부분이 거북의 손을 닮아 거북손이라는 이름이 생겼다.

자연산 홍합은 주문이 많이 들어 오지만 봄 2주, 가을 2주만 채취한다. 홍합 자원을 보호하고 제값을 받기 위해서다. 자연산과 양식은 한눈에 구분이 된다. 양식 홍합은 껍질이 깨끗하고 자연산 홍합에는 해조류의 때가 끼어 벗겨지지 않는다. 6월 말부터 8월 초까지 채취하는 미역은 파도가 셀수록 품질이 좋다. 영산도의 여인들은 거친 파도를 뚫고 아슬아슬한 갯바위로 올라가 낫으로 미역을 채취한다. 봄철이면 영산도 해변에 '물 반 고기 반' 숭어 떼가 몰려온다. 숭어는 추운 겨울에는 깊은 바다로 내려갔다가 봄이 되면 떼를 지어 강 하구나 연안으로 몰려와 산란한다. 봄철 영산도에는 숭어 관광객도 많다.

영산포와 영산강이 영산도에서 유래한 사연

고려 충렬왕 시절 경주 최씨 최국희가 영산도에 들어온 입도조入島祖(섬에 처음으로 정착한 각 성씨의 조상을 이르는 말)다. 영산도는 흑산도 인근에 사는 최씨들의 발원지다. 마을 위쪽에 최崔씨 제유각祭遺閣이 있다.

영산마을을 둘러보는 데 두 시간 정도 걸린다. 채소밭, 캠핑장, 원두막, 교회⋯⋯. 폐가를 개축한 '전교1등도서관'은 이름이 근사하다. 영산분교의 학생이 한두 명뿐이니 이 도서관에서 공부하는 학생은 모두 전 학

이재호 화백이 재능 기부를 한 벽화가 마을을 장식하고 있다. ⓒ 신안군

년 1등 아니면 전교 1등이었다. 영산분교는 학생 수가 자꾸 줄어들다가 2020년 마지막 학생이 졸업하면서 폐교의 운명을 맞았다. 4년째 학생이 없는 학교 운동장에는 잡초가 자라고 있다.

    마을 입구에는 죽은 나무나 바위에 붙어 자라는 멸종위기종 2급인 석곡 군락지가 있다. 키는 20cm 정도이고 잎은 어긋난다. 5~6월에 흰색이나 연분홍색의 꽃이 원줄기 끝에 핀다. 마을 주민들이 집에서 소장하는 석곡을 모아 50평가량 조성했다. 화가 이재호 씨가 재능 기부를 해 마을의 낡은 시멘트벽 담장에 벽화를 그렸다. 작은 골목길로 찾아다니며 숨은 그림찾기 하는 재미가 쏠쏠하다.

    영산도에서 가장 멋진 집은 백년百年 가옥이다. 중장기 체류를 희망하는 외지인에겐 임대한다. 구달홍 씨가 1905년에 태어나 94세인 1999년까지 거주했던 집이다. 구 씨는 침술이 뛰어났고 주민들로부터 존경을 받았다.

    영산도 주민들은 바닷가 절벽 틈에서 자라는 소나무들이 죽어가는

것을 가장 안타까워한다. 영산팔경永山八景 중 으뜸인 당산창송堂山蒼松의 소나무들이 솔껍질깍지벌레에 시달리고 있다. 당산 일대에 있는 푸른 소나무 숲은 영산마을의 얼굴인데, 죽은 나무를 자르면 흰 벌레가 기어 나왔다. 암컷 유충이 소나무 가지에 침을 꽂아 수액을 빨아먹어 소나무 수피가 적갈색으로 말라 고사했다. 신안군도 방제 사업을 10년 넘게 벌이며 소나무를 살리려고 안간힘을 쓴다.

산상山上 투어를 하려면 마을 왼쪽 계단으로 올라가야 한다. 관광객들이 계단 앞에서 얼쩡거리면 잡종 진돗개 '쫑'이 뛰어나와 안내를 맡는다. 계단을 조금 오르면 당집이 있다. 하당下堂은 배, 어장, 해초를 관장하는 김첨지 영감을 모신다. 상당上堂에는 흑산도 진리 본당에서 처녀 신을 모셔왔다.

전망대에 올라서면 영산도 마을이 아늑하게 다가온다. 흑산도를 붉게 물들이는 낙조를 전망대에서 바라보노라면 사바세계의 괴로움을 다 잊어버린다.澤

↑ 희귀종 난 석곡이 바위에 뿌리를 박고 자라는 모습. ⓒ 신안군
↓ 영산도 새끼 섬의 해식애 위에 서 있는 꼬마 등대. ⓒ 황호택

'부러진 연필 자루' 수백 개, 1억 년 비경
〈삼시세끼〉와 낚시꾼의 섬 만재도

목포에서 105km 떨어진 신안군 만재도. 예전엔 만재도에 가려면 목포에서 5시간 30분 이상 걸렸다. 여객선 접안 시설이 없어 바다에서 종선從船으로 갈아타고 섬에 들어가야 했다. 지금은 쾌속선을 타고 2시간 30분이면 충분하다. 2021년 접안 시설과 경사식 선착장이 생겼다. 남해고속 뉴퀸호는 매일 목포항을 출발해 만재도를 거쳐 가거도까지 오간다. 만재도 주민들은 아침에 목포로 나가 일을 본 뒤 해 떨어지기 전에 돌아올 수 있다. 만재도가 목포와 하루 생활권이 된 것이다.

그래도 만재도는 멀고도 작은 섬이다. 면적은 0.59㎢. 선착장에 내리면 바로 앞에 짝지해수욕장이 있고 그 뒤편으로 푸른 지붕을 한 가옥 30여 채가 보인다. 그게 마을 전부다. 만재도는 세 개의 산으로 이뤄져 있다. 선착장에서 보면 세 개의 산은 T자로 연결되어 있다. 오른쪽(북동쪽)은 소나무가 무성한 부드러운 분위기의 마구산(176m), 가운데(서남쪽)와 왼쪽(동남쪽)은 바위 가득한 물생이산(143m)과 장바위산(135m). 마을 사람들은 마구산을 큰산, 장바위산을 앞산이라고 부른다. 물생이산과 장바위산은 그 육중함으로 분위기가 범상치 않다.

짝지해수욕장은 모래가 아니라 자그마한 몽돌이 깔려 있다. 물은 맑고 해안선은 부드럽게 휘어져 있다. 해안선 끝자락에 크고 작은 바위들이

선착장에서 바라본 신안군 흑산면 만재도 마을. ⓒ 이광표

즐비하고 장바위산으로 이어진다. 짝지해수욕장 뒤편엔 '만재도' 표석이 있고 좁은 돌담 길이 여러 갈래로 흩어진다. 가옥 벽체는 돌담에 감춰져 있고 파란 지붕만 보인다. 이곳은 골목골목이 모두 돌담이다. 채소밭까지 돌담으로 둘러쳐져 있다. 바닷바람을 막기 위해서다.

　멀고도 작은 섬이지만 이곳 돌담 풍경은 왠지 익숙한 듯하다. TV 예능 프로그램에서 본 곳이기 때문일까. 돌담 길 초입엔 '화평이네 민박,' '커피 혜자네 주막,' '만재도 슈퍼' 같은 간판이 보인다. 혜자네 주막 골목으로 들어가면 첫 번째 집이 〈삼시세끼〉를 촬영했던 곳이다. 커피 주막과 슈퍼는 성수기 때만 간혹 문을 연다. 혜자네 주막에서 커피를 마시지 못해 좀 아쉬웠으나 햇볕 좋은 4월 초 오후, 바닷가 좁은 돌담 길을 걷는 건 매력적인 경험이었다.

화려했던 가라지의 추억

섬 이름 만재도晩財島는 "해가 지고 나면 고기가 많이 잡힌다," "재물을 가득 실은 섬"이라는 이중의 의미를 지니고 있다. 그 이름에 걸맞게 1930~1960년대엔 돈섬, 보물섬으로 불리며 전성기를 구가했다. 당시 만

만재도 마을 초입 돌담 길의 '커피 혜자네 주막' 간판. 바로 옆 골목으로 들어가면 TV 예능 프로그램 〈삼시세끼 어촌 편〉을 촬영했던 곳이 나온다. ⓒ 이광표

재도 근해에서는 가라지가 많이 잡혀 '가라지 파시'가 성행했다. 전갱잇과의 가라지는 고등어보다 크고 맛이 좋아 고급 어종으로 꼽혔다. 소금으로 간을 해 말린 뒤 구워 먹으면 특히 일품이었다고 한다. 가라지는 가거도나 상태도에서는 보이지 않고 유독 만재도 인근에서만 잡혔다. 한창일 때엔 가라지를 잡는 어선, 가라지를 사들이려는 상선 200여 척이 몰려 만재도 앞바다를 가득 채웠다.

그러자 흑산도, 가거도, 맹골도, 상태도 등지에서 상인들이 들어와 해변에 천막을 치고 술집을 차렸다. 작은 섬에 그런 술집이 10여 곳을 넘었다고 한다. 만재도 펜션 운영자는 "그 시절 가라지 생선 두세 마리만 들고 가게에 가면 이것저것 여러 생필품으로 바꿔올 수 있었다"라고 했다. 가라지가 얼마나 비싼 값에 팔렸는지 알 수 있다.

그러나 1970년대 이후 가라지가 급격히 사라졌고 외지 어부들도 만재도를 떠났다. 이후 1970년대부터 주민들의 생업은 해조류 채취와 소규모 고기잡이로 바뀌었다. 여름에는 미역, 전복, 홍합, 해삼 등을 채취하고 봄과 가을에는 주낙이나 낚시로 우럭, 농어, 장어 등을 잡는다. 여름이 되면 선착장이나 해수욕장에서 돌미역, 홍합 등을 손질하는 주민들을 자주 볼 수

만재도 마구산 등산로에서 내려다본 장바위산. ⓒ 이광표

이른 아침 갓 잡은 열기(볼락)를 열심히 손질하는 만재도 주민들. ⓒ 이광표

있다. 만재도 앞바다에선 열기(볼락)도 많이 잡힌다.

둘째 날 아침, 열기잡이 배가 들어오자 주민들이 선착장에서 열심히 열기를 손질하는 모습을 볼 수 있었다. 붉은색의 열기는 첫눈에도 살이 통통하고 탄력이 넘친다. 이렇게 잡아 정리한 열기는 곧바로 주문자에게 택배로 배송된다. 열기는 살도 많고 비린내도 적어 맛이 담백하며, 구이 조림 찜으로 요리하기에 좋아 미식가들이 즐겨 찾는다.

만재도에서는 사시사철 등산객과 낚시꾼들을 만날 수 있다. 등산 출발점은 만재도 펜션. 흑산초등학교 만재분교(2005년 폐교) 건물을 마을부녀회에서 펜션으로 운영하고 있다. 짐을 풀기 위해 펜션에 들어서자 〈삼시세끼〉 제작진·출연진과 마을 주민들이 함께 찍은 큼지막한 사진이 걸려 있다.

만재도 펜션 바로 위 내연발전소 옆길을 따라 올라가면 물생이산과 마구산으로 갈라지는 등산로가 나온다. 4월 초라서 그런지 유채꽃이 많이 피었다. 물생이산은 바위산이어서 가는 길이 다소 험하지만 마구산 등

마구산 샛개재에서의 일몰 풍경. 앞에 보이는 바위섬이 내마도, 외마도다. ⓒ 신안군

산로는 적당하다. 마구산은 만재도에서 가장 높은 산이다. 마구산 쪽으로 조금 더 가면 일출과 일몰의 명소인 샛개재가 나온다.

왼쪽으로는 석양을 볼 수 있고 오른쪽으로는 일출을 볼 수 있는 곳이 있다. 샛개재에서 마구산 정상으로 가는 길엔 키 작은 억새가 무성하다. 석양의 억새들이 은빛으로 출렁인다. 등산로 자체는 무난하지만 왼쪽은 급경사 낭떠러지다. 그 낭떠러지 뒤로는 바위섬(내마도, 외마도)이 있고 그 너머 석양 풍경이 가히 일품이다.

억새밭, 대나무밭, 소나무 숲을 지나 마구산 정상에 오르면 자그마한 무인 등대가 나온다. 이곳에 서면 가거도, 태도, 홍도, 장도, 흑산도, 영산도가 한눈에 다 들어온다. 등대는 억새 사이로 다소곳하게 서 있지만 그 뒤로는 까마득한 절벽이다. 바로 이곳이 만재도 주상절리柱上節理의 하이라이트 지점이다. 다음 날 아침, 마구산 샛개재에 다시 올라 일출을 감상했다. 바위덩어리 장바위산 옆으로 천천히 떠오르는 태양의 모습은 경외감 그 자체였

마구산 정상의 무인 등대. ⓒ 이광표

다. 만재도는 일출과 일몰을 모두 감상할 수 있는 흔치 않은 곳이다.
　만재도는 여름엔 돌돔과 농어 낚시가, 겨울엔 감성돔 낚시가 인기다. 그중에서도 가장 성수기는 감성돔이 잘 잡히는 12월이다. 1월로 접어들면 감성돔 마릿수가 크게 줄기 때문에 마니아들은 12월을 놓치지 않는다. 배편이 많지 않기 때문에 진도와 목포에서 낚싯배를 구해 만재도를 찾는 경우가 많다. 만재도에 도착하면 낚시 전문 민박집에 머물면서 종선으로 갈아타고 낚시 포인트로 진입한다. 낚시꾼들이 가장 즐겨 찾는 곳은 장바위산 갯바위다.

1억 년 역사가 여기에……
만재도의 바위 지형은 1억 년 전 중생대 백악기의 화산 활동으로 만들어진 것이다. 이를 가장 잘 보여 주는 것이 주상절리다. 주상절리는 화산 활동 중 지하에 남아 있는 마그마가 식는 과정에서 수축하고 갈라지면서 만들어진 화산암 기둥들이다. 만재도에선 마구산 등대 쪽 해안 절벽과 장바

만재도 해식 절벽에 형성된 주상절리. 부러진 연필 조각 수백여 개를 세워놓은 듯 신비롭고 장쾌하다. 만재도 주상절리는 2024년 천연기념물로 지정되었다. ⓒ 신안군

위산 동쪽 해안 절벽을 따라 400m에 걸쳐 형성되어 있다. 특히 수직 절리가 잘 발달했고 이 절리를 따라 급경사 절벽들이 형성됐다.

만재도 주상절리는 부러진 연필 자루 수백여 개를 세워 놓은 듯 신비롭고 장쾌한 풍경을 연출한다. 수직 절리만 있는 것이 아니다. 여기에 수평 절리가 더해져 절리의 간격과 방향이 각양각색이다. 비경도 비경이지만, 백악기의 화산 분화 및 퇴적 환경 해석에 중요한 정보를 제공한다는 점에서 지질학적 가치가 높다. 국가유산청은 이러한 가치를 높이 평가해 2024년 만재도 주상절리를 천연기념물로 지정했다.

하지만 이 멋진 풍경을 육안으로 감상하는 것은 쉽지 않다. 산에서는 볼 수 없고, 바다에서 배를 타고 보아야 하기 때문이다. 주상절리 유람선은 운행하지 않는다. 이 비경을 감상하려면 마을 주민들을 통해 별도의 배를 예약해 이용해야 한다. 그 아쉬움을 조금이나마 달랠 방법이 있다. 짝지해수욕장과 장바위산이 만나는 지점에는 물때에 따라 바닷물에 잠겼다 드러나는 작은 바위들이 즐비하다. 이 바위에도 무수한 절리가 형성되어 있다. 한참 보고 있노라면 미니어처 주상절리 같은 생각이 든다. 만재도는 도처가 주상절리의 보고다.[*]

 # 2m 대물 심해어 '돗돔'의 황금 어장

가거도의 경승, 달뜬목 해뜰목

'송아지 열매' 독실산

국토의 서남쪽 끝에 자리한 가거도可居島는 우리나라에서 해가 가장 늦게 지는 섬이다. 한자 이름을 풀면 '살 만한 섬'이라는 뜻이다. 하루 이틀 섬을 둘러보고 배를 타고 인근 바다에 나갔다가 오면 이름을 겸손하게 지었다는 생각이 든다. 가거도는 섬 전체가 독실산 줄기에서 뻗어 나간 형상이다. 독실산은 송아지 독犢에 열매 실實 자를 쓴다. 가거도의 주봉인 독실산은 높이가 639m로 서해에서 가장 높다. 서해를 건너 한국과 동남아를 오가는 철새들의 정거장이다. 윤무부 박사를 비롯한 철새 연구자들이 가거도를 자주 찾는 이유다.

가거도에 9대째 사는 임명옥任明玉 씨는 "예로부터 산비탈에 송아지와 염소를 방목했다"라고 말했다. 논이 없는 가거도에서 소는 경작용 가축이 아니고 염소와 함께 식용으로 길렀다. 송아지는 따듯한 산비탈에 나는 풀을 뜯어 먹고 키 작은 후박나무 열매도 따 먹었다. 안내판에는 "독실산 이름의 유래를 알 수 없다"라고 쓰여 있지만 '송아지가 좋아하는 후박나무 열매'라는 추론이 맞을 것 같다.

섬에는 후박나무와 함께 동백나무, 구실잣밤나무, 붉가시나무, 사스레피나무 등 난대 식물이 울창한 숲을 이룬다. 가거도 산림의 80%가 후

가거도항과 대리마을 전경. ⓒ 신안군

박나무다. 한약상에서 유통되는 후박나무 껍질의 70~80%가 가거도산이다. 후박나무는 비둘기가 열매를 먹고 똥을 싸면 거기서 싹이 터 자연적으로 퍼져나간다.

　가거도 주민들은 밭에도 후박나무를 심었다. 껍질은 한약재로 팔고 나무는 땔감으로 썼다. 지금은 값싼 중국산이 밀고 들어와 시세가 폭락해 채취하는 인건비에도 못 미친다. 후박나무 잎은 짙은 청록색에 반질반질한 윤채潤彩가 있다. 임 씨는 "귀한 손님이 온다고 해서 후박나무 잎을 콩기름으로 닦아 놓았다"라고 우스개를 했다.

　가거도는 한반도의 영해가 시작하는 기점 중 한 곳이다. 한국에는 영해의 기준이 되는 섬이 23개가 있는데 이 중 10개가 유인도다. 이 섬들을 이은 기선基線에서 영해 12해리가 시작한다.

　가거도 북서쪽에 있는 섬등반도半島는 국가유산청이 지정한 국가 명승이기도 하다. '섬등'이라는 지명은 '성등城嶝'에서 '성'의 받침 발음이 변화한 것으로 짐작된다. 병풍바위가 마치 거대한 성벽처럼 보인다. 기암절벽의

국가유산청이 2020년 국가 명승으로 지정한 섬등반도. ⓒ 신안군

해식애가 아름답다. 해식애는 수억 년 동안 파도의 침식과 풍화 작용으로 해안에 형성된 낭떠러지. 해가 질 때 낙조가 일품이다.

 가거도는 국제 무역선이 지나는 길목에 자리해 통일 신라 시대부터 중국 무역의 중간 기항지로 활용됐다. 가거도에서 새벽에 중국에서 닭 우는 소리가 들린다는 말도 있으나 믿기 어려운 과장법이다. 중국과의 최단 거리는 385㎞다. 해무가 없는 날이면 가거도에서 제주도와 추자도가 보인다.

"어선 한 척 하루 1억"…… 조기철 국제도시

인근 해역에 조기 떼가 들어오면 가거도는 섬 전체가 파시처럼 흥청거린다. 한 주민은 "조기잡이 철에는 어선 한 척이 하루에 1억 원을 번다"라면서 "바람 거센 날에는 어선들이 방파제 안으로 다 들어오지 못하고 방파제 밖에서 밧줄로 서로 연결해 묶어 놓는다"라고 했다. 겨울 조기잡이 철에 바람이 불면 어선 수백 척이 피항避港해 가거도항은 국제도시로 바뀐다. 온갖 인종들이 작은 방에서 네댓 명씩 함께 묵는다.

대리에 있는 멸치잡이 노래비. ⓒ 황호택

　가거도는 육지와 멀리 떨어져 있고 오염원이 없는 청정 해역이어서 바다 낚시꾼들에게 인기가 높다. 두 번째 갔을 때는 낚시꾼들이 몰려와 방을 구하기가 힘들었다. 가거도에서 가장 많이 나는 물고기는 단연 불볼락이다. 이곳 사투리로는 열기. 크기는 약 30cm 정도로 붉은색을 띠며 5개의 흑갈색 가로무늬가 나 있다. 열기는 연중 잡을 수 있다. 회나 조림으로 먹고 말린 후 구워 먹어도 맛이 좋다. 감성돔, 참돔, 노래미, 농어, 우럭, 돌돔이 많이 나온다. 학꽁치는 지천으로 흔하다. 바닷가를 걷다 보면 학꽁치가 물 위로 점프해 비상하는 모습을 심심찮게 볼 수 있다.

　돗돔은 해신海神이 허락한 자만이 잡을 수 있다는 전설의 물고기다. 수심 400~500m 암초 지대에 사는 심해어다. 사람 키보다 큰 2m짜리 돗돔을 잡기 위해서는 살아서 꿈틀거리는 장어 한 마리를 통째 미끼로 쓴다. 오징어 미끼는 네 마리를 한꺼번에 꿴다. 2013년 가거도에서 잡힌 돗돔은 길이 2m에 무게가 150kg이었다. 일반 낚싯대로는 돗돔을 들어 올리다가 줄이 끊기기 쉽다. 방어 등을 잡는 대물 전용 낚싯대라야 안전하다.

누에머리 암초에 돗돔 서식

소국흘도는 1970~1980년대까지만 해도 돗돔의 황금 어장이었다. 소형 어선을 타고 가거도항에서 20분 정도 걸린다. 누에머리를 닮은 바위섬 일대에 거대한 암초가 있다. 암초에는 우럭과 볼락 등 돗돔의 먹이와 동굴이 많다. 돗돔은 이 암초의 동굴에 알을 낳고 몸을 은신한다.

가거도 어부들은 한창나이에 누에머리 어장에 하루 조업을 나가면 돗돔을 서너 마리씩 잡을 수 있었다고 회고한다. 지금은 부산, 제주도, 가거도 등지를 통틀어서 1년에 고작 스무 마리 정도 잡힌다. 돗돔은 5~7월 산란기에 얕은 바다로 나온다. 암컷이 걸리면 놓아주어야 하겠지만 배를 갈라보기 전에는 암수 구분이 어렵다. 산란기에는 금어기禁漁期로 묶는 보호 대책이 필요하다.

돗돔은 육질이 단단하고 담백하며 사각사각 씹히는 식감이 좋다. 참치 맛 같기도 하고 일부 부위는 쇠고기와 비슷한 육즙의 향도 있다. 가장 맛있는 턱살을 입에 넣으면 씹는 듯 녹는 듯 천하일미다. 나도 먹어 보지 못했기 때문에 유튜브와 신안군의 가거도 팸플릿에 나오는 이야기를 옮겼다.

가거도 백년 등대에서 잘 바라다보이는 국흘도, 소국흘도, 개린도는 천연기념물로 지정해 보호하는 섬이다. 희귀한 여름 철새들이 이동하는 길목에 있는 휴식처이자 번식지로서 학술 가치가 높다. 국흘도는 바다제비 5만여 쌍이 번식하는 세계 최대의 번식지다. 높이 128m 정상부를 중심으로 까마귀쪽나무, 예덕나무 군락이 거센 바람에 밀려나지 않으려고 안간힘을 쓰는 듯하다. 해안은 절벽으로 둘러싸여 있고 경사가 가파르다. 바닷새는 사람이 살지 않고 포식 동물의 접근이 어려운 무인도에서 번식한다.

국흘도에서는 바다제비 외에도 뿔쇠오리, 슴새 등 희귀한 바다 철새들이 치어류를 잡아먹고 산다. 뿔쇠오리는 국제 멸종위기종으로 개체 수는 1만 마리 이하로 추정된다. 슴새와 바다제비는 특이하게 바위틈이나

밀사초 사이에 굴을 파서 둥지로 이용한다. 후세로 종을 이어가기 위한 힘겨운 삶의 모습이다.

초대형 태풍에 맞서는 슈퍼 방파제

가거도 방파제는 1979년부터 2022년까지 40여 년간 공사를 벌여 완공했다. 2011년 8월 초강력 태풍 무이파가 가거도를 때렸을 때는 방파제 480m 중 220m가 파손됐고 64t짜리 테트라포드(가지가 네 개 달린 마름쇠 모양 콘크리트 구조물) 2,000여 개가 파손되거나 유실됐다. 가거도항과 회룡산 사이에 있는 광장에는 이때 방파제에서 날아온 테트라포드가 2013년(인터넷 블로그에 그해 찍은 사진이 남아 있음)까지 보존돼 있었으나 지금은 보이지 않는다. 태풍의 위력을 보여 주는 실물을 유적으로 남겨 두었더라면 좋았을 것 같다.

무이파 태풍이 휩쓸고 간 직후에 김황식 국무총리가 박준영 전남지사, 박우량 신안군수와 함께 가거도를 방문해 "살 만한 가거도를 편안한 가거도로 만들기 위하여 다 같이 노력합시다"라고 글을 남긴 비석이 광장 한구석에 서 있다. 초대형 태풍으로 손상을 입은 테트라포드 유적은 '편안한 가거도'라는 이미지와는 배치될 것 같기도 하다.

태풍은 육지에 상륙하면 서서히 힘을 잃지만 바다 한가운데서는 갈수록 힘이 붙는다. 방파제를 아무리 튼튼하게 만들어도 자연의 강력한 힘을 제어하기 어려운 모양이다. 슈퍼 방파제가 드디어 완공됐지만 큰 태풍이 지나고 나면 보강 공사가 벌어지곤 한다.

가거도 주민은 2002년 기준 404명인데, 주민등록만 섬에 두고 목포 등에 나가 사는 사람이 많아 실제 주민은 200명 정도 된다. 흑산면 가거도리에는 마을이 세 개 있다. 1구 대리는 가거도 항구가 있는 마을로 제일 크다. 2구는 섬등반도가 있는 향리, 3구는 바다낚시가 잘 되는 대풍리다. 향리와 대풍리에는 빈집들이 많다. 대풍리에는 낚시꾼들이 별장으로 쓰려

1907년 점등한 가거도 백년 등대는 근대 문화유산으로 지정됐다. 멀리 보이는 섬들이 국흘도. ⓒ 신안군

태풍 때 가거도항으로 긴급 피항한 어선들. ⓒ 신안군

고 사둔 집들이 많아 향리처럼 을씨년스러운 폐가는 없다.

가거도는 육지에서 뱃길이 멀어 자연 생태계가 잘 보존됐다. 조류와 식생植生은 아열대 특성이 두드러진다. 가거도에서는 등산로를 찾을 필요가 없다. 차들이 어쩌다 한 대씩 다니니 차도가 곧 등산로다. 가거도에는 7구간의 공식 등산로가 있는데 내외지인들의 평가를 모아 보면 동개해수욕장–달뜬목–해뜰목–삿갓재의 1구간 경치가 으뜸이다. 신안군이 세운 해뜰목 안내판은 시적 감수성이 풍부한 사람이 쓴 듯한 만연체의 글이 있다.

망망대해 푸르다 못해 검게 보이는 바다 한가운데 우뚝 솟는 섬 가거도 동쪽 해안에 물등개 절벽과 고래 물 뿜는 절벽 위의 양 갈래 능선 사이로 아침 햇살의 일출이 장관인 곳이 해뜰목이다. 서쪽으로는 빈지암과 구절곡, 북쪽으로는 태도(상, 하), 흑산도, 홍도, 동쪽으로 만재도, 진도, 조도가 보이는 곳으로 제주 한라산 뒤에서 용암이 끓어오르듯이 붉게 태양이 떠오르는 일출 명소이며, 200m 절벽 단애와 세찬 바람에도 자태를 뽐내는 각종 나무 또한 이

↑ 해뜰목에서 내려다본 해식애 윗부분. ⓒ 황호택
↓ 달뜬목에서 바라다본 해뜰목(왼쪽 봉우리). ⓒ 황호택

곳만의 감상의 포인트다.

달뜬목 안내판도 동일한 사람이 쓴 것 같다. 해뜰목은 일출이 아름다워 미래형이고 달뜬목은 달이 이미 떠 있을 때가 좋아 현재형 시제로 작명한 듯하다. 물둥개, 빈지암, 구절곡은 지명이다.

한밤중 달이 가장 아름답게 보이는 곳을 섬사람들은 달뜬목이라고 한다. 우리 조상들은 휘영청 밝은 보름달을 바라보며 계수나무 아래서 떡방아를 찧고 있는 토끼의 모습을 아련히 그리면서 오순도순 평화롭게 사는 이상향을 상상한 것이 달이다. 〈푸른 하늘 은하수〉라는 동요 속에 달이 있다면 달뜬목일 것이다. 가거도의 달뜬목에서 푸른 밤하늘의 달과 바다에 비치는 달 속에 방아 찧는 토끼 부부의 모습을 상상하면 옛 첫사랑이 찾아온다는 구전설화가 전하는 곳이기도 하다.

나는 달뜬목과 해뜰목에서 바라다본 망망대해와 해변 풍경을 오래 잊지 못할 것이다. 이곳은 가거도의 제1 경승이고 가거도 사람들의 자부심이다.

2부
북부 권역

임자도

지도

증도   대기점도   선도

소기점도

소악도

신안군 선도의 수선화 단지. 매년 3월 말이 되면 100여 종, 200만 송이의 수선화가 활짝 피어난다. ⓒ 신안군

바둑판처럼 질서정연하게 펼쳐진 광활한 태평염전. 소금밭 사이로 목조 창고들이 점점이 늘어서 있다. ⓒ 신안군

6월 병어 맛 모르고 어찌 여름 나려는가
병어의 중심지 지도

냄비 바닥에 도톰하게 자른 감자를 깔고 그 위에 편으로 썬 마늘을 얹어 줍니다. 감자와 마늘 위에 고춧가루를 고루고루 뿌려 주세요. 멸치·다시마 국물과 맛간장을 섞은 후 매실 엑기스를 넣어 줍니다. 미리 만들어 둔 조림장을 붓고 감자가 반 정도 익을 때까지 끓여 줍니다. 거기에 썰어둔 양파를 얹고 그 위에 손질한 병어를 얹어 줍니다. 그 위에 붉은 고추를 얹어 줍니다. 그다음 남겨 둔 조림장을 모두 부은 후 뚜껑을 열고 조림장을 끼얹어 가며 졸여 주세요.

이 레시피를 읽어 보는 것만으로도 병어감자조림의 맛과 향이 그대로 전해져 온다. 이 조림을 병어의 고장에서 직접 먹어 본다면……. 신안군 지도 智島는 자타공인 병어의 고장이다. 국내에서 병어가 가장 많이 잡히는 신안, 그중에서도 병어 유통의 중심지가 지도다. 지도읍 삼거리는 핵심 번화가다. 삼거리 바로 옆에 신안젓갈타운이 있고 그 맞은편에 지도 전통 시장(오일장)이 있다. 젓갈타운을 지나 증도 쪽으로 좀 더 들어가면 송도항과 송도수산물유통센터가 나온다.

회, 조림, 찜, 구이, 국…… 팔방미인 여름 병어

신안젓갈타운에 들어서면 병어 조형물이 맞아준다. 병어 5마리가 힘차게 바닷물 위로 튀어 오르는 모습이다. 병어의 은빛이 눈부시다. "바다의 은빛 보물"로 불리는 병어. 병어는 납작하고 둥근 마름모꼴이어서 그 모습부터 인상적이다. 입이 작고 몸은 청색을 띤 은빛이며 배 쪽은 흰색이다. 머리 뒤쪽에 파도 모양 줄무늬가 있으며 비늘은 작고 둥글다. 마름모꼴에 몸빛이 창백하고 시원한 느낌을 주어 수족관의 열대어 같다고 말하는 사람도 있다.

정약전은 《자산어보》에서 병어를 넓적한 생선이라고 해서 편어扁魚라고 불렀다.

> 큰 놈은 2척 정도다. 머리가 작고 목이 움츠려 있으며, 꼬리는 짧고 등은 볼록하고 배는 튀어나왔다. …… 입은 지극히 작다. 색은 청백이고 맛은 달다. 뼈가 물러서 회, 구이, 국에 좋다. 흑산에도 간혹 있다.

싱싱한 병어를 보면 금방이라도 팔딱 튀어 오를 듯 살이 탱탱하다. 그러니 맛도 좋을 수밖에. 병어는 비린내가 거의 없고 은은하게 달다. 비리지 않아 생선을 잘 먹지 않는 사람도 쉽게 정을 붙일 수 있다. 또한 뼈가 연하여 최고의 횟감으로 친다. 살도 연하고 맛이 담백하다. 회, 조림, 구이, 튀김, 국 등등 조리법도 다양해 반찬으로서의 활용도도 높다.

그중에서도 6월 병어감자조림이 특히 별미로 꼽힌다. 햇감자를 납작하게 썰어서 냄비 바닥에 깔고 살이 통통하게 오른 산란기 병어와 풋고추를 썰어 넣으면……. 생각만 해도 군침이 돈다. "6월 병어 맛을 모르고 어찌 여름을 나겠는가"라는 말이 그냥 나온 게 아니다. 여름 병어조림은 잃었던 입맛을 되찾아 주고 원기를 회복시켜 준다고 할 정도다.

병어철인 6월, 지도의 신안젓갈타운에서 '섬 병어축제'가 열린다. 2023년엔 6월 9일부터 11일까지 3일간 열렸다. 2024년에는 6월 7일과 8일

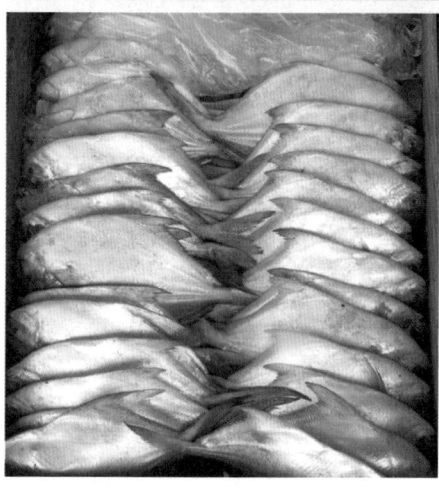

↑ 신안군 지도읍 신안갯벌타운에 있는 병어 조형물. 매년 6월 '섬 병어축제'가 열린다. ⓒ 이광표
← 신안 앞바다에서 잡은 병어. 청정 갯벌과 빠른 물살 덕분에 신안 병어는 살이 튼실하고 맛이 좋으며 영양도 많다. ⓒ 신안군

이틀간 열렸다. 섬 병어축제에는 1만여 명 가까운 관광객이 찾는다. 축제 현장에서는 병어회, 병어조림, 병어찜 외에도 병어구이, 병어덮밥, 병어물회, 병어강정, 병어회무침 등 평소 접하기 어려운 다채로운 병어 요리를 먹어 보며 병어의 매력을 만끽할 수 있다. 깜짝 경매도 열려 직접 경매에 참여해 볼 수도 있다.

 신안 병어는 어떤 특징이 있을까. 지도읍사무소 수산팀 김성종 주무관은 이렇게 설명한다. "신안 병어는 청정 갯벌과 깨끗한 물의 영향을 받아 맛이 좋고 미네랄 등 영양이 풍부합니다. 특히 신안 앞바다의 빠른 물살 덕

2023년 섬 병어축제에서 열렸던 깜짝 경매. 누구든지 즉석 병어 경매에 참여할 수 있다. ⓒ 신안군

에 병어의 활동량이 많아지고 그 덕분에 살이 꽉 차고 탄력이 좋지요."

하지만 병어 어획량은 계속 줄고 있다. 그 와중에 중국 어선의 싹쓸이 조업, 중국 상인들의 대량 매입으로 인해 국내 공급량이 부쩍 줄었다. 그런데도 맛이 좋아 인기가 높으니 가격이 오를 수밖에 없다. 그래서 최근 20여 년 사이 가격이 가장 많이 오른 생선이 병어라고 한다. 이 같은 상황에서 신안 병어의 인기가 고공행진을 계속하고 있다.

김성종 주무관은 병어의 매력으로 비린내가 나지 않고 가시가 연한 점을 꼽았다. 그래서 "회로 먹기도 좋고, 가시째 씹어 먹을 수 있어 더욱 좋다"라고 자랑한다. 껍질째 썰어 연한 분홍빛 살이 입맛을 다시게 하는 회, 감자와 무를 넣고 매콤하고 걸쭉하게 조리는 조림, 쫀득한 살을 제대로 느낄 수 있는 찜. 미식가들에게 6월 신안 병어는 최고의 별미가 아닐 수 없다.

병어 가운데 큰 것을 특별히 덕자라고 부르기도 한다. 그런데 병어와 비슷한 생선으로 덕대가 있다. 일부 소매상에서는 병어가 덕대보다 3~5배 비싸게 팔린다. 그런데 막상 생선 판매상인조차도 병어와 덕대를 정

지도 송도항의 수협위판장에서 판매되는 새우젓. ⓒ 신안군

확하게 구분하지 못하는 경우가 종종 있다고 한다. 외양이 너무 흡사하기 때문이다.

그래서 몇 년 전 국립수산과학원이 병어와 덕대의 간단한 구별 방법을 제시한 바 있다. 이에 따르면, 병어와 덕대의 가장 큰 차이점은 등지느러미와 뒷지느러미의 길이와 모양이다. 병어의 뒷지느러미가 더 길고 그 깊이가 커 낫 모양(L자형)을 띠고 있다.

섬 병어축제가 열리는 신안젓갈타운에서는 다양한 젓갈을 판매한다. 어리굴젓, 갈치속젓, 가리비젓, 꼴뚜기젓, 오징어젓, 낙지젓, 명란젓, 창난젓, 조개젓, 아가미젓, 바지락젓, 밴댕이젓, 새우젓(추젓) 등등. 이곳엔 '천사섬 젓갈수산 밥도둑'이라는 문구가 곳곳에 붙어 있다.

신안갯벌타운에서 차로 5~10분 정도 거리에 송도항이 있다. 송도항 입구에 또 다른 병어 조형물이 서 있고 그것을 지나면 수협위판장과 수산물유통센터가 나온다. 송도 수협위판장은 겉보기엔 작지만 경매가 활발

유네스코 세계자연유산인 신안 갯벌과 거북섬. 섬 병어축제가 열리는 젓갈타운 바로 앞이다. ⓒ 이광표

하고 전국 위판액 5위를 자랑할 정도로 물량이 많다. 민어, 병어 등이 가장 많지만 새우젓 위판도 적지 않다고 한다.

김성종 주무관은 "강화도 새우젓도 이곳에서 위판하는 경우가 많은데 전국 새우젓 위판의 75%를 차지한다"라며 "송도항은 국가 어항으로 지정되었을 정도로 수산업에서 매우 중요한 곳"이라고 설명했다. 3월이 되면 경매가 활발해진다. 주로 오전에 경매가 이뤄지는데, 시간을 잘 맞춰 방문하면 생동감 넘치는 경매 현장을 구경할 수 있다.

갯벌과 농게와 거북섬

신안젓갈타운 앞 바닷가는 드넓은 갯벌이다. '세계유산 신안갯벌 습지보호지역'이라는 표석이 눈에 들어온다. 신안군은 이 일대를 갯벌도립공원으로 지정해 보존 관리하고 있다. 신안군의 갯벌도립공원은 모두 144㎢이고 이 가운데 지도의 갯벌은 21㎢다. 여기엔 430m 길이의 목제 다리가

신안젓갈타운 앞 갯벌에는 농게 조형물이 여럿 세워져 있다. 농게 수컷은 양쪽 집게발의 크기가 다르다. ⓒ 이광표

세워져 있다. 이 다리를 건너면 자그마한 거북섬에 이른다. 다리를 건너는 동안 발밑으로 갯벌이 펼쳐진다. 농게들이 구멍 속으로 들락거리고, 기묘한 모양으로 물길이 흘러간다.

 거북섬은 섬 모양이 거북을 닮았다고 해서 이런 이름이 붙었다. 거북섬 해안엔 탐방로가 조성되어 있다. 한 바퀴를 돌아도 250m에 불과해 산책하기에 부담이 없다. 다리를 지나 거북섬 뒤쪽으로 돌아가면 갯벌이 광활하게 펼쳐진다. 소나무 틈새로 보이는 갯벌 풍경에 탄성이 절로 나온다.

 목제 다리 근처에는 농게 조형물이 세워져 있다. 하나는 큰 농게, 다른 하나는 작은 농게, 좀 떨어진 곳에는 중간 크기의 농게. 농게 수컷은 양쪽 집게발의 크기가 서로 다르다. 한쪽 집게발은 자신의 몸집보다 더 커다란데 다른 하나는 아주 작다. 수컷 농게의 커다란 집게발은 암컷에게 구애할 때 사용하거나 수컷들끼리 영역 싸움을 할 때 무기로 사용한다. 이

지도의 내양리 녹색농촌체험마을에 조성된 유채꽃 단지. 이곳에선 매년 4월 유채꽃 축제가 열린다. ⓒ 신안군

곳에 조형물로 표현한 농게는 모두 세 마리. 그래서 농게 가족 조형물이라고 부르기도 한다.

 지도에서 유채꽃 축제를 빼놓을 수 없다. 매년 4월 말 지도읍 내양리 녹색농촌체험마을에서 유채꽃 축제가 열린다. 신안군은 이 녹색마을에 100만 평 규모로 유채꽃 단지를 조성했다. 국내 최대 규모의 유채꽃밭이다. 그런데 이곳은 단순한 꽃밭 아니다. 유채를 녹비綠肥로 활용함으로써 일반 비료의 사용량을 줄이고 이를 통해 유기농 쌀을 생산해 친환경 농업을 내실 있게 실천하려는 것이다.

 지도읍 삼거리에서 신안젓갈타운 반대쪽으로 가면 지도초등학교 옆 한적한 곳에 지도향교가 있다. 지도향교는 1897년 생겼다. 조선 정부는 그 전 해에 지도군을 새로 설치했는데 1군 1향교 원칙에 따라 지도향교를 세운 것이다. 시기적으로 조선 시대의 마지막 향교에 해당한다.

조선의 마지막 향교인 지도향교. 1897년 건립되었다. ⓒ 신안군

광복 직후에 명륜당을 다시 짓고 1960년대에 대성전과 명륜당을 수리해 오늘에 이르고 있다. 향교는 공자와 여러 성현에게 제사를 올리고 교육을 수행하는 공교육 기관이었지만 지금은 매년 봄, 가을 성현들에게 제사(석전제)만 올리고 있다. 지도읍 삼거리 바로 옆에는 지도전통시장이 있다. 평소에는 상설 시장으로 운영되고 3일과 8일에 5일장이 열린다.

현복순 할머니의 30년 수선화 사랑
작아서 더 예쁜 섬 선도

신안군 선도蟬島는 작은 섬이다. 그 모습이 매미를 닮았다고 해서 선도라는 이름이 붙었다. 신안군 압해도 가룡항과 무안군 신월항에서 선도를 오가는 배가 다닌다. 배를 타고 선도 선착장에 다다를 즈음, 먼발치로 노란 지붕들이 눈에 들어온다.

선착장에 내리면 노란 글씨로 '선도 수선화섬'이라고 쓰인 표석이 보인다. 그 옆엔 추사 김정희秋史 金正喜(1786~1856)의 수선화 시비가 세워져 있다. 글씨는 노란색이다. 바로 뒤로 이 섬에서 하나뿐인 마트가 있다. 간판은 노란색 톤이다. 옆으로 농협 창고가 있고 그 외벽에 수선화가 그려져 있다.

바닷가 둘레길 따라 수선화 200만 송이

선도는 수선화 섬이다. 배에서 내려 선도마트와 농협 창고 사잇길을 따라가면 주동마을이다. 조금 들어가면 오른쪽으로 수선화 단지가 펼쳐진다. 이 길로 올라가면 바닷가 수선화 둘레길이다. 그냥 직진해 쭉 들어가면 선도교회가 나오고 그 옆에 '수선화의 집'이 있다. 건물 한 채에 주변은 꽃밭. 앞마당 아이들과 수선화 조형물이 반갑게 맞이한다. 겨울에는 꽃을 볼 수 없지만 3월 말~4월 초가 되면 주변엔 온통 수선화가 만발한다.

집주인은 90대의 현복순 할머니. 목포 출신의 현 씨가 선도에 정착한

신안군 선도 수선화 문화의 메카 역할을 해온 선도 '수선화의 집'. 현복순 할머니는 이곳에서 30년 동안 수선화와 섬꽃들을 가꿨다. ⓒ 이광표

것은 30여 년 전이었다. 부산 서울 등지에서 직장생활을 하던 남편이 퇴직하면서 고향 선도에서 살기를 원했기 때문이다. 어릴 적부터 꽃을 좋아했던 현 씨는 선도에 집을 짓고 주변에 개나리, 덩굴장미 같은 꽃을 심기 시작했다.

뭍에 나갔다 올 때마다 꽃을 구해다 심고 가꾸었다. 동백, 매화, 히아신스, 백합, 분홍보라 상사화, 꽃양귀비, 국화……. 2000년대 초에는 수선화 구근을 구해와 심었다. 한 해 두 해 지나면서 현 씨 집 주변은 1년 내내 꽃향기로 가득했다. 그중에서도 수선화가 단연 두드러졌다.

2018년 초 박우량 신안군수가 선도를 찾았다. 이곳저곳을 둘러보던 박 군수는 주동마을 현복순 할머니 집 마당에 활짝 핀 수선화를 보았다. 그는 그 자리에서 수선화에 꽂혔다. '수선화의 섬,' '수선화 축제' 아이디어가 머리에 떠올랐다. 박 군수는 곧바로 수선화 프로젝트에 착수해 '신안군 수선화섬 조성 및 지원 등에 관한 조례'를 제정했다.

수선화 재배를 안정적으로 지원함으로써 주민들의 참여를 독려하기 위해서였다. 그해 여름 제주도와 지리산 등지에서 수선화 구근을 구입했다. 이것으로 부족해 네델란드에서 5억 원어치 수선화 구근을 수입해 수선화 단지를 조성하고 이듬해 2019년 3월 말 제1회 수선화 축제를 열었다.

수선화 하면 그리스 신화 속의 청년 나르키소스가 떠오른다. 물에 비친 자기 모습에 도취해 목숨까지 잃고 끝내 꽃이 되어 버린 슬픈 주인공. 그래서 수선화의 꽃말은 자기 사랑, 자존심, 고결, 신비다. 수선화는 노란 꽃도 있고 하얀 꽃도 있다. 노란 수선화는 2주 정도, 하얀 수선화는 한 달 정도 꽃이 핀다. 개화 기간이 짧다 보니 "수선화는 어쩌면 피어날 때부터 질 준비를 하는지 모른다"라고 말하는 이도 있다. 수선화는 슬퍼서 더 아름다운 꽃, 미련을 남기는 꽃이다.

선도의 수선화 단지는 12.3ha 규모에 관람 동선은 약 3km 정도 된다. 100여 종의 수선화 200만 송이가 장관을 연출한다. 수선화의 집에서 선착장에 이르는 바닷가 둘레길 주변이 그 핵심이다. 해안선을 따라 야트막한 언덕이 펼쳐지고 그 주변이 온통 수선화다. 중간에 선도 쉼터(선도 카페) 공간이 있다. 이곳에서 내려다보이는 수선화 꽃밭과 그 너머 바닷가, 그 옆의 느티나무 군락(수령 30여 년 된 느티나무 450여 그루), 전봇대를 활용한 수선화 조형물 등이 멋진 조화를 이룬다. 수선화 꽃다발, 하트, 액자 틀과 같은 기분 좋은 포토 존도 있고 노란색 느린 우체통도 있다. 수선화 둘레길 풍경은 영화나 드라마 혹은 광고 속의 한 장면 그 자체다.

곳곳에서 수선화에 관한 시를 감상하는 것도 또 다른 매력이다. 유배지 제주에서 열심히 수선화를 키웠던 추사 김정희를 비롯해 신석정, 이해인, 나태주, 이순희 시인 등의 시를 만날 수 있다. 수선화의 집 앞에서 이해인 수녀의 〈수선화〉를 감상해 본다.

선도 수선화 단지의 둘레길. 옆으로 바닷가가 쫙 펼쳐지면서 영화 속 한 장면 같은 분위기를 자아낸다.
ⓒ 신안군

초록빛 스커트에/노오란 블라우스가 어울리는/조용한 목소리의/언니 같은 꽃/해가 뜨면/가슴에 종鍾을 달고/두 손 모으네/향기도 웃음도/헤프지 않아/다가서기 어려워도/밝은 눈빛으로/나를 부르는 꽃/헤어지고 돌아서도/어느새/샘물 같은 그리움으로/나를 적시네.

밝고 상쾌하면서도 아련한 그리움이 밀물처럼 밀려온다. 수선화는 선도의 분위기에 딱 어울리는 꽃 같다. 수선화 축제는 매년 3월 말부터 4월 초에 열린다. 축제 때마다 1만 2,000여 명이 이곳을 찾는다. 조용하던 작은 섬이 뭍에서 온 손님들로 들썩거린다고 할까. 축제 기간에는 선도에 들어오는 배편도 늘어나고 카페도 운영한다.

전봇대를 활용한 수선화 조형물. 노란 수선화, 초록 대파와 마늘, 갈색 모래밭, 파란 바다와 멋진 조화를 이룬다. ⓒ 신안군

수선화의 집을 떠난 현복순 할머니

지금 수선화의 집에 현복순 할머니는 없다. 바로 옆 선도교회 관계자는 "할머니가 건강 때문에 몇 년 전 딸이 사는 경기도로 옮기셨다. 뒷집에 사는 사위분이 수선화 집을 보살피고 다른 자녀분들도 종종 들른다"라고 알려주었다. 수선화의 집은 맏사위 나승두 씨가 관리하고 있다.

나 씨는 경기도에서 초등학교 교장을 지냈다. 15년 전 퇴직하고 이곳에 내려와 장모 현 씨와 함께 수선화와 여러 꽃을 가꾸었다. 나 씨 또한 꽃 전문가다. 수선화의 매력을 묻자 이렇게 답했다. "제주도 수선화는 2월에 피고 선도 수선화는 3월에 핍니다. 태안 수선화는 4월에 피지요. 꽃이 귀할 때 꽃을 피우니 수선화는 더 대접받습니다." 현 씨는 이곳에서 20년 넘게 꽃 재배 일기를 썼다. 나 씨가 그 일기장 일부를 보여 주었다. 2016년 3월치를 읽어 보았다.

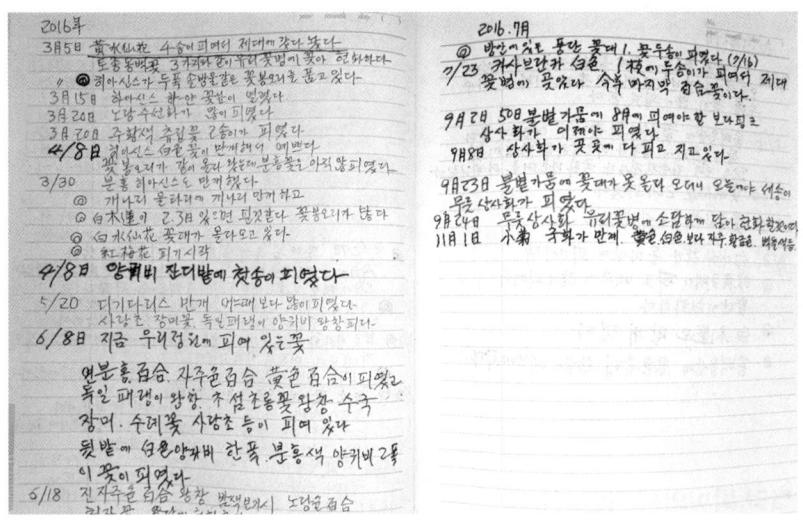

현복순 할머니의 2016년 일기장. 현 할머니는 20년 동안 꼼꼼하게 꽃 재배 일기를 썼다. 맏사위 나승두 씨의 도움을 받아 촬영했다. ⓒ 이광표

3월 5일 黃수선화 4송이 피어 제대에 갖다 놨다. 토종 동백꽃 3가지와 함께 유리 꽃병에 꽂아 헌화하다. 히아신스가 두 폭 솔방울 같은 꽃봉오리를 품고 있다.

3월 15일 히아신스 하얀 꽃잎이 열렸다.

3월 20일 노랑 수선화가 많이 피었다. 주황색 츄립꽃 2송이가 피었다. 히아신스 백색 꽃이 만개해서 예쁘다. 꽃봉오리가 함께 올라왔는데 분홍 꽃은 아직 안 피었다.

3월 30일 분홍 히아신스도 만개했다. 울타리에 개나리 만개하고 백목련이 2, 3일 있으면 필 것 같다. 꽃봉오리가 많다. 백수선화 꽃대가 올라오고 있다. 홍매화 피기 시작.

꽃에 대한 현 씨의 사랑과 정성이 뚝뚝 묻어나는 일기다. 그러나 30년

수선화 단지 둘레길에서 만난 매미와 수선화 벽화. 선도는 그 모양이 매미 같다고 해서 이런 이름이 붙었다. ⓒ 이광표

동안 선도에서 수선화와 꽃을 가꾼 현 씨가 이곳에 돌아오기는 어려울 것 같다고 한다. 이제 수선화의 집은 나 씨의 몫이 되었다. 그는 그래서 요즘 이곳을 어떻게 가꾸어 가야 할지 고민이 많다.

> 장모님이 선도에 처음 심었던 수선화는 하얀 꽃을 피우는 해남 수선화였어요. 해남 수선화는 우리 땅에 잘 적응된 꽃입니다. 그래서 노란 수선화보다 꽃이 더 오래 가는 거죠. 그 하얀 수선화를 좀 더 늘리는 건 어떨지 고민하고 있어요.

밀양 박씨의 묵직한 자부심

선도를 돌아다니다 보면 곳곳에서 석비를 만나게 된다. 그런데 한두 개가 아니다. 유지비遺址碑, 정려비旌閭碑, 공덕비, 효행비 등등. 그 비들을 눈여겨 보면 대부분 밀양 박씨 문중과 관련된 것이다. 선도는 밀양 박씨 집성촌이다. 선도항에서 농협 창고 왼쪽으로 난 길을 따라 들어가면 매계梅溪마을이 나온다. 이곳에 밀양 박씨가 많이 모여 산다. 선도에 밀양 박씨가 거주하기 시작한 것은 17세기 전반이다.

매계마을 가는 길에 '밀양 박씨 효열각'이 세워져 있다. 격식을 갖춘 모양새가 범상치 않다. 앞쪽에 출입구가 있고 그 뒤에 정려비가 있다. 출입구는 튼튼하게 돌기둥을 세우고 위에 지붕 모양의 머릿돌을 올렸으며 나무로 된 문을 달았다. 뒤편 왼쪽에 원주 이씨 정려비(높이 145cm)가, 오른쪽에 박병환 정려비(높이 141cm)가 서 있다. 두 정려비에는 모두 석조 비각이 씌워져 있다. 원주 이씨와 박병환은 할머니와 손자 사이. 19세기의 열녀와 효자로 지역 유림들의 천거를 받아 1905년 정부로부터 정려旌閭를 받았다. 그 정신을 기리기 위해 1934년 효열각을 세운 것이다.

매계마을 마을회관 앞에는 '박양환 박계환 유지비遺址碑'가 있다. 인

선도의 매계마을 초입에 세워져 있는 밀양 박씨 효열각(1934). ⓒ 이광표

조반정으로 인해 전남 해남에 숨어 살던 밀양 박씨의 후손인 박종학은 1799년 아들 박양환과 박계환을 데리고 선도에 들어왔다. 그 입향入鄕의 행적을 기리기 위해 1933년 건립된 것이다. 유지비 옆에는 밀양 박씨의 공동 납골당도 있다. 1933, 1934년에 세운 것부터 1990년대에 세운 것까지 선도 곳곳엔 밀양 박씨 가문의 사적비, 선행비, 효행비가 세워져 있다. 밀양 박씨 가문의 자부심을 보여 주는 것 같다. 선도 여행의 또 다른 매력이 아닐 수 없다.

    선도는 참 예쁜 섬이다. 2월 선도에서는 수선화 축제 준비가 한창이다. 길을 정비하고 여기저기 잔디 뗏장을 심고 있다. 3월 말이 되면 수선화가 필 것이고 영화 속 같은 풍경이 펼쳐질 것이다. 그런데 수선화의 집에 현복순 할머니는 없다. 선도의 수선화는 그래서 더욱 짙은 그리움을 담고 있는지 모르겠다.^朴

부자 양반이 먹던 민어와 전장포 새우젓
매화와 튤립의 섬 임자도

임자도는 민어民魚의 섬이다. 이름에 백성 민民 자가 들어 있지만 서민 밥상에는 오르기 힘든 생선이었다. 민어는 7~9월에 많이 잡히는 고급 어종. 여름철 보양식으로 서민은 개를 먹고 부자 양반은 민어를 먹었다. 임자도 해역은 민어의 먹이인 새우가 풍부했다. 잘 먹고 살이 찐 민어는 진흙과 모래가 섞인 갯벌에 알을 낳았다. 임자도 바로 앞 대태이도를 타리섬이라고 했다. 그래서 임자도 파시는 타리 파시로 불렸다.

〈동아일보〉 임봉순 기자는 1928년 8월 17, 18일자에 걸쳐 연재한 기행문에서 "농가 한 채만 있던 타리섬에 파시가 서면 기둥을 듬성듬성 세우고 거적과 이엉을 두른 가건물이 수백 호 생겨 어부가 수천 명이 드나들었다"라고 썼다.

서해안의 다른 파시들이 1970년대에 대부분 사라졌지만, 민어 파시는 타리에서 이웃 재원도로 옮겨가 1980년대 후반까지 존속했다. 파시 때는 섬과 섬 사이를 뱃전을 밟으며 건너갈 정도로 어선이 몰려들었다. 1912년 원불교를 창시한 소태산 대종사 전기에는 구도求道하기 전 타리 파시에서 민어잡이 어부들에게 생필품을 파는 장사로 돈을 벌어 작고한 부친이 진 빚을 갚았다는 이야기가 나온다.

출력이 높은 엔진을 장착한 어선들이 등장하면서 타리가 포구 기능

대광해수욕장에 있는 민어상은
바닷물 위로 솟구치는 형상이다.
ⓒ 황호택

을 상실했다. 동력 어선들은 어장에서 내륙의 항구로 바로 이동했다. 안강망 등 어업 기술의 발달로 민어의 씨가 마르게 된 것도 파시가 사라진 주요 원인 중 하나.

바다 밑바닥에서 움직이는 민어는 어군탐지기로 분간이 쉽지 않다. 조상 때부터 내려온 '울대' 또는 '울통'이라고 불리는 3m 길이의 대롱을 지금도 쓴다. 바닷물 속에 대롱을 집어넣고 한쪽 끝을 귀에 바싹 붙여 소리를 듣는다. 초심자에게는 민어 울음과 바람, 파도 소리가 뒤섞여 구분되지 않지만 경험 많은 어부의 귀에는 '부~욱 부~욱'하는 민어 울음소리가 들린다. 민어가 부레를 부풀렸다 줄였다가 하면서 내는 소리다.

민어는 등살 꼬릿살, 뱃살, 껍질 등 부위에 따라 맛이 다르다. 부레와 지느러미도 버릴 것이 없다. 부레는 쫄깃쫄깃해서 오래 씹어야 한다. 부레는 접착제를 만드는 데도 쓰였다. 갯바람에 말려 찜으로 조리하거나 달걀을 발라 민어전을 부쳐 먹는다. 민어를 말린 암치는 방망이로 두드리면 고기가 솜처럼 부풀어 올라 고급 술안주로 인기다.

한강 마포로 실어 가던 전장포 새우젓

임자도 북쪽 끝에 있는 전장포는 새우젓의 대명사. 임자도 부근은 바닷속에 모래가 많은 천혜의 새우 서식지이기도 하다. 전장포에서 나는 백화새우는 색깔이 곱고 희다. 전장포 새우가 전국 새우 어획량의 60~70%를 차지했다. 조선 시대에 전장포 새우젓은 서해를 통해 한강 마포로 실어 갔다. 전장포에는 그때의 유물인 마포독(옹기)이라는 가마터가 남아 있다.

임자도 근해에서 잡은 새우를 뭍으로 가져가 젓을 담그면 신선도가 떨어진다. 주민들은 전장포 현지에서 천일염으로 젓을 담가 도찬리 솔개산 기슭 동굴에서 숙성시켰다. 지금도 젓갈을 저장하고 있는 동굴이 4개나 남아 있다. 동굴은 길이 100m, 높이 2.4m, 너비 5m 규모. 임자도 주민의 생활사와 관련된 소중한 근대 문화유산이다. 전장포 부두에는 대학 입시에 잘 나오는 곽재구 시인의 〈전장포 아리랑〉 시비가 서 있다.

> 꼬막 껍질 속 누운 초록 하늘/못나고 뒤엉킨 보리밭 길 보았네…… 서러운 우리나라 앉은뱅이 섬들 보았네

해마다 5월이면 임자도에서 승마 축제가 열린다. 임자도에 조선 시대 말 목장이 있던 전통을 잇는 축제다. 승마 축제 시즌에는 선수단과 관광객이 몰려 임자도에서 방을 구하기가 어렵다. 신안군에서 소개해 준 최강 해설사가 투 잡으로 모텔을 경영했다. 그는 젊은 시절 내 기사의 애독자라고 했다. 그 덕으로 방을 구했다.

너비 300m, 길이 12km의 대광해변은 썰물 때 면적이 100만 평에 이른다. 대광해변 모래는 입자가 곱고 단단해서 말발굽이 파묻히지 않는다. 옛날에는 경비행기들이 착륙할 정도로 모래사장이 단단했다. 파도가 철썩거리는 광활한 해변에서 벌어지는 승마대회는 경마장에서 관람하는

전장포 도찬리 솔개산에는 새우젓을 숙성시키는 동굴이 있다. ⓒ 황호택

대회와는 분위기가 다르다. 2023년 대회에서는 말 한 마리가 경기 중 갈피를 못 잡고 깊은 바다로 들어가 경비정이 해변으로 유도해 구출했다. 말이 바다에서 헤엄을 치는 것은 진풍경이었다.

전라도 남쪽 섬지방에는 날씨가 따뜻해 겨울철에도 말을 먹일 풀이 자랐다. 조선 시대에는 남도의 여러 섬에 목장이 있었다. 임자도 말 목장은 둘레가 30여 리(12km)나 됐다. 목장을 뛰쳐나간 말 떼가 농민의 경작지를 훼손하는 일이 잦아 백성의 원성이 높았다. 성군 정조는 임자도 수군진의 보고와 민원을 수용해 임자도 말 목장을 철폐하고 백성에게 농사를 지으라고 분배했다. 임자도에서 관리하던 암말 100여 마리와 망아지들은 10여 마리씩 나누어 압해도 등 다른 목장으로 보냈다.

개간을 통해 6개 섬을 합친 임자도에는 모래펄 밭이 많다. 섬 곳곳에 '물치' 또는 '모래치'라 부르는 물웅덩이가 있다. 모래가 머금고 있던 물이 모여 만들어진 둠벙이다. 어지간히 가물어도 임자도 대파 농사는 물 걱정

2023년 임자도 대광해변에서 열린 마장마술 경기에 선수들이 출전하고 있다. ⓒ 황호택

이 없다. 대파는 가격 변동 폭이 커 폭락 장에서는 농민의 시름이 깊어진다.

김정원 전 튤립축제위원장은 네덜란드에 갔다가 튤립이 자라는 사질토沙質土가 임자도 간척지의 모래펄과 비슷하다는 것을 알게 됐다. 김 씨는 인근 농민 네 사람과 함께 영농조합법인을 설립해 튤립을 수입했다. 2008년 튤립 축제를 시작해 15년이 지나면서 임자도는 한국의 네덜란드가 되었다.

3,000명이 사는 임자도에 매년 튤립을 구경하러 오는 사람이 4만~5만 명에 이른다. 2021년 지도와 임자도를 연결하는 임자대교가 개통되면서 튤립 축제에 손님들이 몰려들었다. 대광해수욕장 옆 3만 5,000평 공원에서 봄철이면 50여 종의 튤립 100만 송이와 매화 6,000그루가 일제히 꽃망울을 터뜨린다.

튤립은 구근을 네덜란드에서 사 오지만 매화나무는 국산이고 한 번 심으면 수백 년 동안 꽃이 피고 열매를 맺는다. 매화는 2월 중순, 튤립은 4월 중순쯤 꽃이 핀다. 개화기가 다르니 축제 기간이 길어지는 효과도 있

풍차가 있는 임자도의 튤립 정원. ⓒ 최강

다. 흰 꽃에서 향기가 나는 백매화 정원은 이름이 향설원香雪園이다. 홍매화 정원은 경제적 가치가 높다 해서 백억원百億園이라고 명명했다. 한 그루에 2,000만~4,000만 원 정도 하는 홍매화 400여 그루를 심어 실제 가치가 100억 원 정도다. 10억 원짜리 겹홍매화는 대나무 바람막이로 둘러싸 모래바람을 막아 준다. 매화정원의 황제다.

해남군의 매실 농원에서 백매화를 기증받고, 진도군의 조선 홍매화를 배에 실어 임자도로 옮겼다. 이렇게 임자도에 심어진 매화나무가 6,000여 그루가 된다. 100여 년 전 모래바람을 막기 위해 방풍림으로 조성한 해송림 산책로는 '치유의 숲'(산림청)으로 선정됐다.

유배인 우봉 조희룡의 매화 사랑

유배객 우봉 조희룡又峰 趙熙龍(1789~1866)은 임자도에 와서 매화 그림을 즐겨 그렸다. 매화도로는 조선 최고의 화가라는 평가를 받았다. 호암미술관이 소장한 〈홍매도대련紅梅圖對聯〉은 우봉의 매화도 중에서도 수작이다. 좁고

이흑암리에 복원된 우봉 조희룡의 작업실 만구음관. ⓒ 황호택

긴 화폭에 짝을 맞추어 매화도를 그렸다. 구불거리며 올라가는 줄기는 힘차게 승천하는 용을 연상시키고 불꽃 같은 모습의 매화가 화려함을 더해 준다. 우봉은 주민들로부터 용난굴에서 용이 승천했다는 이야기를 듣고 매화 줄기를 격렬히 요동치는 용의 형상으로 그렸다.

　우봉은 정적이 많았던 추사 김정희의 심복으로 지목돼 임자도로 유배했다. 우봉은 추사보다 나이가 세 살 적은 제자였지만 예술적으로는 라이벌이었다. 특히 매화와 대나무 그림에서 독보적인 영역을 구축했다.

　1851년 임자도에 유배된 그는 수군진에 신고하러 갔다가 주민에게 "임자도에서 가장 따뜻하고 아름다운 곳이 어디냐"라고 물었다. "흑석촌(지금의 이흑암리)은 정남향이어서 따뜻하고 하루 두 번 파도 꽃이 핀다"라는 말을 듣고 이흑암리에 오두막집 거처를 마련했다.

　그 시절은 둑을 막고 농토를 개간하기 전이라 파도가 바로 만구음관(萬鷗唫館) 앞까지 올라왔다. 만구음관이라는 당호堂號는 수많은 갈매기가 울

'황제' 매화나무를 대나무 울타리가 근위병처럼 둘러싸고 모래바람을 막아 준다. ⓒ 황호택

용이 승천했다는 전설이 내려오는 임자도 용난굴. ⓒ 신안군

부짖는다는 뜻이다. 신안군은 만구음관을 복원하면서 매화나무 1,000그루를 심고 돌담으로 조경했다. 조희룡의 유배 시절에도 만구음관 주변은 대나무가 울창했다. 우봉이 이를 소재로 그린 〈묵죽도墨竹圖〉는 국립중앙박물관이 소장하고 있다. 〈괴석도怪石圖〉는 임자도 바닷가의 아름다운 수석이 모델이 됐다.

추사 김정희의 화맥畫脈은 진도 출신 소치 허련小痴 許鍊(1809~1892)이 운림산방에서 남종화로 꽃을 피웠다. 강봉룡 목포대학 교수는 임자도 만구음관은 진도 운림산방과 함께 조선 화단의 양대 봉우리라고 평했다. 조희룡은 독창성을 중시해 불긍거후不肯車後(남의 수레를 따르지 않음)를 예술의 목표로 삼았다. 독창성이 예술의 생명이라는 이야기다.

투명하게 빛나는 광활한 소금밭

증도 ① 국내 최대의 염전

슬로시티, 갯벌도립공원, 유네스코 생물권보전지역, 람사르 습지, 국가 습지보호 구역, 유네스코 세계자연유산. 신안의 증도甑島가 갖고 있는 타이틀은 이렇게 많다. 이 중에서 보통 사람들에게 가장 익숙한 것은 염전이 아닐까.

 증도 지명의 한자에서 알 수 있듯 증도의 옛 이름은 시루섬이었다. 시루를 엎어놓은 모습이라고 해서 이런 이름이 붙었다. 그런데 증도는 원래 하나의 섬이 아니었다. 앞시루섬(전증도)과 뒷시루섬(후증도)이 서로 떨어져 있었는데 간척 사업으로 하나의 섬이 되었다. 그곳에 천일염전이 조성되었으니 그게 바로 지금의 태평염전이다. 그렇기에 증도에서 염전은 더더욱 상징적인 존재라 할 수 있다.

 국내의 천일염전은 대한제국기인 1907년 인천의 주안 지역에 처음 등장했다. 일제 강점기엔 인천경기권에 천일염전이 집중되었으나 광복 이후 천일염의 수요가 급증했고, 이런 분위기 속에서 전남의 신안과 영광 등지에 천일염전이 조성되기 시작했다. 1960~1970년대 인천 지역의 염전이 공업단지나 주거단지로 바뀌면서 전남 특히 신안의 염전이 국내 소금 생산의 주력으로 부상했다.

미네랄 풍부한 최고 품질의 토판천일염

신안은 자타공인 염전의 고장이다. 신안에는 모두 700여 곳의 염전이 있고 여기서 국내 천일염의 약 80%가 생산된다. 태평염전은 6·25 전쟁 직후인 1953년 피란민 정착을 위해 조성되었다. 서로 떨어져 있는 전증도와 후증도를 둑으로 연결하고 그 사이의 갯벌을 다져 평평한 바닥을 만들어 그곳에서 소금을 생산한다. 청정 무공해의 바닷물을 농축해 염도를 높인 후 햇볕과 바람으로 수분을 증발시켜 천일염을 생산하는 방식이다.

태평염전의 면적은 462만 8,099㎡(약 140만 평). 국내 단일 염전 가운데 최대 규모를 자랑한다. 이곳에서 생산되는 천일염은 매년 1만 6,000~1만 7,000톤으로, 국내 천일염 생산량의 7~8%를 차지한다. 모두 67개로 나뉘어 있는 이곳 염전에서는 50~60명의 염부鹽夫들이 땀 흘려 소금을 생산한다. 1950년대에는 염전에 상주하던 사람들이 400여 명에 이를 정도였다.

"소금은 햇볕과 바다, 갯벌, 바람 같은 자연환경과 염부들의 고된 노동이 결합하여 만들어진다"(국립민속박물관,《소금꽃이 핀다》). 신안은 조수간만의 차가 크고 햇볕이 강하며 바람이 적당해 천일염 생산에 최적의 요건을 갖추고 있다.

증도의 천일염전은 저수지貯水池, 증발지蒸發池, 결정지結晶池로 이뤄져 있다. 저수지는 바닷물을 저장하는 곳이다. 증발지는 햇볕으로 바닷물의 염도를 높이는 곳으로, 난치와 누테로 나뉜다. 난치에서는 저수지 물을 직접 받아들여 증발시키고 그 바닷물을 누테에서 다시 증발시킨다.

난치는 1차 증발지이고 누테는 2차 증발지인 셈이다. 증발지를 거친 바닷물은 결정지로 옮겨져 소금으로 완성된다. 이어 가공 공장에서 남아 있는 수분과 이물질을 제거하면 미네랄이 풍부하고 깨끗한 최고 품질의 천일염이 탄생한다. 소금 생산 시기는 3월부터 10월 사이. 바닷물을 저수지에 담아 최종 소금을 생산하기까지는 대략 25일 정도 걸린다.

↑ 소금을 창고로 옮기는 데 사용하는 수레(레일카). ⓒ 이광표
↓ 염전의 결정지에서 소금을 긁어모으는 염부의 작업 모습. ⓒ 국가유산청

2010년 증도대교가 들어섰다. 증도대교를 건너 태평염전 부근에 이르면 분위기부터 달라진다. 뽀얀 대기가 온몸을 감싸고 시야가 투명해진다. 다름 아닌 소금의 빛, 소금의 아우라다.

　광활한 염전은 바둑판처럼 질서정연하게 구획되어 있다. 거기에 동서, 남북으로 반듯한 도로가 쭉 나 있다. 그 주변으로 소금밭이 펼쳐지고 도로를 따라 창고와 부속 시설들이 길게 늘어서 있다. 특히 각각의 염전에 딸린 목조 소금 창고 67개가 동서, 남북으로 줄지어 선 모습은 그야말로 일대 장관이다. 뽀얀 색인지, 푸른색인지 알 수 없다. 서로 뒤섞여 투명하게 빛나는 광활한 소금밭, 거기 점점이 늘어선 67개의 목조 창고. 이들은 서로 조화를 이루며 매력적인 풍경을 만들어 낸다.

　소금밭 결정지의 둑이나 목조 창고 근처에는 소금을 나르는 데 사용하는 수레(레일카)가 줄지어 서 있다. 그 뽀얀 수레들 또한 인상적이다. 다른 어느 곳에서도 만날 수 없는 이색적 풍광. 그 매력은 노동과 땀으로 이뤄진 것이기에 더 감동적이다.

　태평염전은 국내 유일의 석조 소금 창고를 갖고 있다. 1953년 당시 염전을 운영했던 척방산업이 인부들의 힘으로 세운 소금 저장 창고였다. 태평염전은 이곳을 2006년 태평소금 전시장으로 활용하다 2007년 소금박물관으로 조성했다.

　소금의 역사와 가치, 태평염전의 소금 생산 과정을 보여 주고 수차, 강고(소금 소쿠리를 양 끝에 매달아 어깨에 메고 운반할 때 쓰는 도구), 소파(소금판 청소도구), 대파(천일염 긁어모으는 데 쓰는 도구), 똘비(퇴수로 청소 도구), 다대기(틈이 있는 간둑을 다지는 데 쓰는 기구), 염바가지, 물고망치 등의 염전 도구를 전시해 놓았다. 전시장 일부의 바닥은 소금을 펼쳐놓고 그 위를 강화유리로 덮었다. 관람객들은 뽀얀 소금 더미를 밟고 지나가는 듯한 색다른 느낌이 들게 된다. 박물관에서는 매년 4월부터 10월까지 소금밭에서 직접 소금 생산을

↑ 소금박물관 내부 전시 모습. ⓒ 이광표
↓ 소금박물관 내부 일부 공간은 석조 소금 창고의 옛 모습을 그대로 유지하고 있다. ⓒ 이광표

태평염전의 인기 촬영 장소. 투명한 소금물에 비친 반사 사진이 잘 나오는 곳으로 유명하다. ⓒ 이광표

경험해 보는 체험 프로그램을 운영한다. 태평염전과 석조 소금 창고는 근대유산으로서의 가치를 인정받아 비금도 대동염전과 함께 2007년 국가등록문화유산으로 지정되었다.

소금 먹고 자라는 70여 종의 염생식물

태평염전에서 빼놓지 말아야 할 곳이 입구 맞은편 언덕에 있는 소금밭 낙조 전망대다. 5분 정도 걸어 전망대에 오르면 멀리 태평염전이 펼쳐진다. 드넓은 소금밭으로 짙게 드리우는 붉은 석양. 그 황홀함을 어찌 말로 표현할 수 있으랴.

그런데 낙조 전망대에서 눈길을 사로잡는 것이 하나 더 있다. 염전 옆에 조성된 태평염생식물원. 염분이 많은 해안 습지나 갯벌에서 자라는 식물의 군락지다. 태평염전은 염생식물의 중요성을 인식하고 2009년 염전 하구의 삼각주 습지에 이 식물원을 조성했다.

갈대와 칠면초가 무성한 태평염전 염생식물원의 늦가을 풍경. ⓒ 신안군

지금 이곳에선 함초(퉁퉁마디), 칠면초, 나문재(갯솔나무), 해홍나물, 갯방풍, 갯질경, 왕잔디, 갓씀바귀, 벌노랑이, 갈대, 순비기나무, 통보리사초, 갯완두, 모래지치, 삐비(띠) 등 70여 종의 염생식물이 자라고 있다. 이곳 갯벌에선 짱뚱어, 방게, 고둥도 살아간다.

이 염생식물 군락지는 생태적으로도 매우 중요하다. 태평염생식물원의 생태를 조사 연구한 김하송 고구려대학(현 나주대) 교수에게 그 의미를 들어보았다. "염전 주변에는 유휴지가 필요한데 그 유휴지의 하나가 이 염생식물원이라고 보면 됩니다. 염전 생태계의 한 축을 담당하는 공간이라고 할 수 있지요." 염생식물들 덕분에 더욱 질 좋은 소금을 생산할 수 있다는 말이다.

이곳에서 서식하는 염생식물은 갯벌의 염분 농도에 따라 적절한 지역에 무리 지어 분포한다. 그러다 보니 식물별로 특유의 색깔 띠를 형성하게 된다. 그래서 소금밭 낙조 전망대에서 염생식물원을 바라보면 더러는 무지개 같고 더러는 추상미술 같은 그림을 만들어 낸다.

김하송 교수는 "그 색이 계절별로 바뀐다"며 "염생식물원의 색깔을 즐기기 위해 태평염전을 찾는 사람들도 있다"라고 전했다. 그 색을 렌즈에 담기 위해 사진 마니아들도 많이 몰린다. 특히 5, 6월이 가장 화사하다.

늦가을의 염생식물원은 화사함 대신 차분한 색조였다. 목조 탐방로 주변으로 가장 많이 보이는 것은 자줏빛 칠면초와 하얀 갈대. 그 무채색 톤이 또 다른 매력을 전해 준다. 중간중간 염전에 관한 시도 감상할 수 있다.

신안 지역 윤인자 시인의 시 〈천일염〉의 한 구절. "유산으로 물려받은 염판에/바닷물은 변함없이 햇살을 끌어당긴다//햇볕에 졸여지고 바람에 말려져/세월의 창고에 하얀 꿈이 쌓여간다." 탐방로를 걸으며 갯벌에 잠깐씩만 눈길을 주어도 구멍 속으로 들락날락하는 새끼 짱뚱어들을 발견할 수 있다.

바닷속에 잠겨 있는 소금 운반선 스토리

태평염전 입구 바닷가엔 소금항 카페가 있다. 소금 운반선이 정박했던 선착장이 있던 곳이다. 커피 한 잔 주문하며 카페 직원에게 "혹시 운반선의 흔적이 남아 있느냐"라고 물었다. 그랬더니 "물이 빠지면 선박의 잔해가 보인다"라고 했다.

잔해가 보인다니. 무심히 던진 질문이었는데 놀랄 만한 답변이 돌아왔다. 다시 찬찬히 주변을 둘러보니 안내판에 소금 운반선에 관한 내용이 들어 있다. 태평염전의 박종화 본부장으로부터 좀 더 정확한 내용을 들어봤다. 소금을 증도에서 목포까지 운반하던 홍창호와 부산까지 운반하던 질자호가 썰물 때 모습을 드러낸다고 한다.

홍창호와 질자호는 1984년까지 소금을 육지로 실어 나르던 범선이었습니다.

소금항 카페에서 바라본 염전 하구의 바다 풍경. 물이 빠지면 이곳에서 소금 운반선의 잔해가 드러난다. ⓒ 이광표

  홍창호는 50kg짜리 600포대를, 질자호는 50kg짜리 2000포대를 선적할 수 있는 규모였지요. 이후 소금 운반선은 철부선으로 바뀌었고 2010년 증도대교가 건설되면서 소금 수송은 모두 육로를 통해 이뤄지고 있습니다. 인근 화도에서도 금영호의 잔해를 볼 수 있어요.

  매우 흥미로운 얘기였다. 운반선은 태평염전 역사에서 소중한 흔적이 아닐 수 없다. 1985년 위기에 처해 있던 염전을 인수한 뒤 1990년대 우루과이라운드에 따른 저가 소금 수입의 위기를 이겨 내고 친환경 천일염을 고집하면서 여기까지 온 태평염전 아닌가.

  소금항 카페의 야외에는 예쁜 벤치가 여럿 놓여 있다. 그곳에서 내다보는 바다는 평화롭고 아름답다. 멀리 주홍빛의 육중한 증도대교도 눈에 들어온다. 소금을 가득 실은 홍창호, 질자호, 금영호는 이곳을 출항해 목포와 부산을 수없이 오갔을 것이다.

    2024년, 태평염전은 71주년을 맞았다. 매년 약 30만 명이 태평염전을 방문한다. 볼거리도 많고 생각할 거리도 많다. 이제는 바닷속 소금 운반선에 관한 조사 연구도 필요해 보인다. 운반선의 실체를 좀 더 정확히 파악하고, 가능하다면 발굴 조사도 해야 하지 않을까. 흥창호, 질자호, 금영호에 담긴 수많은 소금 이야기 말이다. 그 이야기는 증도의 소금 문화사를 더욱 풍요롭게 해주고 나아가 분명 매력적인 문화 관광 자원이 될 것이다.

신안 보물섬, 한국 수중고고학의 탄생

증도 ② 신안선과 짱뚱어 이야기

신안군 증도의 서북쪽 방축리. 예로부터 이곳에선 "큰 배가 침몰했다"라는 얘기가 전해 왔다. 더러 "보물선이 묻혀 있을지 모른다"라는 얘기도 떠돌았다. 1975년 8월, 방축리 앞 해상에서 고기잡이하던 한 어부의 그물에 청자 화병青磁花瓶 등 6점의 자기가 걸려 올라왔다.

예전에도 더러 도자기가 인양됐지만 여기저기 내팽개치거나 멸치 동이, 개밥그릇, 재떨이로 사용하곤 했다. 그런데 이번 청자 화병은 색깔과 모양새가 달랐다. 어부는 표면에 달라붙은 굴 껍데기를 떼고 집에 잘 보관했다. 나머지 5점은 주변 지인들에게 선물로 주었다.

어부의 그물에 걸린 중국 청자

몇 달 뒤인 1975년 가을 어느 날, 어부의 동생 최평호 씨가 고향인 증도에 들렀다가 이 같은 사실을 알게 되었다. 동생 최 씨는 무안의 초등학교 교사였다. 최 씨는 무언가 범상치 않다는 생각이 들어 청자 화병을 건네받아 목포로 가져갔다. 방학하면 다음 해 1월 초에 전남대학교 박물관이나 신안군청에 신고할 요량이었다.

그런데 일부 공무원들의 소극적인 태도로 인해 유물 신고 접수는 쉽지 않았다. 여기저기 왔다 갔다 하는 과정을 거쳤다. 그러는 동안 형이 지인들에게 선물한 도자기 5점을 모두 되찾았다. 이런 수고 끝에 1976년 2월 문화재관리국에 유물 6점을 신고할 수 있었다. 문화재관리국은 곧바로 문화재위원회를 개최했다. 모두 중국 원元나라 도자기로 판명되었다. 최 씨는 정부로부터 120만 원의 보상금을 받았다. 청자 화병 100만 원, 나머지 5점 20만 원이었다. 이 소식이 언론을 통해 널리 알려지면서 화제가 되었다. 도굴꾼들에게도 귀가 번쩍 뜨이는 소식이었다.

1976년 10월, 목포경찰서는 방축리 해역에서 청자를 불법 인양한 일당을 검거했다. 도굴범 3명을 검거하고 4명을 지명 수배했다. 그들로부터 입수한 도자기는 122점. 이들은 3톤짜리 잠수선을 동원한 것으로 확인되었다. 상황이 심각하게 돌아가자, 문화재관리국은 청자 발견 지점에서 반경 2km 이내를 문화재 보호 구역으로 지정하고 어로 행위와 출입을 금지했다. 이어 본격 발굴에 들어가기로 했다.

당시 국내 고고학계는 수중 발굴 경험이 전혀 없었다. 당연히 바닷속에 들어갈 수 있는 수중고고학 인력도 전혀 없었다. 해군에 도움을 청할 도리밖에 없었다. 문화재관리국은 해군 해난구조대(SSU)의 지원을 받아 1984년까지 총 11차례에 걸쳐 수중 발굴을 진행했다. 국내 첫 수중 발굴은 상상을 초월하는 고난도 작업이었다. 수심 20~25m, 조수간만의 차 4m, 평균 유속은 2.5노트. 20cm 정도만 들어가도 앞이 보이지 않을 정도로 시계視界가 나빴다.

그런데도 바닷속은 놀라운 모습을 간직하고 있었다. 난파한 배가 침몰해 있었고 그 안에 진귀한 유물들이 켜켜이 쌓여 있었다. 거대한 배는 왼쪽으로 기울어져 바닷속 펄 층에 박혀 있던 상태였다. 바닷물에 노출된 갑판 위쪽 부분은 오래되어 부서지고 사라져 형태가 남아 있지 않았지만, 개흙 층에 묻혀 있던 부분은 온전히 남아 있었다. 발견 당시의 배는 길이 28.4m, 폭 6.6m, 깊이 3.6m였다. 원형은 길이 30.1m, 폭 10.7m, 깊이 4m로

↑ 목포 해양유물전시관에 전시 중인 14세기 중국 무역선 신안선. ⓒ 이광표
↓ 신안선과 함께 발굴된 중국 도자기들이 해양유물전시관에 전시되어 있다. ⓒ 이광표

추정된다.

700년 전 신안 앞바다에서 침몰한 240톤급 무역선

이 배는 1323년 중국 저장성浙江省 닝보寧波에서 출발해 일본 하카타博多와 교토京都로 향하던 원나라의 무역 범선으로 확인되었다. 이와 함께 중국 도자기 2만여 점과 동남아시아산 자단목紫檀木 1,017개, 금속 공예품, 목칠기, 유리 제품, 석 제품, 골각 제품, 먹, 동남아시아의 향신료와 후추, 차와 약재, 각종 과일 씨앗 등 다양한 무역품과 생활 유물 2만 4,000여 점이 나왔다. 여기에 28톤에 이르는 동전(약 800만 개)도 건졌다. 물건을 운반하는 데 사용한 상자와 포장 재료, 상자에 붙어 있던 목찰木札(나무 화물표) 360여 점도 함께 나왔다.

엄청난 발굴이었다. 그 양도 어마어마했지만, 발굴된 유물들의 면면이 무척이나 흥미로웠다. 특히 대부분이 당시의 무역 규모, 교류 양상 등을 보여 주는 중요한 자료들이었다. 목찰에는 도후쿠지東福寺와 같은 일본 사찰 이름, 하치로八郎와 같은 일본인의 이름이 적혀 있었다.

도자기를 보면 중국 저장성 룽취안요龍泉窯 청자가 60% 정도였고, 각종 주전자, 다완茶碗, 다호茶壺, 다합茶盒 등이 다수였다. 14세기 일본인 귀족이나 승려들이 중국의 룽취안요 다구茶具를 애용했음을 말해 준다.

이 배는 발견 지점의 이름을 따 '신안선新安船'이라 명명되었다. 국내 최초의 수중 발굴은 대성공이었다. 증도는 발굴이 진행되는 9년 동안 늘 뉴스의 중심에 있었다. 신안선과 출수 유물의 보존 처리와 관리를 위해 전용 공간과 조직이 필요했다.

그래서 1981년 해양 유물 보존처리장이 생겼다. 그런데 그 장소는 신안이 아니라 목포였다. 신안으로 유치하기 위한 움직임이 있었지만, 목포가 최종 낙점됐다. 신안으로서는 두고두고 아쉬운 대목이 아닐 수 없다.

신안군 증도면 방축리에 있는 신안해저유물발굴기념비. ⓒ 이광표

그 보존처리장은 지금의 국립해양문화유산연구소로 발전했다.

목포 국립해양문화유산연구소의 해양유물전시관에 가면 신안실이 있다. 신안선과 발굴 유물을 함께 전시하는 공간이다. 전시실에 들어서면, 신안선의 거대함에 압도당하지 않을 수 없다. 국내의 여러 박물관에 귀중한 유물들이 즐비하지만, 그 장대함과 육중함에서 신안선을 따라갈 만한 유물은 찾아보기 어렵다.

현재 한국의 수중고고학은 세계 정상급이다. 그 시발점은 신안선 발굴이었다. 방축리의 발굴 해역을 한눈에 내려다볼 수 있는 곳에 신안해저유물발굴기념비가 세워져 있다. 기념비엔 이런 문구가 나온다.

> 수백 년 해저에 잠든 문화사의 보고를 알려준 어부의 갸륵한 마음과 파도와 해풍에 시달리면서 발굴에 참여한 조사요원들과 23m가 넘는 캄캄한 심해의 급한 해류 속에서 고난을 무릅쓰고 유물 인양에 참여한 해군 심해 잠수

해저 유물 발굴 해역이 보이는 전망대. 멀리 도자기 모양의 부표가 떠 있다. ⓒ 이광표

사들의 그 정성과 노고를 잊을 수 없다.

기념비가 서 있는 곳은 중도에서 가장 높은 편이다. 기념비 바로 뒤는 급경사 낭떠러지. 바람도 거세다. 이런 지세만으로도 당시의 수중 발굴이 얼마나 고난도 작업이었을지 짐작된다. 멀리 발굴 지점에는 어부가 처음 발견했던 중국 청자 화병 모양의 부표를 설치해 놓았다. 기념비 옆 전망대에 서면 그 부표가 뽀얀 점으로 보인다.

기념비 아래쪽 도로변엔 '700년 전의 약속'이라 새겨진 큼지막한 안내 표석이 보인다. 그 옆으로 내려가 다리를 건너면 바위섬에 '트레져 아일랜드'(보물섬)라 쓰인 배 모양의 건물이 있다. 신안선을 형상화한 카페다. 바다를 바라보며 커피도 마시고 신안선 관련 자료(유물 복제품, 사진 등)를 관람하는 공간이었으나 지금은 휴업 상태다. 신안군 관계자에게 들어보니 "개인 사업자가 카페를 중심으로 이곳을 관광 자원화하려는 프로젝트를 진행했는데 지금은 중단된 상태"라고 한다. 방축리 현장에 신안선 발굴의 감동을 느낄 수 있는 공간이 조성된다면 바람직할 텐데, 지금 상황이 못내 아쉽다.

이 대목에서 신고자인 최평호 씨의 인터뷰 내용이 떠오른다.

> 1970년대에는 마을 주민들이 엄청나게 고생을 했어요. 우리 형님도 밤낮으로 불려 다니고, 마을 집 모두 수색하고 그랬다는 거예요. …… 아무튼 그걸로 인해서 도로가 넓어지고 관광객들이 찾아와 우리 시골이 발전한 겁니다. …… 중국하고 우리가 수교 활동을 하게 된 것이 신안선 문화재로 인한 인적 교류가 큰 역할을 했다고 들었어요. ─ 국립해양문화재연구소, 《대한민국 수중발굴 40년 특별전》

재밌고 친근한 짱뚱어…… 증도 갯벌과 천생연분

신안해저유물발굴기념비에서 멀지 않은 곳에 짱뚱어다리가 있다. 짱뚱어다리와 그 주변은 증도 갯벌의 매력을 제대로 느낄 수 있는 곳. 짱뚱어다리는 순비기전시관과 짱뚱어해수욕장, 우전해수욕장 사이의 갯벌을 가로지르는 470m 길이의 목교木橋다.

짱뚱어해수욕장과 우전해수욕장은 에메랄드빛 바다와 뽀얀 모래밭, 세련된 파라솔이 어우러져 마치 태평양의 휴양지 느낌을 준다. 해수욕장 해변을 따라 한반도 지형을 닮았다는 해송 숲이 있다. 1960년대 증도 주민들은 바닷바람을 막기 위해 소나무를 심었다. 그것들이 무성하게 자라 지금의 해송 숲이 되었다.

짱뚱어다리의 순비기(허브 식물) 전시관 쪽 입구에는 짱뚱어 조형물이 서 있다. 해수욕장 탈의실 건물에도 짱뚱어가 그려져 있다. 머리 위로 불쑥 솟아오른 두 눈, 짱뚱어는 이름도 재미있고 생김새도 재미있다. 영화

〈자산어보〉(2021)에 이런 대사가 나온다.

> 정약전(설경구) "이것이 뭐냔 말이다."
> 창대(변요한) "짱뚱언디 저건 잡아가지고 닭이나 주지 우리들은 안 먹어라."
> 정약전 "못 먹는 것이냐?"
> 창대 "묵어도 죽진 않것지유. 닭도 먹고 돼지도 먹응께."
> 정약전 "짱뚱어라. 이를 한자로 기록해야 하는데 어찌해야 하나."
> 창대 "눈구녕이 툭 불거졌응께 눈구녕 갖고 이름을 붙이면 되것지라."
> 정약전 "옳거니. 불룩한 철 자에 눈 목 자. 철목어凸目魚 어떠냐. 하하."

영화 속에서 짱뚱어는 정약전이 최초로 한자 이름을 지어 준 물고기다. 흑산도에 짱뚱어가 등장하는 영화 속 장면은 허구다. 흑산도에는 갯벌이 없어 짱뚱어가 없다. 그런데도 이준익 감독은 짱뚱어를 등장시켰다. 짱뚱어의 대중성과 상징성 때문이라고 한다. 이 감독은 어느 인터뷰에서 "영화적으로 쉽게 메시지를 전달하기엔 짱뚱어가 제일 좋았기 때문"이라고 밝힌 바 있다.

짱뚱어는 갯벌에서만 산다. 두 눈이 불룩 솟아 있고 가슴과 등에 큼지막한 지느러미가 있다. 썰물 때는 펄에서 지내고 밀물 때는 구멍에 들어가 산다. 물속에서는 아가미 호흡을 하고 물 밖에서는 피부 호흡을 한다. 가슴지느러미를 이용해 갯벌 바닥을 기어다닌다. 물고기인데 물보다 갯벌을 더 좋아하는 짱뚱어, 갯벌과 짱뚱어는 천생연분이 아닐 수 없다.

증도 짱뚱어다리 초입에 있는 짱뚱어 조형물. ⓒ 이광표

신안군 증도의 갯벌을 가로지르는 짱뚱어다리. 석양 풍경이 환상적이다. ⓒ 신안군

↑ 이국적 이름다움을 자랑하는 짱뚱어해수욕장 ⓒ 신안군
↓ 짱뚱어다리 인근 해변 길에 조성된 한반도 모양 해송 숲. ⓒ 신안군

갯벌의 고장 신안과 증도에 딱 어울리는 물고기인 셈이다.

짱뚱어는 11월 말이나 12월 초부터 이듬해 3월까지 1m 깊이의 구멍으로 들어가 겨울잠을 잔다. 신안군 관계자는 "날씨가 추우면 짱뚱어의 겨울잠 시작 시기가 빨라진다"라고 알려준다. 이렇게 잠이 많아 잠둥어라 불렀고 그것이 짱뚱어로 바뀌었다고 한다. 짱뚱어는 동면에 들어가기 전인 8~10월에 영양분을 많이 비축한다. 그래서 이때 잡은 짱뚱어가 가장 맛있고 영양이 풍부하다.[约]

# 갯벌 위로 걷는 12km 노두 길 섬티아고

순교자의 길 따라 걷는 기점·소악도

신안 천사섬의 섬티아고는 시작부터 끝까지 바다와 섬, 갯벌을 바라보며 걷는 둘레길이다. 대기점도-소기점도-소악도, 진섬, 딴섬을 잇는 12km 둘레길에는 밀물 때 바닷물 속으로 들어가 버리는 노두 길도 있다. 행정구역으로는 5개 섬이 모두 증도면 병풍리에 딸려 있다. 기점·소악도의 5개 노두 길을 연결하면 1,980m. 우리나라에서 가장 긴 노두 길이다.

노두 길은 예부터 섬 주민들이 섬과 섬 사이의 갯벌에 돌을 쌓아 만든 징검다리다. 지금은 시멘트로 포장해 자동차를 타고 들어갈 수 있지만 도로 높이가 낮아 밀물 때는 길이 잠긴다. 아슬아슬하게 썰물 때를 놓치면 물속에 들어간 노두 길이 다시 드러나기까지 서너 시간 기다려야 한다.

람사르 습지로 지정된 아름다운 갯벌을 가로지르는 이 길은 전라남도가 2018년 벌인 '가고 싶은 섬' 사업을 통해 새롭게 탄생했다. 스페인의 산티아고 순례 길(800km)에서 아이디어를 빌려와 섬티아고라 불린다. 순례 길을 3~4시간 걷다 보면 기도실 같은 작은 예배당 12개를 만난다. 예수의 열두 제자에 숫자를 맞추었다.

람사르 습지를 도는 둘레길

순례 길에서 만나는 예배당 열두 개는 국내외에서 이름 높은 공공 건축

및 설치 미술 작가들의 작품이다. 국내에서는 강영민, 김강, 박영균, 손민아 작가가 참여했다. 해외에서는 장미셸 후비오Jean-Michel Ruboi, 파코Pako, 브루노 프루네Bruno Fournee, 아르민딕스Armindix, SP38 등 프랑스, 스페인, 포르투갈, 독일 작가들이 이름을 올렸다.

그런데 불교 쪽에서 국가 예산으로 특정 종교의 기념물을 12곳이나 짓는 것은 '특정 종교 편향'이라는 이의를 제기했다. 헌법 20조 2항에는 "국교는 인정되지 아니하며, 종교와 정치는 분리된다"라고 나와 있다. 그래서 예수의 열두 제자들 이름 대신에 건강의 집(베드로) 소원의 집(야고보) 등으로 개명했다. 원래 명칭도 '12사도 순례 길'이었으나 '섬티아고'로 바뀌었다.

기점·소악도는 섬 주민의 80%가 기독교인. 한국 최초의 여성 순교자 문준경文俊卿(1891~1950) 전도사가 나룻배에 몸을 싣고 일 년간 고무신 아홉 켤레가 닳도록 전도를 한 지역이다. 문 전도사의 그 고무신을 다 모아 놓았으면 백 켤레가 넘었을 것이다.

가톨릭이나 개신교 순례자들만을 위한 길은 아니다. 유네스코에 등재된 생물권 보존 지역이자 람사르 습지로 이어지는 섬과 갯벌을 걷다 보면 마음이 고달픈 사람들에게는 사색과 치유의 나그넷길이 될 수 있다.

섬티아고는 하루에 주파하는 마라톤 코스도 아니다. 쉬엄쉬엄 걷다가 중간에 대기점도 노두 길 민박이나 병풍도 같은 데서 하룻밤 묵어간다면 추억거리가 될 것이다. 노약자들은 한여름에 에어컨을 가동하고 승용차 투어를 하는 방법도 있다.

압해도 송공항에서 배를 타고 대기점도 선착장에서 내리면 처음 만나는 예배당이 1번 건강의 집(베드로). 건물 외벽은 하얗고 지붕은 코발트 블루여서 지중해 연안의 산토리니풍 건물을 옮겨온 듯하다. 베드로는 닭이 울기 전에 예수를 세 번 부인했으나 해가 동쪽에서 뜨는 것을 보면서

뉘우친 수제자, 네로 황제 때 체포돼 십자가에 거꾸로 못 박혀 순교했다. 가톨릭의 초대 교황이다.

예배당이 해가 뜨는 정동正東을 향하고 있다. 섬의 등대 역할도 한다. 대기점도에 여객선 터미널이 없어서 내부는 대합실처럼 꾸몄다. 종탑의 키가 작아 순례자가 겸손하게 고개를 숙여 종을 치고 순례 길을 시작한다. 건강의 집이라고 명명한 것은 12km 순례를 마치고 건강해지라는 축원의 뜻이 담겨 있다.

2번 생각하는 집(안드레아)은 북촌마을 동산에 있다. 하늘색 돔은 대기점도에서 많이 재배하는 양파를 형상화했다. 예배당 앞에는 고양이 조형물을 설치했다. 1990년대 들쥐들이 번성해 피해가 커지자 고양이를 들여왔고, 고양이를 보호하기 위해 섬에서 개를 내보내 대기점도는 고양이 나라가 됐다. 안드레아는 세례 요한의 제자로, 안드레아가 형인 베드로를 예수에게 소개했는데 제자 서열에서 베드로는 1번이고, 안드레아는 2번이다.

다리 건설 NO, 섬다운 맛 살리는 병풍도

생각하는 집 앞으로 병풍도로 들어가는 노두 길이 나 있다. 조선 인조 때부터 대기점도와 병풍도에 해주 오海州 吳씨들이 들어와 살기 시작했다. 노두 길 앞에 해주 오씨 세거비世居碑가 있다.

병풍도의 맨드라미 정원에는 12사도상과 천사의 상이 있다. 10월에 맞춰 여행을 가면 병풍도에서 맨드라미 축제를 구경할 수 있다. 섬의 이름이 유래한 병풍바위도 장관이다. 병풍도는 맨드라미 색깔에 맞추어 가옥의 지붕을 빨간색으로 통일했다. 섬별로 지붕에 변화를 주는 신안군의 컬러 마케팅이다. 병풍도 주민들은 군에서 다리를 놓아주겠다고 하는데도 "섬다운 맛이 사라진다"라며 반대한다. "노두가 끊겨 섬에서 1박을 하는 낭만이 있지 않느냐"라는 이야기다.

↑ 1번 건강의 집(베드로). ⓒ 황호택
↓ 2번 생각하는 집(안드레아). ⓒ 황호택

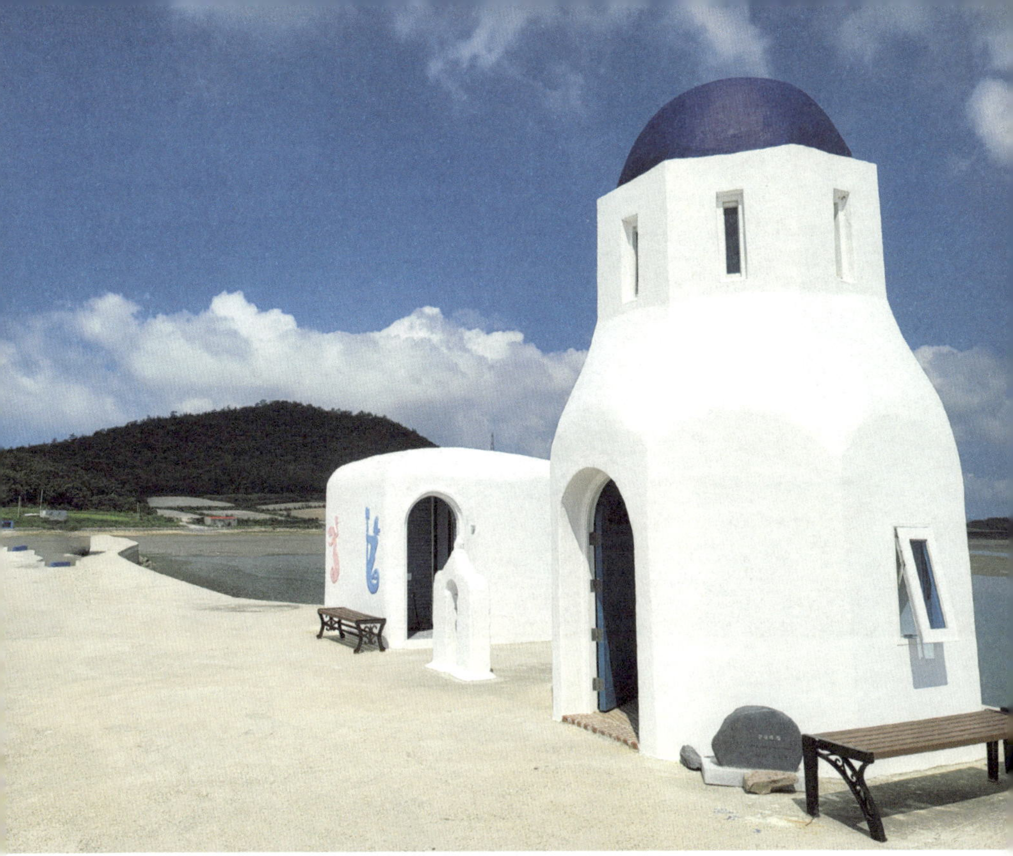

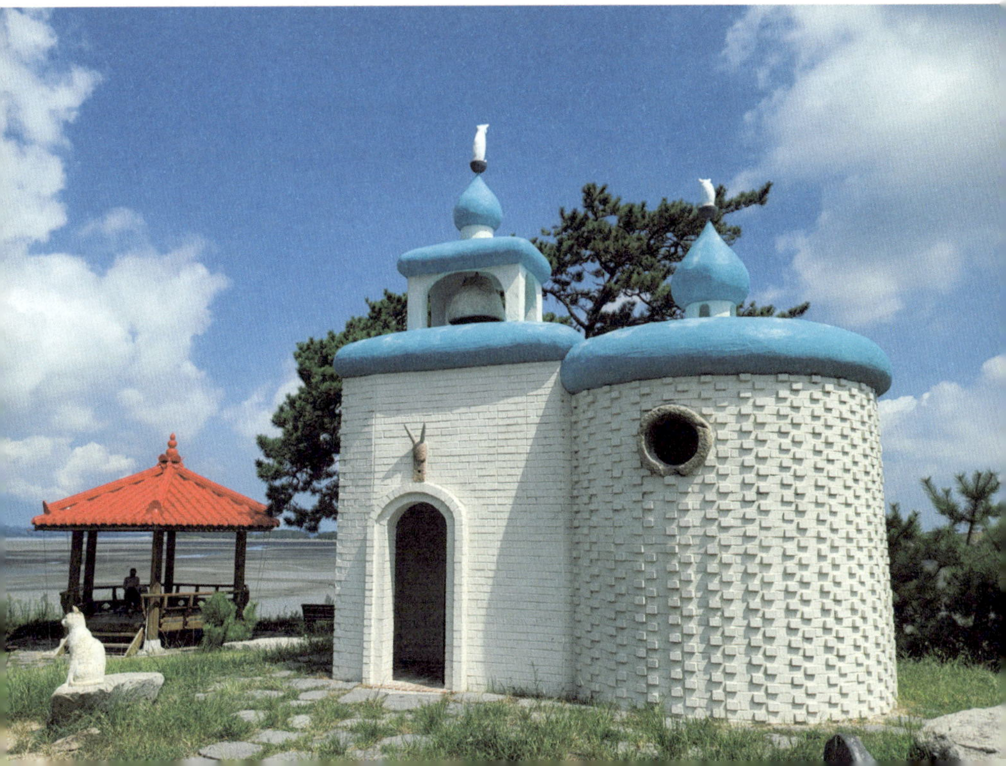

해안선 절벽이 파도와 북서 계절풍에 침식, 풍화돼 병풍 모양이 됐다. ⓒ 신안군

3번은 그리움의 집(야고보). 숲속의 오두막을 연상시키는 작품. 실내에는 신라 성덕왕신종에 들어 있는 비천상飛天像이 부조됐다. 밖의 뒷벽에는 분홍색의 십자가를 음각했다. 일본의 천주교 신자들이 앞에는 신줏단지를 모셔놓고 뒤에는 십자가를 숨겨두어 탄압을 피했던 것을 모티브로 삼았다. 부드러운 곡선으로 흐르는 길을 내려가면 연꽃이 가득한 못이 불교 분위기를 낸다. 그리움의 집은 종교 간 평화를 상징하기도 한다.

4번은 생명 평화의 집(요한). 요한은 예수가 못 박혀 죽는 모습을 보았고 부활을 목도했다. 요한복음, 요한 1, 2, 3서, 요한계시록의 저자. 요한은 영적인 통찰력으로 예수의 생에 일어난 사건을 기록했다. 예수님으로부터 "내 어머니를 부탁한다"라는 말도 들었다.

박영균 작가는 동네 할아버지가 희사한 땅에 4번 예배당을 지었다. 작가는 예배당에서 창을 통해 할머니의 무덤이 보이도록 했다. 할아버지

↑ 4번 생명평화의 집(요한). ⓒ 황호택
↓ 5번 행복의 집(필립보). ⓒ 신안군

는 예배당에 오면 나무토막에 무릎을 꿇고 할머니 묘소를 향해 기도를 드린다. 예배당 앞에는 염소상이 서 있는데 할아버지가 키우던 염소다.

5번 행복의 집(필립보)은 소기점도에서 소악도로 들어가는 노두 길 초입에 있다. 예배당이 너른 갯벌을 바라보고 있어 출항하기 위해 바다에 물이 차기를 기다리는 배의 모습 같다. 프랑스 작가들이 고향의 붉은 벽돌과 섬에서 채취한 자갈을 사용해 행복의 집을 건축했다.

섬사람들이 쓰던 돌절구로 둥근 창문을 조성했다. 하늘로 솟은 첨탑에는 메타세쿼이아 나무 조각을 물고기 비늘 모양으로 잘라 붙였다. 실내에 들어가면 목선木船 안에 들어온 것 같은 기분이 든다.

필립보는 예수 제자 중에서 교육도 받고 셈이 빨랐다. 필립보는 5,000명 군중에게 음식을 먹이려는 예수에게 "저마다 조금씩 받아먹게 하자면 2백 데나리온(신약 성경에서 가장 자주 언급된 돈)어치의 빵으로 충분하지 않겠습니까"라고 말했다. 예수는 한 푼의 데나리온도 들이지 않고 오병이어五餠二魚의 기적으로 군중의 음식을 해결했다.

6번 감사의 집(바르톨로메오)은 물 위의 유리집이다. 소기점도 연못 위에 스테인드글라스로 지었다. 연못이 깊어서 유일하게 들어갈 수 없는 예배당이다. 안에는 물결 모양의 마루가 놓여 있다. 밤에는 태양광으로 불을 밝혀 근동의 날벌레들이 집결한다. 바르톨로메오는 성경에서 별로 존재감이 없는 제자다. 인도 쪽으로 가서 순교했다는 기록만 남아 있다. 열심히 살았으나 잘 드러나지 않는 사람이지만 하느님은 다 지켜보고 있었다.

7번 인연의 집(토마스)은 파도가 치는 듯한 지붕 선이 인상적이다. 왼쪽 벽면에는 오병이어의 기적이 돋을새김(부조) 되어 있다. 토마스는 '의심 많은 토마'(공동 번역 성경 표기)라고 불리지만 긍정적으로 '질문 많은 토마'라고 해석할 수 있다. 인터뷰의 기본이 팩트 확인을 위한 질문이다. 다른 제자들이 부활한 주를 보았다고 말하자 토마스는 그들에게 "나는 내 눈으로

8번 기쁨의 집(마태오). ⓒ 황호택

그분의 손에 있는 못 자국을 보고 내 손가락을 그 못 자국에 넣어 보고 또 내 손을 그분의 옆구리에 넣어 보지 않고는 결코 믿지 못하겠소"라고 말하고 예수의 몸에 난 상처를 확인했다.

8번 기쁨의 집(마태오)은 황금빛 돔 장식이 이슬람 사원을 닮았다. 밀물 때는 노두 길이 사라지고 황금 돔 예배당은 바다 위에 떠 있는 섬이 된다. 실제로 물때를 잊고 4시간 동안 갇혀 있다 풀려난 순례자들도 있다. 마태오는 유대인을 지배한 세력인 로마 제국에서 세금을 징수하던 세리稅吏였다. 유대인들은 세리를 매우 부정적으로 인식했지만 예수는 그를 제자로 받아들였다. 마태오는 예수의 부름을 받고 세리를 그만두었다.

이슬람 사원 같은 기쁨의 집

8번까지 순례를 마치면 가까운 곳에 있는 소악교회를 들러야 한다. 임병진 목사와 신도들이 자갈밭을 잔디밭과 꽃밭으로 가꾸었다. 섬에 있는 교회 중 가장 예쁜 교회일 것이다. 임 목사는 방송사 PD 출신으로 삶의 길에서 좌절했으나 개심하고 목회자의 길로 들어섰다. 교회 화장실에는 정현종 시인의 〈섬〉이라는 두 행짜리 시가 쓰여 있다.

> 사람들 사이에 섬이 있다.
> 그 섬에 가고 싶다.

교회 앞에는 '섬마을 어머니' 문준경 전도사의 기념비가 서 있다. 문 전도사는 병풍도와 기점·소악도 등 21개 섬을 나룻배를 타고 다니며 신앙을 전파했다. 1950년 10월 5일 인천상륙작전 이후 후퇴하는 공산당원들에게 체포돼 증도 앞바다에서 총탄을 맞고 순교했다. 문 전도사는 열일곱 살에 결혼했으나 아이를 낳지 못하고 서울에 올라와 신학교에 다녔다.

이웃 증도에는 성결교단에서 2013년에 세운 기념관이 있다.

9번 소원의 집(작은 야고보)은 바닷가에 떠밀려 온 폐자재를 활용해 지은 예배당이다. 섬 주민이 쓰다 버린 녹슨 닻으로 외벽을 장식했다. 유럽의 어촌에는 어부들이 거친 바다로 나가기 전에 안전을 기원하는 기도소가 있는데, 작가는 거기서 영감을 얻었다. 물고기 모양의 스테인드글라스가 눈길을 끈다. 예배당 밖으로 물이 빠진 갯벌이 보인다.

10번 칭찬의 집(유다 타대오)은 소악도와 진섬을 연결하는 노두 길 삼거리에 있다. 과거에는 쓰레기장이었으나 지금은 뾰족한 삼각형 지붕이 네 개 있는 하얀 집으로 변신해 순례객들을 맞는다. 한 건물이 네 개의 지붕을 갖고 있고 지붕의 모양이 각기 다르다. 생긴 것도 생각하는 것도 다르지만 서로 칭찬하면 하나가 되고 아름다운 건물이 될 수 있다는 뜻을 담고 있다. 다양성의 인정이다. 타대오는 작은 야고보의 친형이다. 어린 시절 예수와 한동네에서 자랐다.

11번 사랑의 집(시몬)은 연인들이 낙조를 배경으로 사진을 찍는 포토존이다. 건물 꼭대기에는 눈이 반쯤 감긴 '조는 하트' 캐릭터가 올라가 있다. 조는 하트는 삶과 죽음, 인간과 자연의 경계를 상징한다. 조개껍데기 부조가 여러 곳에 설치돼 진주를 품은 조개처럼 사랑도 아픔을 이겨내야 결실을 거둔다는 의미를 전한다.

12번 지혜의 집(가룟 유다)은 사랑의 집에서 오솔길로 한참 걸어가야 나

번외 소악교회. 문준경 전도사를 알리는 표석 위에 문 전도사의 고무신과 보따리가 올려져 있다. ⓒ 황호택

11번 사랑의 집(시몬). ⓒ 황호택   12번 지혜의 집(가롯 유다). ⓒ 신안군

오는 딴섬에 있다. 아름다운 무인도는 하루에 두 번 밀물이 들어오면 길이 끊긴다.

　예수가 "너희 중에 한 사람이 나를 팔리라"라고 말했을 때 가롯 유다는 "랍비여 나는 아니지요"라고 물었다. 그래 놓고 가롯 유다는 은전 30냥을 받고 예수를 팔아넘겼다. 유다여 가롯 유다여, 배신의 아이콘이여. 그는 예수를 배신한 후 스스로 목숨을 끊었다. 이기적인 욕망에 끌려가다 파멸에 이른 유다에게서 순례자들은 역설적으로 삶의 지혜를 배울 수도 있다.澤

3부
중부 권역

- 고이도
- 자은도
- 압해도
- 암태도
- 팔금도
- 안좌도
- 반월도
- 박지도

자은도 '무한의 다리' 전경. 다리의 중간에 있는 작은 섬이 구리도, 종점은 할미도. 밀물 때라 독살이 보이지 않는다. ⓒ 신안군

박지도 바람의 언덕 이스타국화 정원에서 바라본 퍼플교. 맞은편 섬은 안좌도. ⓒ신안군

눈 오는 날 애기동백꽃 4,000만 송이
압해도의 바다 정원과 고이도의 왕산성

신안군청이 있는 압해도 송공산 기슭 분재공원에서 매년 12월이면 애기동백 축제가 열린다. 2023년 '섬 겨울꽃 축제' 개막식이 열린 12월 8일 오전 11시, 스마트폰을 들여다보니 압해도 날씨는 영상 16.3도로 서울(11도)보다 5도가량 더 따뜻했다.

겨울 한 철에 피었다 지는 애기동백
애기동백은 겨울에만 볼 수 있는 꽃이다. 11월 늦가을부터 꽃망울을 맺기 시작해 2월이면 꽃이 진다. 서리 내릴 때 꽃이 피어 서리동백이라는 애칭도 있다. 꽃잎으로 차를 우린다고 해서 산다화山茶花라는 이름도 가진 자생自生 식물이다. 동백冬栢은 꽃 이름엔 겨울 동冬 자가 붙어 있지만 제주도와 바닷가 따뜻한 남쪽 지방을 제외하고는 대부분 지역에서 봄에 꽃이 핀다. 동백이 아니라 춘백春栢인 셈이다. 겨울 한철에 피었다 지는 애기동백이 진짜 동백이라고 할 수 있다.

    분재공원 부지 3만 8,000평에 애기동백 산책로 2km가 꼬불꼬불 이어진다. 애기동백은 동백보다 꽃이 풍성하게 달리고 화려하다. 애기동백 2만 그루에 한 그루당 꽃망울이 1,000~4,000개가 달려 있다. 그루당 평균 2,000개로 잡아도 분재공원에서 애기동백꽃 4,000만 송이가 피어난다.

눈 오는 날 분재공원의 애기동백 산책로. ⓒ 신안군

　동백꽃은 수줍어하듯 꽃잎이 완전히 열리지 않지만 애기동백꽃은 활짝 봉오리를 펼친다. 꽃이 질 때도 동백은 모가지가 댕강 통째로 떨어지지만 애기동백은 낱장으로 한 장씩 떨어져 흩날린다. 동백은 꽃잎이 5~7장으로 된 통꽃이고 애기동백은 9~12장으로 된 낱꽃이다. 눈 내리는 날 애기동백 꽃잎이 날리는 모습을 보지 않고서 낙화落花를 말하지 말라.
　동백은 차나뭇과 상록교목常綠喬木이고 애기동백은 같은 차나뭇과지만 상록관목灌木이다. 교목은 키 큰 나무로 나무둥치가 하나로 올라가다가 가지가 벌어진다. 애기동백은 5m 이상 자라지 않는 '키 작은 나무'(관목). 애기동백은 밑둥치부터 가지가 갈라져 산발적으로 뻗는다. 가지치기로 수형을 잡아주어야 아름답다. 남쪽 지방에서는 울타리 나무로 쓰기도 한다.
　애기동백 공원은 1996년 봄 산불이 송공산 일대를 홀랑 태워 민둥산

압해도 분재공원 전경. 앞바다는 지주식 김 양식장이다. ⓒ 신안군

이 된 자리에 조성됐다. 나무를 심으면 원상복구까지 20년 넘게 걸릴 판이었다. 신안군이 산림청 도시 웰빙 숲 조성 공모에 선정돼 사업비 30억 원을 받아 처음에는 애기동백 5,000그루를 조림해 2만 그루로 늘렸다.

애기동백 산책로를 따라 돌다 다리가 피곤해지면 분재원으로 발길을 돌린다. 전국에서 최초로 분재를 테마로 조성한 정원이다. 작은 구릉과 연못을 돌며 소나무, 주목, 소사나무, 모과나무, 먼나무, 팽나무, 향나무, 금송, 피라칸사 등 700여 점의 분재 작품이 전시돼 있다.

분재공원에는 아프리카에서 유래한 쇼나 조각, 야생 화원, 미니 수목원, 생태 연못, 잔디 광장, 화목원, 유리 온실, 산림욕장, 미술관 등이 어우러져 있다. 저녁노을미술관에는 신안 출신 우암 박용규 화백의 작품과 함께 다도해의 저녁노을을 함께 감상할 수 있다. 천사섬 분재공원은 연간 6만~10만 명, 개장 이래 170만 명이 다녀가면서 신안의 명소로 자리 잡았다.

분재공원 바로 앞에는 아름다운 5,000만 평 바다 정원이 펼쳐진다. 바로 앞바다에 널따란 지주支柱식 김 양식장이 있다. 지주식 김 양식은 갯벌에 나무를 세우고 그 위에 그물을 매달아 전통 방법으로 김을 햇빛에 충분히 노출시키는 양식법이다. 김 원초가 바닷물 밖으로 노출되는 썰물 때 충분한 햇볕을 쬐기 때문에 파래나 이물질이 끼지 않는다. 자연 친화적 김 양식이다.

수달 장군의 왕국 고이도

고이도는 행정구역상 신안군 압해읍에 속한 섬이나 주민들의 생활권은 무안군이다. 무안군 운남면 신월 선착장을 통해 섬을 왕래할 수 있다. 신월 선착장과 고이도는 직선거리로 1km 남짓한 해협을 사이에 두고 마주한다. 눈대중으로도 한강 폭과 비슷하다. 다리가 없어 통통배를 타고 들어가야 한다. 고이도 주민이 220명인데 교통량이 적어 1,000억 원 안팎이 소요되는 다리를 놓기에는 경제성이 부족하다는 평가가 나오는 모양이다.

작은 도선이 한 시간 간격으로 고이도와 신월리 선착장을 운항한다. 육중한 철부선이 하루에 두 번 차량과 화물을 싣고 왕래한다. 고이초등학교는 10년 전에 폐교했다. 섬 주민들은 이 초등학생들을 목포로 유학 보낸다. 어린이집도 없어서 주민들은 어린 자녀들을 통통배에 태워 해협 건너 무안군 운남면으로 보내야 한다.

고이도는 논농사, 밭농사가 주 소득원이고, 부업으로 낙지, 장어, 숭어 등을 잡고 염전과 김 양식, 새우 양식을 한다. 자녀 교육은 힘들어도 소득원이 튼실하니 주민들은 섬을 떠나지 않는다. 남북으로 길게 뻗은 고이도는 옛날 해로의 요충이다. 서쪽으로는 신안군 마산도 매화도가 있고, 남쪽으로는 신안군 압해도와 무안군 운남면 남촌마을이 건너다보인다. 북쪽으로는 신안군 선도와 좁은 바다를 사이에 두고 있다.

고이도(위)와 무안군 운남면 사이에 있는 해협. 아래쪽 튀어나온 곳이 신월리 선착장. ⓒ 신안군

대촌마을과 진변마을 사이에 있는 산 정상부의 능선을 둘러싸고 510m의 소규모 산성이 있다. 규모에 비해 이름이 거창한 왕산성王山城은 적이 침입했을 때 들어가 싸우는 산성이라기보다는 인근 해로를 굽어보는 망루의 기능이 컸을 것으로 보인다. 산성 정상에서는 동쪽과 북쪽의 해로뿐 아니라 무안군 운남면 성내리 다경포多慶浦를 비롯해 무안군 망운면, 신안군 압해도 등이 한눈에 조망된다.

해발 88.9m에 불과한 야산이 왕산王山이라고 불린 것은 산성 안에 왕 또는 장군이 살았다는 역사 기록 또는 구전 설화와 관련이 있다. 왕산성을 축성한 것으로 추정되는 능창能昌(?~910)은 압해현을 근거지로 활약한 해상 세력의 장수였다. 능창은 수전水戰에 능해 수달이라고 불렸다.

《고려사》에는 반란군의 두령 또는 해적 두목이라고 기록돼 있다. 왕건은 수달을 잡기 위해 해전을 잘하는 병사 10여 명을 영광 갈초도에 보내 매복시켰다. 이 작전이 성공해 갈초도 나룻가에서 작은 배에 탄 능창

← 고이도에 있는 왕산성 유적. ⓒ 신안군
→ 후삼국 시대에 압해도를 근거지로 서남해에서 활약한 수달 장군 능창의 기념비. ⓒ 신안군

을 사로잡았다. 왕산성을 쌓은 장수치고는 허망하게 체포를 당한 것이다. 왕건이 능창을 압송하니 궁예가 크게 기뻐하면서 능창의 얼굴에 침을 뱉고 모욕을 준 뒤 죽였다는 기록이 《고려사》에 남아 있다.

일본의 승려 엔닌圓仁이 쓴 《입당구법순례행기入唐求法巡禮行記》에도 당나라에서 9년간 여행을 끝내고 신라 배를 타고 귀국길에 올라 고이도에서 하루를 묵었다는 기록이 있다. 《삼국사기三國史記》와 《고려사高麗史》에는 909년 여름 궁예가 왕건에게 명해 진도군을 함락시키고 고이도성皐夷島城을 깨뜨렸다는 기록이 나온다. 고이도의 군사들은 왕건의 군사 2,500명을 보고 놀라 스스로 항복했다.

> 왕건은 궁예가 날로 교만하고 포악해지는 것을 보고 다시 변방에 나가려는 뜻을 굳혔다. 마침 궁예가 나주를 근심하여 드디어 왕건에게 가서 지키도록 명령하고 품계를 올린 한찬韓飡 해군 대장군으로 삼았다…… 왕건이 진도를 함락하고 다시 나아가서 고이도에 머무니, 성안 사람들이 군대의 의용이 엄숙하고 씩씩한 것을 보고 싸우지 않고 항복했다. ─《고려사》 권1

정씨 시조묘와 후손 정약용의 글

압해도에는 정丁씨의 도시조都始祖로 알려진 정덕성德盛(대양군)의 묘역이 있다. 신안군 향토 자료인 도시조 묘역은 압해읍 가룡리 압해 정씨 선산인 유두산 자락에 터를 잡았다. 옛 기록과 묘역 안내문 등에 따르면 대양군은 당나라 무종·문종 연간에 대승상을 역임하고 신라 문성왕 때 신라 땅 압해도에 유배됐다. 육지에 있던 성씨가 섬에 들어와 정착한 경우는 많지만 섬에 시조 묘가 있고 성씨의 본관이 있는 것은 드문 사례. 압해 정씨의 문중 제각인 추원재追遠齋는 1857년 창건돼 한 차례 중수됐다.

다산 정약용은 정씨 도시조 묘와 관련해 〈압해정승묘변押海政丞墓辨〉이라는 글을 남겼다. 후손이자 실학자로서 시조묘에 관한 고증을 논리적으로 살핀 글이다. 다산은 가까운 강진에서 18년 동안 유배 생활을 했지만 압해도의 시조묘를 찾아보지 못했다. 다산의 5대조 정시윤의 〈압해도 성묘기押海島 省墓記〉 등을 참고해 〈압해정승묘변〉을 쓴 것 같다. 신안문화원이 발행한 《바다로 간 천사, 섬이 되다 – 신안 이야기》 책에서 "대한민국 정씨의 시조, 압해 정씨"에 나오는 〈압해정승묘변〉의 번역을 인용한다.

나주의 압해섬에 정승동政丞洞이 있는데, 그 위에는 정정승丁政丞의 무덤이 있고 묘 앞에는 비가 있다. 그 비에 '대상정공지묘大相丁公之墓'라고 되어 있다. 고기古記에 "정공의 휘는 덕德인데, 성당盛唐 선종 때 벼슬이 승상丞相에 이르렀다가 어떤 일로 인하여 신라의 해도海島에 귀양 오게 되었고 마침내 압해섬에 유배되어 돌아가지 못하고 죽었으므로, 그대로 여장旅葬하게 되었다"라고 하였는데.

이것이 바로 이곳에 정승묘가 있게 된 것이다······ 대저 대신大臣을 귀양 보내는 데는 반드시 내지內地(당나라 영토 안)에 보냈을 것인데, 모르기는 하지만 정공이 무슨 죄를 지었기에 번국蕃國(제후의 나라 즉 조선)의 해도에 유

↑ 압해 정씨 시조묘. ⓒ 황호택
→ 압해 정씨 기념탑. ⓒ 신안군

배되었단 말인가. 더구나 승상은 한관漢官이요, 정승 대상이란 우리나라의 말이다. 당나라에 과연 승상 정승 대상이 있었단 말인가.

　　이로 말미암아 말하자면 정공이 당나라 사람이었는지는 알지 못할 일이다…… 그러나 요컨대 압해押海는 정씨의 대본大本이며 묘 속의 대부大夫는 정씨의 대조大祖인데 사적이 모두 없어졌으니, 슬프다. 지금 사람들은 옛 사적에 소략疏略하여 다시 의심을 두지 않는다. 그러므로 내가 일찍이 생각했던 것을 기록하여 후일의 군자君子를 기다리는 바이다.

다산은 전설과 사실을 구분해서 밝혀야 하겠으나 사실을 뒷받침하는 사적史籍이 부족해 안타깝다며 판단을 후세로 유보했다. 정덕성 시조묘를 내려오면 계단 밑으로 정일권 전 국무총리, 정래혁 국회의장, 정세균 국회의장, 정해창 법무부 장관, 정시채 농림부 장관의 기념식수가 줄줄이 서 있다. 시조의 묫자리가 명당이어서 명문가로 번성했다는 이야기가 내려온다.

옛날에는 한자음이 같은 鄭氏(정씨)와 구분하기 위해 압해 丁氏(정씨)를 속칭 '고무래 정씨'라고 불렀다. 고무래는 곡식을 긁어모으는 농기구로 모양이 한자 '丁' 자를 닮았다. 한글 전용 세대에겐 고무래보다는 영어 대문자 'T' 자와 모양이 비슷하다고 해야 알아듣기 쉬울 것 같다. 압해읍 가룡리에는 '丁' 씨 기념탑이 우뚝 솟아 전국에서 찾아오는 압해 정씨 후손들을 맞는다. 신안군과 후손들을 상징하는 1,004개의 작은 글자들이 모여 하나의 큰 丁 자를 표현한 작품이다.▨

 ## 동양 최대 독살에서 숭어가 뛴다
자은도의 뮤지엄파크와 무한의 다리

자은도 둔장해변 무한의 다리는 2019년 개통 후 둔장 독살과 어우러져 신안의 새로운 명소가 됐다. 종점 할미도까지는 정확히 1,004m로, 신안 천사섬의 천사(1004)에 다리 길이를 맞추었다. 갯벌 생태와 바다 경치를 관람하며 왕복 2km 트레킹을 즐길 수 있다. 다리 옆으로는 원형이 잘 보존된 동양 최대의 둔장 독살이 펼쳐진다. 물이 찼을 때 들어온 물고기들이 물이 빠지면 바닷물 위로 솟아오른 돌담에 갇혀 옴짝달싹 못 하게 된다. 지금은 갈매기가 원시 어로漁撈 유물의 주인 노릇을 한다.

독살에 갇혀 퍼덕거리는 물고기들을 낚아채 배를 채운 갈매기들은 돌 위에 앉아서 무한의 다리를 건너가는 관광객들을 바라본다. 누가 누구를 관광하는 건지 주객主客이 아리송하다. 무한의 다리 밑으로 숭어가 득실거린다. 손을 뻗으면 잡힐 듯하다. 물 빠진 독살에서도 숭어가 퍼덕거린다.

무한의 다리는 8월 8일 섬의 날을 기념해 건립했다. 숫자 '8'을 옆으로 누이면 무한대를 의미하는 ∞가 된다. 섬과 섬이 빙빙 돌며 끝없이 이어지는 연속성의 의미를 담고 있다.

조각가 박은선과 스위스 출신의 세계적인 건축가 마리오 보타Mario Botta의 협업으로 2025년에는 '인피니또 뮤지엄'(무한의 박물관)이 문을 연다. 신안군은 전시 작품으로 110여 점 이상의 미술품을 보유하고 있다. 김환

무한의 다리와 나란히 뻗은 둔장 독살. 썰물 때 물이 빠지고 나면 촘촘한 독살에 물고기들이 갇힌다.
ⓒ 신안군

기 유족에게서 받은 기증품과 사진작가 마이클 케나Michael Kenna의 사진 작품, 전남 출신으로 세계적인 활동을 하는 박은선의 조각 등이다.

자은도의 생태박물관, 양산 해변

자은도는 거센 파도와 바람의 힘으로 모래가 밀려오고 쌓이면서 바다가 메워져 뭍이 된 곳이 많다. 자은도의 지형을 바꿔 놓은 것은 대규모 간척 사업이다. 일제 강점기인 1920년경부터 한국 전쟁 후까지 주민들은 자연 퇴적으로 얕아진 곳을 둑으로 막아 논과 밭을 만들었다.

양산 해변에 가면 뮤지엄파크 경내에 심어 놓은 나무들을 보호하기 위해 대나무 바람막이를 설치해 놓았다. 그냥 두면 바람에 날려온 모래가 나무들을 묻어 버린다. 바람막이가 없는 쪽에는 모래가 쌓여 언덕이 생기는 모습을 볼 수 있다. 사람들은 이곳을 양산 사구沙丘라고 부른다. 뮤지엄

바람이 쌓아 올린 모래언덕과 그 앞에 눌러앉은 소라 조형물. ⓒ 황호택

파크에 붙어 있는 양산 해변은 자은도의 생성 과정을 실제 상황으로 보여주는 생태박물관이다.

　자은도는 갯벌 모래땅에 어울리지 않게 한자 이름이 우아하다. 사랑할 자慈, 은혜 은恩. 《삼국사기》에 따르면 신라 경덕왕(재위 742~765) 시절 당나라에 유학을 다녀온 인재들을 시켜 마한 백제의 옛 지명을 중국식 한자 지명地名으로 바꾸었다.

　어원은 《삼국지三國志》에서 유엄이 제갈량에게 "제가 술에 취해 정신이 혼미한 상태에서 커다란 실수를 했음에도 승상께서 '너그러운 마음慈恩'으로 용서해 주셔서 생명을 부지할 수가 있었습니다"라고 말한 고사에서 유래했다. 마한 백제의 순우리말 이름이 사라졌지만, 자은도란 지명을 1300년이나 써오면서 굳은살이 박이고 정이 들었다.

　자은도의 뮤지엄파크는 평일에도 관광객의 발길이 끊이지 않는다. 수석미술관, 수석 정원, 세계조개박물관, 신안자생식물원 등으로 구성됐다.

기암괴석, 나무와 분재, 시내가 어우러진 수석 정원. ⓒ 황호택

수석 정원은 7,000㎡ 부지에 3,000톤에 이르는 기암괴석과 200여 종의 야생화, 100여 종의 분재들로 경이로운 비원祕苑을 만들어 놓았다. 우아하고 깔끔하고 품격을 갖춘 정원이다.

고인돌 같은 커다란 돌을 얹은 석문石門을 지나면 눈부신 세계가 펼쳐진다. 기암괴석으로 정원석을 만들고 나무와 분재가 어우러져 구분이 힘들다. 그 사이로 시내가 흐른다. 2층 구조의 정원을 건너는 다리는 들어올 때 지났던 석문의 고인돌이다. 돌고 돌아서 같은 돌을 만난다. 수석미술관은 파도와 바람, 물이 수천 년에 걸쳐 조각한 수석 260여 점을 최신 IT 기술로 흥미롭게 안내한다. 뮤지엄파크에서는 분재유리공원, 땅콩랜드 등도 개관을 준비하고 있다.

뮤지엄파크 박물관에 전시된 조개와 고둥. ⓒ 황호택

세계유산 신안 갯벌에 들어선 조개박물관

세계 조개·고둥박물관은 환경의 지표가 된 조개와 고둥을 종과 계통별로 모은 1만 1,000여 점을 전시하고 있다. 조개류는 물 위에 떠 있을 수 없고, 갯벌이 있어야 서식할 수 있는 생물이다. 갯벌에서 정화 작용을 하면서 이산화탄소를 흡수해 껍데기를 만든다. 조개가 정상적으로 자란다는 것은 건강한 갯벌이 있다는 증거다.

2020년 전시품을 기증한 임양수 씨는 전남 완도 출신으로 완도 수산고등학교와 여수 수산대학을 졸업하고, 이등 항해사가 되어 원양어선을 탔다. 호주 인근 해상에서 조업하면서 조개류에 관심을 갖게 됐다. 선원들이 배 한쪽에 던져 놓은 고둥이나 조개들은 생물 도감에서도 못 본 것들

여인이 물구나무선 모습을 한 여인송. 배꼽이 뚜렷하게 보인다. ⓒ 황호택

이었다. 후배 선장들에게도 부탁해 남극 바다의 조개·고둥류들까지 수만 점을 모았다. 생태계의 보고 신안 갯벌은 유네스코 세계유산이다. 임 씨가 평생 모은 조개들을 전시할 최적의 장소를 찾아낸 것이다.

해넘이길 12km '대한민국 해안누리길'

뮤지엄파크 인근에는 백길해수욕장, 씨원리조트와 5성급 호텔 라마다호텔이 있다. 자은도는 해수욕장 9개와 50여 개에 이르는 해변을 지녀 '휴양의 섬'으로 불린다. 둔장해수욕장은 일몰이 아름답기로 소문난 곳이다. 자은도의 땅끝마을 한운리에서 둔장해수욕장을 거쳐 사월포까지 이어지는 길을 해넘이길이라고 불린다. 해양수산부는 2013년 자은도 해넘이길(송산-한운-둔장-두모) 12km를 '대한민국 해안누리길'로 지정했다.

백산리 분계해수욕장에는 울창한 해송군락으로 이루어진 산책로가 해변을 따라 이어져 해수욕과 산림욕을 함께 즐길 수 있다. 해송 숲은 200여 년 전에 방풍림으로 조성됐다. 해송 숲길을 걷다 보면 물구나무선 여인송松을 만나게 된다. 여인송은 연리목連理木이다. 얇은 껍질을 가진 동종의 두 나무가 물리적으로 마찰을 일으킬 만큼 가깝게 붙어 있으면 마찰과 압력을 통해 서로의 껍질이 벗겨져 접붙이가 된다. 자연적 접붙이를 통해 가지가 붙으면 연리지枝, 줄기가 붙으면 연리목木, 뿌리가 붙으면 연리근根이다. 우리나라에서는 이런 나무들을 부부애, 형제애 등 길조로 해석하는 풍습이 있다.

바닥을 드러내지 않는 자연 호수 용소

분계해수욕장 못 미쳐 백산마을 뒤편에는 1만 평가량의 호수 용소龍沼가 있다. 섬에서는 드물게 너른 자연 호수다. 이곳에는 승천을 앞둔 한 쌍의 용이 살았는데 칠산 앞바다에서 모래가 계속 밀려와 못이 자꾸만 좁아졌다. 암용이 다른 곳으로 옮기자며 계속 졸랐지만 숫용은 승천을 기다리며 버텼다. 암용은 견디다 못해 이웃에 있는 비금도 용소로 혼자 떠나가 버렸다. 아무리 가물어도 이 용소는 마르지 않고 계속 물이 나온다. 승천한 용이 못의 물을 마르지 않게 하려고 비를 내리기 때문이라고 한다. 주민들이 섬을 떠나지 않고 모래바람을 견디며 땅을 넓히고 가꾼 자은도의 역사를 상징하는 설화다. 용소는 1년 내내 바닥을 드러내지 않아 주변 대파, 땅콩 단지의 농업 용수원으로 활용되고 있다. 일제 강점기에는 일본 해군 기지가 설치돼 급수장으로 활용했다.

간척으로 생긴 갯벌 땅에서는 대파가 잘 자란다. 신안군 자은도와 임자도를 중심으로 비금도, 암태도, 증도까지 합해 5개 섬에서 전국 대파의 20~30%가 나온다. 신안은 2017년 중소벤처기업부로부터 시금치와 함께

대파 땅콩 단지의 젖줄 용소. ⓒ 황호택

대파 산업 특구로 지정됐다.

    대파는 6월에 심어 12월부터 수확한다. 대파는 생물로 판매하기 때문에 다음 해 5월까지 밭에서 뽑아 출하한다. 강원도나 경기도 같은 곳에서는 겨울에 땅이 얼어 줄기를 잡아당기면 대파가 끊어진다. 자은도는 겨울철 기온이 따뜻하고 대파밭은 모래 성분이 많은 사질토(沙質土)여서 쑥쑥 뽑힌다. 자은도·임자도에 가면 겨울에도 너른 들녘이 초록빛으로 가득하다. 신안의 대파는 잎을 꺾으면 진한 향기가 스며 나온다. 대파의 흰 부분(연백부)이 길고 탐스러워 시장에서 주부들에게 인기다.

바닷바람 받은 대파, 마늘, 땅콩이 뜬다

1kg 대파 한 단에 2,000~3,000원 이상이면 자은도 농민들은 살림이 포실해지고 1,000원대 이하로 떨어지면 한 해 농사를 망친다. 지난해에 100평 한 마지기에 밭떼기로 160만 원을 받았다. 나를 안내한 자은면사무

소 직원은 아버지가 대파 80마지기를 짓는다고 했다. 한 마지기당 160만 원씩 작년에 1억 2,800만 원의 매출을 올렸다는 계산이 나온다. 농약, 비룟값, 자재비, 인건비 등 농비로 4,000만 원이 들어갔다. 얼추 8,000만 원 이문이 남았으니 농가 수입으로는 쏠쏠한 편이다.

섬 문화는 가끔 독특한 데가 있다. 이웃 임자도에서는 200평이 한 마지기인데 자은도에서는 100평이 한 마지기다. 자은도에서 100마지기 부자가 임자도에 가면 50마지기밖에 안 되니 수학數學의 상실감이 생길 것이다. 자은도는 대파밭에서 인심이 난다. 대파값이 폭락해 인건비 운송비도 건지기 어려운 해는 수확을 안 하고 밭을 갈아엎어야 한다.

바닷바람을 받으며 갯벌 땅에서 자란 마늘, 대파, 땅콩은 자은도의 3대 농산물이다. 1950년대부터 자은도 일대에서 재배된 토종 땅콩은 일반 땅콩에 비해 알이 작지만 화학 비료를 사용하지 않은 무공해 식품이다. 바닷바람을 받으며 좋은 토질에서 자라 맛이 고소하고 담백해 소비자들의 인기를 끈다. 신안군은 땅콩랜드 조성 사업과 연계해 땅콩을 전략 관광 자원으로 키우고 있다.澤

소작 쟁의 주역들과 친일 지주의 변신
동백나무 파마머리의 암태도

암태도는 신안 다이아몬드 제도諸島의 핵심 관문이다. 자은, 장산, 신의, 하의, 도초, 비금도를 이으면 다이아몬드 모양이 돼 다이아몬드 제도라고 불린다. 서해의 보석 같은 섬들이다. 압해도와 암태도를 잇는 7.2km의 천사대교가 수문장 노릇을 한다. 천사대교를 건너면 암태도가 나온다.

    2019년 개통된 천사대교는 특이하게 현수교懸垂橋와 사장교斜張橋가 한데 연결된 교량이다. 압해도 쪽이 현수교, 암태도 쪽이 사장교. 그렇다 보니 암태도로 들어갈 때와 암태도에서 나올 때, 천사대교를 지나는 분위기가 아주 다르다. 중간에 오르막과 내리막이 있어 차량이 오르내릴 때면 신비로운 느낌마저 든다. 무언가 통과 의례를 치르는 기분이라고 할까.

동백과 파마머리의 절묘한 만남…… 매력적인 착시 효과

천사대교 건너 에로스서각박물관을 거쳐 암태도 중간쯤 들어왔다 싶으면 기동삼거리가 나온다. 이곳이 암태도에서 가장 '핫'한 사진 촬영 장소다. 동백나무 파마머리 벽화가 있는 곳으로, 평범한 가정집 담장에 인심 좋은 노부부의 얼굴이 큼지막하게 그려져 있다. 그들은 파마머리를 하고 있다.

    그런데 파마머리 정수리 쪽이 담장 위로 튀어나와 있다. 희한하다 싶어 가까이 가보면 파마머리 윗부분은 그림이 아니라 실제 애기동백나무

신안의 압해도와 암태도를 연결하는 천사대교. 현수교와 사장교가 한데 연결되어 있다. ⓒ 신안군

두 그루다. 담장 안쪽 동백나무와 담장 외벽의 파마머리를 절묘하게 연결해 매력적인 착시 효과를 이끌어 낸 것이다.

최근 20여 년 사이 통영의 동피랑, 부산 감천마을, 서울 대학로 이화마을 등 전국 곳곳의 골목과 담장에 수많은 벽화가 그려졌다. 처음에 신선했으나 지금은 보는 이를 불편하게 하는 경우가 다반사다. 의미도 맥락도 없는 내용을 상투적으로 그려 넣었기 때문이다. 게다가 조형미까지 떨어지다 보니 처음 의도와 달리 '색깔 공해'로 전락했다. 그러나 암태도의 파마머리 벽화는 다르다. 벽화에 등장하는 두 노인은 바로 그 집에서 살고 있는 노부부다. 그렇기에 이 벽화는 장소의 맥락을 제대로 살린 경우다. 여기에 파마머리와 동백나무를 연결한 것도 절묘하고 참신했다.

처음엔 할머니만 그렸다가 그 후 할아버지 얼굴도 그려 넣은 이야기, 뒤늦게 할아버지용 동백나무를 구하기 위해 애를 먹은 이야기 등 흥미로운 스토리까지 담겨 있어 보는 이를 즐겁게 한다. 세월이 흐르면 이러한 스토리가 이 벽화의 의미와 가치를 한층 더 높여 줄 것이고 암태도의 멋진 문화유산이 될 것이다.

이 벽화 가까운 곳에 '암태도 소작인항쟁기념탑'이 있다. 암태도 소작

1923~1924년 소작 쟁의를 기념하는 암태도 소작인항쟁기념탑 ⓒ 신안군

쟁의는 1923년 8월부터 1년 동안 암태도 소작농들이 친일 지주 문재철文在喆(1883~1955)과 일제에 맞서 싸워 승리한 항일 농민 운동이다. 1920년대 문재철은 소작료를 부당하게 올려 7~8할을 징수하기 시작했다. 이를 견딜 수 없었던 소작인들은 1923년 8월 추수기를 앞두고 소작 쟁의를 시작했다. 암태도 오산마을 출신 서태석徐邰晳(1884~1943)의 주도로 암태소작인회를 결성하고 문재철에게 소작료를 4할로 내릴 것을 요구했다.

문재철은 이를 거부했고 소작인들은 추수 거부와 소작료 불납 운동으로 맞섰다. 일본 경찰은 서태석 등 농민 대표를 구속했다. 그때부터는 암태도 단고리 출신 박복영朴福永(1890~1973)이 투쟁을 이끌었다. 소작인들은 더 강경하게 부딪혔다. 1차로 400명, 2차로 600명이 배를 타고 목포로 나가 목포경찰서 앞에서 수감자 석방을 요구하며 단식 투쟁을 결행했다.

아사동맹餓死同盟이라 부를 정도로 목숨을 건 치열한 투쟁이었다. 암태도 소작 쟁의가 전국적인 이슈로 부각하자 위기감을 느낀 일제는 원인 제공자인 문재철을 설득했다. 결국 문재철은 이에 굴복해 소작료를 4할로 내렸다. 소작인들의 승리였다.

항쟁기념탑은 1997년에 세워졌다. 높이 6.74m로, 비문은 소설가 송기숙宋基淑(1935~2021)이 지었다. 일제하 농민 운동 가운데 유례없이 소작인들의 승리로 이어진 암태도 소작 쟁의. 2023년 그 100주년을 맞아 송기숙의

암태도에서 가장 '핫'한 장소인 동백파마머리 벽화. ⓒ 이광표

소설《암태도》개정판이 나왔다. 1979~1980년 〈창작과비평〉에 소설《암태도》를 연재한 송기숙은 1981년 단행본으로 출간했다. 그때 송기숙은 이렇게 썼다.

> 내가 이 사건을 소설화하려고 마음먹은 것은 이 사건 자체의 극적인 발전 과정도 흥미롭거니와 반봉건적 반일적 순수한 민중 운동이 암태도라는 작은 단위의 섬에서 또 아주 밀도 있게 진행되어 민중의 의미를 관철시킨 것이 통쾌했기 때문이다. 매몰되었던 일상성에서 깨어나 자기의 삶을 찾아 몸부림치는 것은 인간의 가장 본래의 신선한 모습일 것이다.

암태도 소작 쟁의 3인 3색…… 한국 근대사의 빛과 그림자

암태도 소작인 항쟁기념탑과 동백나무 파마머리 벽화 사이에 옛 암태농협창고가 있다. 2023년 가을에 소작 쟁의 100주년 기념 전시가 열렸다. 그림을 통해 적극적으로 현실 발언을 해온 서용선 화백의 작품이 농협 창고 외벽과 내부를 장식했다. 2022년부터 수시로 이곳을 찾아와 소작 쟁의 과정을 모두 10개 장면으로 나누어 그린 것이다.

이 가운데 특히 서태석의 최후를 그린 대목이 인상적이다. 서태석은 세 차례의 수감 생활과 일제의 고문으로 인해 정신 이상이 되었다. 결국 주변의 도움도 받지 못하고 압해도에서 벼 잎을 움켜쥔 채 숨을 거두었다고 한다. 그 비극적인 최후를 그리면서 서용선 화백은 〈하늘을 보다〉라는 제목을 붙였다. 서용선은 그림 속에서 서태석의 눈을 부각했다. 부릅뜬 서태석의 눈은 결기로 가득하지만 어딘가 슬픔이 느껴진다.

이 농협 창고가 오랫동안 미곡 창고로 쓰였으니 암태도 소작 쟁의를 기억하는 데 제격이 아닐 수 없다. 한 신안군 관계자는 "이 특별전은 앞으로 상설전으로 전환되고 이곳은 암태도 소작 쟁의 기념관 역할을 하게 된

↑ 2023년 가을 암태농협창고에서 열린 암태도 소작 쟁의 100주년 기념전. 서용선 화백이 창고의 벽에 소작 쟁의 상황을 10개 장면으로 나누어 그렸다. ⓒ 이광표
↓ 소작 쟁의 기념전 가운데 서태석의 얼굴 모습. ⓒ 이광표

암태도 소작 쟁의의 주역 서태석을 기억하기 위한 추모비와 농민항쟁사적비. ⓒ 이광표

다"라고 했다. 서용선 화백이 사용했던 붓과 팔레트, 물감 등의 도구도 창고 한편에 가지런히 놓여 있다. 암태도 소작 쟁의를 기억하는 새로운 공간이 탄생한 것이다.

　암태도 소작 쟁의의 주역은 서태석과 박복영이다. 투쟁 1년 동안 전반부는 서태석이, 후반부는 박복영이 이끌었다. 그 반대편에 친일 지주 문재철이 있다. 그런데 이 3인의 삶이 흥미롭다. 서태석은 사회주의 공산주의 운동가로 나아갔으나 세 차례 투옥과 고문 후유증으로 인해 정신 이상이 되어 1943년 비극적으로 생을 마쳤다. 박복영은 임시 정부 계열 민족주의자로 활동했다. 친일 지주 문재철은 이후 학교를 세우고 대한민국 임시 정부에 독립운동 자금을 제공한 것으로 알려져 있다. 놀라운 변신이다.

　정병준 이화여대 교수는 "이들은 1920년대 전남 암태도와 목포에서 격렬하게 충돌했고, 이 시기 한국 근현대사의 주역들이 선택하는 전형적인 세 가지 길을 걸어갔다"라고 정리한 바 있다. 드라마틱한 3인 3색이다. 게다가

암태도의 작은 사찰 노만사의 바위 표면에 바짝 붙어 자라는 수령이 100여 년 된 송악. ⓒ 신안군

서로 대결하고 갈라서고 겹치는 과정을 겪었다. "이 세 사람의 삶은 지역과 시기에 따라 서로 교집합과 합집합을 만들어 냈다"라는 정 교수의 평가는 자못 의미심장하다. 이러한 양상이 우리 근현대사의 빛과 그림자를 그대로 반영하기 때문이다. 이 대목에 암태도 소작 쟁의의 또 다른 의미가 있다.

    암태도 오산마을엔 서태석의 생가터가 있고 그의 가묘假墓가 있다. 원래 이곳에 서태석의 무덤이 있었으나 2003년 독립 유공자로 인정돼 2008년 대전 현충원으로 이장되었다. 원래 자리에는 '의사 서태석 선생 추모비,' '암태도 농민항쟁사적비'가 세워져 있다.

돌담, 팽나무, 바다가 어우러져 가장 아름다운 우실

암태도에서 가장 높은 산은 해발 356m의 승봉산이다. 승봉산 등산로 가운데 추포대교가 내려다보이는 곳에 작은 사찰 노만사露滿寺가 있다. 건물은 대웅전, 칠성각 등 달랑 3채. 땀 흘리며 이곳을 찾으면 가장 먼저 세 마

리의 개가 사람을 반긴다.

노만사는 대웅전 뒷면 바위틈에서 물방울이 쉼 없이 떨어진다고 해서 이런 이름이 붙었다. 바위에 서식하는 수령이 100여 년 된 송악도 볼 만하다. 소나무가 육중한 바위 표면에 쫙 붙어 위로 뻗어 올라간다. 그 뿌리와 줄기가 바위를 뚫고 나온 것 같다. 그 생명력이 놀랍고 신비롭기만 하다. 100년 전 암태도 소작농들의 치열함을 상징하는 듯하다.

암태도 답사 여행에서 익금리 우실(마을의 울타리)도 빼놓을 수 없다. 신안의 섬 곳곳에서 우실을 만날 수 있지만 멋진 풍광으로 치면 익금리 우실이 단연 두드러진다. 1830년대 조성된 익금리 우실은 현재 북쪽 구간 40m 정도만 남아 있다. 육중하면서도 정감 넘치는 팽나무와 반듯한 돌담이 조화롭게 펼쳐져 있다. 그런데 담장 중간이 터져 출입문 같은 길이 나

매력적인 풍광을 자랑하는 익금리 우실. ⓒ 이광표

있고 그 좌우로 수령 300여 년의 육중한 팽나무들이 늘어서 있다. 그 너머로는 마늘밭과 바다가 펼쳐진다.

 햇볕 좋은 가을 어느 날 이곳을 찾았을 때, 주민 몇 명이 나와 대화를 나누고 있었다. 나도 슬쩍 대화에 끼었다. 육지 얘기와 섬 얘기, 목포 얘기와 신안 얘기 등을 나누던 중 한 분이 "여기 경치가 너무 좋으니 바닷가까지 꼭 산책하고 가라"라고 했다. 우실을 끼고 천천히 바닷가를 돌았다. 우실에서 내려다본 바다도 좋았고, 바닷가에서 올려다본 우실도 좋았다. 바닷바람을 타고 마늘 냄새가 코끝으로 밀려왔다. 암태도의 냄새라고 할까. 100년 전 소작 쟁의의 뜨거웠던 외침도 바닷바람에 뒤섞여 아련하게 들려오는 듯하다.*

# 참척의 슬픔을 이겨낸 이순신
정유재란 승리의 교두보, 팔금도

신안의 팔금도는 암태도와 안좌도 사이에 있다. 암태도에서 중앙대교를 건너면 팔금도다. 다리를 건너자마자 왼편으로 철쭉공원과 옐로우섬 표석이 잇달아 보인다. 봄이 되면 철쭉공원에 철쭉이 피고, 옐로우섬 표석 주변은 유채꽃이 넘쳐난다. 유채꽃 단지에선 매년 4월 유채꽃 축제가 열린다.

팔금도의 이순신

철쭉공원엔 군영소 표석이 세워졌다. 여기엔 '軍營所 丁酉 十月 李舜臣 一心'(군영소 정유시월 이순신 일심)이라는 문구가 새겨져 있다. 충무공 이순신의 친필을 집자集字하여 새긴 것이다. 이순신과 팔금도의 인연은 1597년 정유년 10월(음력)로 거슬러 올라간다.

    1597년 9월, 삼도수군통제사 이순신은 거의 궤멸한 조선 수군을 재건해 명량대첩의 승리를 이뤄냈다. 대첩 직후 이순신은 곧바로 명량에서 빠져나와 군선을 수리하고 전투를 준비할 수 있는 새로운 수군 기지를 물색했다. 당사도, 어의도, 칠산 앞바다, 법성포, 홍농, 위도, 고군산도까지 북상했다.

    다시 옥구, 변산, 법성포, 어의도로 남하했다. 그리고 10월 11일 발음

매년 4월 열리는 팔금도의 유채꽃 축제. ⓒ 신안군

도發音島에 도착해 10월 29일까지 머물렀다. 이어 고하도로 옮겨 108일 동안 머물렀고 다시 고금도로 기지를 옮겼다. 고금도에서 수군 전력을 회복한 이순신은 1598년 11월 노량해전을 승전으로 이끌었다. 당시 발음도에서 쓴 《난중일기》를 보자.

> 안편발음도安便發音島에 도착하니 바람이 순하고 날씨도 화창했다. 배에서 내려서 제일 높은 산봉우리에 올라가 배를 감추어 둘 만한 곳을 살펴보았다. 동쪽은 앞에 섬이 있어 멀리 바라볼 수 없지만 북쪽으로는 나주와 영암의 월출산까지 터졌고 서쪽으로는 비금도까지 통하여 눈앞이 시원하였다. (1597년 10월 11일)

> 새벽 두 시쯤 꿈을 꾸었다. 내가 말을 타고 언덕 위로 가는데, 말이 발을 헛디뎌 냇물 가운데로 떨어졌으나 쓰러지지는 않았다. 막내아들 면葂이 끌어안은 것 같았는데 그러다 잠에서 깨었다. 이게 무슨 징조인지 모르겠다. …… 저녁에 천안에서 온 어떤 사람이 집안 편지를 전했다. 편지를 뜯기도 전에 뼈와

이순신 군영소 표석. 이순신의 글씨를 집자해 2017년 만들었다. ⓒ 팔금면

살이 떨리고 정신이 아찔하고 어지러웠다. 대충 겉봉을 뜯고 열(둘째 아들)의 편지를 보니, '통곡慟哭' 두 글자가 씌어 있어 면이 전사했음을 짐작했다. 어느새 간담이 떨어져 목 놓아 통곡하였다. 하늘은 어찌 이다지도 인자하지 못하는고. …… 내가 죽고 네가 사는 것이 이치이거늘 네가 죽고 내가 사니, 이런 어그러진 이치가 어디 있는가. 천지가 캄캄하고 해조차 빛이 변했구나. 슬프고 슬프다, 내 아들아! 나를 버리고 어디로 갔느냐. (1597년 10월 14일)

내일이 막내의 죽음을 들은 지 나흘째가 된다. 마음 놓고 통곡할 수도 없어, 군영 안에 있는 강막지의 집으로 갔다. (1597년 10월 16일)

발음도에 머무는 동안 이순신은 막내아들의 전사 소식을 들었다. 청천벽력 같은 충격이었지만 전쟁터의 지휘관이었기에 마음 놓고 슬퍼할 수 없었다. 와중에 이순신은 발음도에 사는 강막지라는 사람의 집에 가서 참았던 눈물을 쏟아냈다.

《난중일기》에는 강막지라는 인물이 네 차례 등장한다. 강막지는 발

음도 지역의 방위에 참여하는 토착민으로, 소를 많이 길렀다. 이순신이 그의 집에 열흘 정도 기거한 것으로 보아 강막지는 통제사 이순신이 참척의 슬픔을 이겨내는 데 물심양면으로 도움을 준 듯하다.

그런데 발음도가 어느 섬인지를 놓고 논란이 있었다. 장산도, 안창도(안좌도), 소안도라는 견해들이 있었다. 그러나 2010년대 이후 최근에는 팔금도라는 견해가 유력하게 부각했다. 《난중일기》의 내용과 지형상 가장 일치하고 실제 전투를 준비하는 데 가장 효율적인 곳이 팔금도라는 견해다.

한 발 더 나가 강막지가 팔금도의 유력한 토착민 출신이라는 연구 결과(정현창·김병인, 〈발음도와 팔금도·장산도 그리고 강막지〉, 2018)도 나왔다. 연구자들은 발음도 후보로 거론되는 섬 지역에서 강 씨의 입도入島 내력을 추적했다. 그 결과 정유재란 당시 강 씨는 팔금도에서만 살고 있었다는 사실을 밝혔다. 이러한 연구 등에 힘입어 최근엔 '발음도=팔금도'라는 견해가 지배적이다.

이런 분위기를 반영해 2017년 팔금도 철쭉공원에 군영소 표석을 설치한 것이다. 팔금도의 주민들 사이에 전해 오는 이야기와 여러 고증을 토대로 중앙대교 남단인 팔금도 북쪽 해안(철쭉공원)이 이순신 군영이 위치했던 곳으로 추정했다.

팔금도에 머물렀던 기간은 이순신의 생애에서 가장 슬프고 가장 힘겨운 시기였다. 그러나 비통함은 끝내 무서운 힘이 되어 노량해전 승리의 밑거름이 되었다. 어쩌면 이순신의 생애와 임진왜란·정유재란의 흐름에서 가장 결정적인 순간이었을지도 모른다. 김한민 감독의 영화 〈노량〉(2023)에서 이순신이 막내아들 꿈을 꾸는 장면이 나오는 것도 같은 맥락이다.

아비 이순신을 이해할 수 있는 곳

군영소 표석을 지나고 유채꽃 단지를 지나면 선학산 정상의 채일봉(159m)

으로 가는 길이 나온다. 채일봉은 팔금도에서 가장 높은 봉우리. 주변 지형을 살피기 위해 이순신이 올랐던 바로 그곳이다.

채일봉 전망대에 오르면 주변이 한눈에 다 들어온다. 〈난중일기〉 기록 그대로 동쪽은 섬들로 시야가 가리고 서쪽과 북쪽으로는 탁 트였다. 거기 많은 섬이 어울리면서 멋진 다도해 풍광을 연출한다. 하지만 정유년 팔금도의 이순신을 생각하니 아름다운 섬들이 무겁게 다가온다.

채일봉에서 서쪽으로 내려오면 서근 등대 가는 길로 이어진다. 그 길은 고즈넉하다. 민가가 나오고 논밭이 나온다. 야트막한 고개를 넘어가면 해변 풍광이 펼쳐지고 철쭉이 핀 해변 길을 따라가면 아담한 등대가 나온다.

1969년 세워진 자그마한 무인 등대다. 이곳은 암태도와 추포도 사이의 좁은 해협으로, 목포~흑산도를 오가는 선박들의 지름길이다. 그래서 더더욱 요긴한 등대라고 할 수 있다. 등대 바로 옆 가파른 해변의 검은 바위들도 매력적이다.

이순신은 군영에서 강막지의 집과 채일봉을 오갔다. 그리고 좀 더 들어가 서근등대쪽 바닷가까지 둘러보지 않았을까. 그렇다면 군영소 표석~채일봉 전망대~서근 등대 구간은 이순신의 중요한 유적이 아닐 수 없다. '이순신의 길'이라 불러도 좋을 것 같다.

우리가 이순신을 기억하는 데 승전의 현장도 중요하지만 통곡의 현장도 중요하다. 막내아들의 비보를 접하고 하늘이 무너지듯 피를 토했던 곳, 어쩌면 인간 이순신, 전장에 나간 아비로서의 이순신을 이해하는 데 이보다 더 의미 있고 감동적인 곳은 없을 것이다.

최하림 시의 태생은 바다

채일봉 등산로 입구와 유채꽃 단지 사이의 원산리에 시인 최하림(1939~2010)의 생가가 있다. 최하림은 20세기 후반 순결하고 투명하게 자유

신안군 암태도와 팔금도를 잇는 중앙대교 남단(팔금도 북쪽)에는 철쭉공원이 조성되어 있다. 철쭉공원 북쪽의 해안에는 1597년 10월 삼도수군통제사 이순신 장군의 군영이 18일 동안 설치되어 있었다.
ⓒ 신안군

↑ 팔금도에서 가장 높은 선학산 채일봉의 전망대. ⓒ 신안군
↓ 채일봉에서 바라본 소마진도, 안좌도 방면의 남쪽 풍경. 1597년 10월 이순신은 채일봉에 올라 주변 지형을 살펴보면서 앞으로의 전략을 구상했다. ⓒ 신안군

팔금도의 서근 등대. ⓒ 신안군

와 정의를 노래한 시인이었다. 최하림은 7권의 시집을 냈지만 팔금도를 소재로 한 시를 쓰지는 않았다. 그렇지만 그의 시 정신은 팔금도 원산리의 맑은 풍경과 바다의 원초적 생명력과 아버지의 죽음에 뿌리를 내리고 있다고 전문가들은 평가한다.

최하림이 열 살이던 1949년 아버지는 세상을 떠났다. 아버지의 나이 불과 33세. 최하림은 특히 아버지를 지키지 못한 죄책감에 시달렸다고 한다. 6·25 전쟁이 발발하던 1950년 가족들과 함께 목포로 옮겼다. 목포로 나간 최하림은 본격적으로 문청文靑의 꿈을 키웠다. 대학에 진학한 이후인 1962년 평론가 김현(진도 출신), 소설가 김승옥(순천고 졸업) 등과 함께 〈산문시대〉 동인을 결성해 한국 문단에 새로운 바람을 일으켰다. 특히 진도 출신의 김현과는 서울과 목포를 오가며 문학적인 교류를 이어갔다. 최하림은 1964년 〈조선일보〉 신춘문예에 당선되었다. 당선작인 〈빈약한 올페의 회

시인 최하림의 팔금도 원산리 생가. 주인이 여러 차례 바뀌고 수리가 이뤄져 원래 모습을 유지하고 있지는 않다. ⓒ 이광표

상》의 한 대목을 보아도 최하림 시의 태생은 바다라고 할 수 있다.

아아 무슨 근거로 물결을 출렁이며 아주 끝나거나 싸늘한/바다로 나아가고자 했을까 나아가고자 했을까/기계가 의식의 잠 속을 우는 허다한 허다한 항구여/수없이 작별하고 수없이 만나는 선박들이여

최하림이 세상을 떠나고 11년이 지난 2021년, 시인 황지우, 박형준 등이 최하림을 기억하기 위해 모였다. 최하림연구회를 발족하고 《최하림 다시 읽기》를 출간했다. 아울러 신안군과 함께 최하림 문학제를 개최했다. 그 무렵 신안군은 최하림 생가와 주변 공간(농협 창고)을 활용해 최하림 시 문학관을 조성하고 시비를 건립하기로 했다. 현재 생가 옆 농협 창고는 신안군이 매입했지만 구체적인 방안을 마련하지 못한 채 그 상태에 머물러

고즈넉한 분위기의 팔금 읍리 3층석탑(고려 초). ⓒ 이광표

있다.

　박상철(76) 원산마을 이장은 최하림 문학 공간 조성 사업의 진척이 늦어져 답답하다. "유채꽃 축제가 열리면 최하림의 시를 행사장에 전시하는데 사람들이 좋아합니다. 최하림 문학 공간을 좀 더 적극적으로 추진했으면 좋겠습니다." 그런데 지금 최하림 생가는 원래 모습이 아니다. 최하림 가족이 목포로 떠나고 난 뒤 주인이 바뀌면서 여러 차례 대대적인 수리가 이뤄졌기 때문이다.

　팔금도에서 읍리 3층석탑도 빠뜨리지 말아야 한다. 고려 초의 석탑으로 원래는 5층이었는데 현재는 3층만 남아 있다. 단정하고 소박한 모습이지만 거기 1000년 세월의 흔적이 느껴진다. 그 담백함이 팔금도와 잘 어울린다.

신안의 섬들, 김환기 추상화의 점이 되다
한국 미술 최고가 132억 원, 김환기 미학의 산실 안좌도

최근 국내 미술 시장에서 가장 비싸게 팔리는 작품은 단연 수화 김환기樹話 金煥基(1913~1974)의 그림이다. 그 흐름은 2000년대 중반 무렵 시작되었다. 2007년 미술품 경매에서 〈15-Ⅶ-72 #305〉이 10억 1,000만 원에, 〈항아리〉가 12억 5,000만 원에, 〈꽃과 항아리〉가 30억 5,000만 원에 낙찰되었다. 2010년대 들어 김환기의 기세는 더욱 두드러졌다.

2015년 〈19-Ⅶ-71 #209〉가 47억 2,000만 원으로 국내 미술품 경매 최고가 신기록을 작성하더니 그 기록을 계속 갈아치웠다. 2016년 〈무제 27-Ⅶ-72 #228〉 54억 원, 2016년 〈12-Ⅴ-70 #172〉 63억 3,000만 원, 2017년 〈고요 5-Ⅳ-73 #310〉 65억 5,000만 원, 2018년 〈3-Ⅱ-72 #220〉 85억 3,000만 원……. 경이적인 고공행진은 급기야 2019년 〈우주 5-Ⅳ-71 #200〉 132억 원(크리스티 홍콩 경매)으로 이어졌다.

국내외 경매를 통틀어 한국 미술품 최고가 신기록을 세운 것이다. 엄청난 가격에 팔린 작품들은 대부분 김환기가 뉴욕 시절(1969~1974)에 그린 '점 추상화'들이다. 그렇다면 김환기에게 점은 무엇일까.

바다를 보며 미술을 꿈꾼 천석꾼 아들

목포에서 차를 타고 신안의 안좌도로 들어간다. 압해도, 암태도, 팔금도

김환기 고향인 안좌면 읍동리 일대의 푸른색 지붕들. 김환기 그림의 푸른 색조를 반영한 것이다. ⓒ 신안군

를 지나면 안좌도 길목에 보라색 다리(신안 제1교)가 나타난다. 안좌도 남쪽 끝자락에 퍼플섬인 반월도와 박지도가 있음을 미리 안내하는 것이리라.

보랏빛 다리를 지나 조금 더 들어가 읍동리에 다다를 즈음, 푸른색 지붕이 하나둘 나타난다. 안좌면사무소, 안좌초등학교 안내판이 나오고 읍동사거리에 이르면 시야에 푸른색이 넘친다. 바다의 푸른 냄새가 밀려오는 듯하다. 푸른빛의 화가 김환기의 고향은 이렇게 우리를 맞이한다.

김환기는 1913년 안좌도의 읍동리에서 천석꾼 부잣집 아들로 태어났다. 그가 태어날 때 읍동은 기좌도였다. 안좌도는 원래 안창도와 기좌도로 나뉘어 있었다. 그 두 섬 사이를 매립하면서 하나의 섬이 되었고 이름은 안좌도로 바뀌었다.

김환기 집안은 1910년대에 이미 부농이었고 선박 회사를 운영하면서 육지 운송업도 하고 있었다. 특히 안창도와 기좌도를 연결하는 연륙 제방 공사와 간척 사업, 읍동 저수지 축조 공사를 맡아 넓은 땅과 재력을 축적하게 되었다.

김환기는 안좌공립보통학교(안좌초등학교)를 졸업하고 1927년 상경해 중동중학교에 입학했으나 곧 중퇴하고 고향에 내려왔다. 1931년 일본 도쿄東京로 떠나 니시키시로錦城중학교에 들어갔다. 이듬해 20세의 김환기는 고향으로 잠시 돌아와 부모가 정해 준 여성과 혼례를 치렀다. 강요에 의한 결혼은 만족스러울 수 없었고 오히려 미술에 대한 열망은 더 커졌다.

1933년 김환기는 아버지 몰래 도쿄로 건너가 닛폰日本대학 예술부에 입학했다. 서양 미술을 공부하며 창작에 매진한 김환기는 1937년 귀국해 서울과 신안을 오가며 미술 활동을 이어갔다. 1942년 김환기는 부인과 헤어지고 안좌도를 떠났다. 고향을 떠나면서 집을 팔았고 소작농들에게 자신의 논밭 모두를 분배해 주었다. 집안에서 운영하던 서당은 안좌초등학교 교사들의 사택으로 제공했다고 한다.

서울 생활을 하던 김환기는 엘리트 신여성 김향안金鄕岸(1916~2004)을 만나 1944년 재혼했다. 김향안의 본명은 변동림卞東琳이었다. 변동림은 1936년 시인 이상李箱(본명 김해경, 1910~1937)과 결혼했지만, 이상의 갑작스러운 일본행과 죽음으로 혼자가 된 형편이었다. 변동림은 김환기와 결혼한 뒤 이름을 김향안으로 바꾸었다. 6·25 전쟁 이후 김환기는 서양 미술의 본고장 프랑스를 꿈꾸기 시작했다. 아내 김향안은 그 꿈을 실현하게 해 주고 싶었다. 김향안의 열정적인 지원에 힘입어 김환기는 파리에서 미술 활동을 할 수 있었고 파리 시절을 거쳐 뉴욕으로 건너가 그곳에서 점 추상

전남 신안 안좌도의 김환기 고택. 1920년대 백두산 소나무로 지은 근대식 한옥이다. ⓒ 신안군

화를 탄생시켰다.

　신안 안좌도의 읍동리 955번지에는 김환기의 옛집이 있다. 읍동사거리에서 살짝 경사진 길을 따라 5분 정도 걸어가면 고택이 나온다. 현재 안채와 화실만 전해 오는데 안채는 국가민속문화유산으로 지정되어 있다. 정면 6칸, 측면 3칸에 ㄱ자형인 이 고택은 1926년 지어진 근대 개량 한옥. 건물에 사용된 목재는 배편으로 백두산에서 운반해 왔다. 김환기 집안의 경제력을 넉넉히 짐작게 하는 대목이다. 그래서인지 집은 견고하고 반듯한 분위기다.

　고택의 대문 입구 석축에는 고인돌 같은 커다란 바위가 떡 하니 박혀 있다. 그 모습이 거북을 닮았다고 거북돌이라고 부르기도 한다. 집 마당 입구에 이렇게 커다란 바위가 박혀 있다니, 그 자체만으로도 범상치 않은 일이다. 김환기는 이 바위에 앉아 바다를 내다보며 스케치했다고 한다.

　안채 오른편에는 화실이 있다. 이곳은 원래 김환기 집안에서 세운 서

김환기 고택 옆에 있는 화실 내부. 마을 주민들과 아이들이 그린 김환기풍의 그림들이 전시되어 있다.
ⓒ 이광표

당이었다. 현재 동네 주민들과 아이들의 그림을 전시해 놓고 '환기마을예술가들'이란 글씨를 써 붙였다. 김환기풍으로 그린 초보 작품들이지만 김환기에 대한 안좌도 사람들의 경외심을 느낄 수 있다.

푸른색 지붕으로 물든 김환기의 고향

고택 앞쪽 길 건너편에는 공터가 있고 거기에 마을 주민들의 공간이 있다. 분재와 식물들을 가꾸는 비닐하우스다. 여기 들어서면 초입에 김환기 고택 사진과 자그마한 백자 달항아리 하나가 전시되어 있다. 김환기는 엄청난 백자 마니아였다. 일본 유학을 마치고 돌아와 서울에서 생활하던 1940년대 후반~1950년대 전반, 그는 백자에 흠뻑 취해 살았다. 당시 그의 그림에 백자가 빈번하게 등장한 것도 이 때문이다. 그런 백자 달항아리를 김환기 고택 앞에서 만난다는 것은 예상치 못한 즐거움이다.

김환기 고택 앞 비닐하우스. 주민들은 이곳에 김환기 고택 사진, 김환기가 사랑했던 백자 달항아리를 전시해 놓았다. ⓒ 이광표

　이 비닐하우스엔 문화관광해설사 임동수(林東洙) 씨가 있다. 그는 김환기 급의 멋진 패션과 구수하고 매력적인 입담으로 방문객들을 맞이한다. 임 씨 가이드의 핵심 포인트는 '고택 뒷길' 답사다. 안좌도에서 김환기 미술을 제대로 느끼려면 고택 뒷길로 올라가 봐야 하기 때문이다. 고택 옆의 야트막한 고샅길 오르막을 오르면 고즈넉한 돌담 길이 나타난다. 이 돌담 길에 서면 고택 지붕 너머로 바다가 한눈에 들어온다. 섬들이 점점이 다가온다.

　고택 맞은편 길 건너엔 야트막한 안산이 있다. 김환기는 저 안산에서도 바다와 섬들을 내려다보면서 그림을 그렸다. 바다와 섬은 김환기 예술의 자양분이었고 중요한 소재였다. 그 흔적의 하나가 바로 고택 뒤 돌담 길이다. 어린 시절 김환기의 눈에 들어온 저 섬들은 훗날 이국 땅 뉴욕에서 하나의 점이 되었다. 지금 이곳에 오르면 저 섬들뿐만 아니라 푸른 지

안좌면 읍동리의 마을 표석. 김환기의 초기작 〈론도〉(1938)의 그림을 넣어 디자인했다. ⓒ 이광표

붕의 점들도 함께 펼쳐진다.

임 씨에게 "김환기와 관련해 고택 외에 더 가볼 만한 곳을 알려달라"라고 부탁하자, 그는 다채로운 정보를 줄줄이 알려준다. 김환기 그림을 활용한 마을 표석. 농협창고 외벽에 그려놓은 김환기 그림들, 새와 사슴 등 김환기 그림 속 동물을 형상화한 조형물……. 임 씨의 설명을 잘 되새기며 김환기 그림이 들어 있는 읍동리, 남강리, 마등리, 남향리, 향목리의 마을 표석을 찾아다녔다.

그 재미가 쏠쏠했다. 이 가운데 읍동리 표석엔 김환기의 초기 추상화인 〈론도〉를 디자인해 넣었다. 1938년 작품인 〈론도〉는 음악적 리듬감을 시각적으로 구현한 수작이다. 근대 회화로서의 예술적 가치를 인정받아 2013년 국가등록문화유산으로 지정되었다. 비교적 덜 대중적인 작품을 마을 표석에 과감하게 활용했다는 점이 돋보인다.

안좌도 여객 터미널과 한 펜션 앞에 설치한 김환기 그림 속 사슴 모습

안좌도 여객 터미널 인근 농협 창고 외벽에 그려 놓은 김환기 작품. ⓒ 이광표

의 조형물, 여객 터미널 건물과 인근 농협 창고에 그려 놓은 김환기 작품들, 퍼플섬 가는 갈림길 한국전력 건물에 그려 놓은 김환기 그림들. 안좌초등학교 바로 옆 읍동사거리의 작은 공원에는 김환기 그림에 등장하는 반半추상 새 모양의 조형물도 높게 세워져 있다.

국내 첫 플로팅 뮤지엄의 탄생

김환기 고택 옆의 고개를 넘어가면 신촌저수지가 나온다. 김환기 고택에서 승용차로 1~2분, 걸어서 5~10분 남짓. 신안군은 현재 이곳에 김환기 미술을 기념하기 위한 플로팅 뮤지엄Floating Museum을 건설 중이다. 콘크리트 부잔교浮棧橋를 이용해 건물을 저수지에 띄우는 방식이다. 육면체 형태의 전시실과 사무실 등 7개 동으로 구성된다. 육면체 형태의 건물들은 바다에 떠 있는 수많은 섬과 네모난 모양의 천일염을 상징한다. 현재 육면체 건물 공사가 마무리되었고 이르면 2024년 말 개관할 예정이다.

플로팅 뮤지엄 공사의 2024년 상황. ⓒ 이광표

김환기는 1962년 〈고향의 봄〉이란 글을 썼다.

내 고향은 전남 기좌도. 고향 우리 집 문간을 나서면 바다 건너 동쪽으로 목포 유달산이 보인다. 목포항에서 백마력 똑딱선을 타고 호수 같은 바다를 건너서 두 시간이면 닿는 섬이다. 그저 꿈 같은 섬이요, 꿈속 같은 내 고향이다. …… 순하디 순한 마을 안산에는 아름드리 청송이 숨막히도록 총총히 들어차 있고……

한국 근현대미술사에서 김환기의 작품은 거래가뿐만 아니라 완성도와 미학의 측면에서 단연 두드러진다. 그의 그림에선 동양과 서양이 만나고 구상과 추상이 어우러진다. 인간 존재에 관한 철학적 탐구가 담겨 있다. 무수한 점은 인간이고 생명이고 별이고 우주다. 대단히 성찰적이고 지적이면서 무언가 짙은 그리움을 자아낸다.

그 점이 안좌도의 섬이기 때문이다. 그렇기에 김환기 예술을 온전히 만나려면 안좌도에 가야 한다. 안좌도, 그곳에 섬이 있고 삶이 있고 예술

오래된 팽나무들이 멋지게 늘어선 안좌도 대리마을의 우실. ⓒ 이광표

이 있다.

안좌도에는 화석광물박물관, 대리 우실 등 더 들러볼 곳이 있다. 폐교한 초등학교 건물에 2019년 들어선 화석광물박물관에선 4,000여 점의 화석과 광물을 만날 수 있다. 신안 출신 박윤철 씨가 평생 모아 기증한 것으로, 광물의 아름다움에 탐닉해 볼 수 있는 곳이다.

대리 우실과 팽나무도 빼놓을 수 없다. 신안 지역에서 우실은 울타리라는 뜻으로, 숲이나 돌담으로 되어 있다. 바닷바람을 막아 주는 방풍림 역할을 하면서 액운을 막아 내는 상징적·종교적 의미도 지니고 있다. 대리마을 우실은 팽나무 60여 그루가 300m 정도 길게 줄지어 선 모습이다. 이 가운데 10그루는 수령 350여 년 된 보호수다. 대개 우실은 약간 높은 곳에 자리하고 있어 멀리서도 눈에 잘 들어온다. 오래된 팽나무들이 어깨동무하듯 줄지어 선 모습은 정겹고 아름답다. 김환기 추상화 속, 줄지어 선 점들이라고 할까.[책]

 # 라벤더가 지천인 보랏빛 성지

형제섬 박지도와 반월도

보랏빛이 통행증

천사대교를 달리다 보면 7km 교량 양쪽으로 다도해의 섬들이 올망졸망 솟아 있다. 2019년 천사대교가 개통되면서 배로 다니던 암태도, 자은도, 팔금도, 안좌도가 차로 갈 수 있는 섬이 됐다. 조상 때부터 육지와 떨어져 살던 섬사람들은 연륙連陸을 천지개벽이라고 부른다.

  안좌도의 끝자락 두리 선착장에 다다르면 보랏빛 목교가 나타난다. 안좌도와 반월도, 박지도, 세 개의 섬이 1.8km 데크로 연결돼 있다. 섬에서 섬으로 여행하는 바다 위 트레킹 코스. 다리 아래로는 숭어가 무리를 지어 유영한다. 앞에서 아이의 손을 잡고 가던 엄마가 "바닷속의 숭어는 그림의 떡"이라며 "숭어회가 먹고 싶다"라고 말했다.

  퍼플교를 건너면 보랏빛 천국이다. 마을 지붕부터 다리, 둘레길, 전화부스, 식당 그릇까지 보랏빛 일색이다. 보랏빛이 통행증을 대신한다. 보라색 우산을 받쳐 들고 보라색 옷을 입으면 입장료도 받지 않는다. 한국을 K팝의 성지로 만든 방탄소년단(BTS)도 상징색이 보라색이다. 보라색의 원조가 누구인지는 따지기 어렵다. BTS는 2016년 보라색을 쓰기 시작했지만, 신안군이 퍼플섬 사업을 시작한 것은 2015년 전라남도가 '가고 싶은 섬' 사업에 박지도와 반월도를 선정하면서부터다.

퍼플교는 여름 주말에는 밤 10시까지 야간 개장을 한다. 보랏빛 야경이 화려하다. ⓒ신안군

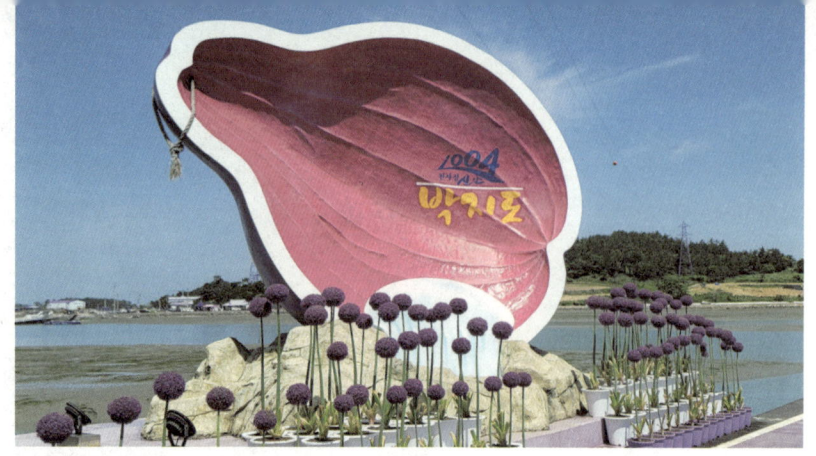

박지도 입구에 세워진 박 모양의 표지박(석). ⓒ 황호택

　박지도와 반월도에는 원래 보라색 도라지 군락과 꿀풀이 곳곳에 자생하고 있었다. 신안군은 박지도와 반월도 마을의 지붕을 보라색으로 칠하고 임야에 라벤더, 아스타 등 보라색 꽃을 심었다. 나무로 만든 다리와 해안 산책로, 창고의 벽, 주민들의 옷과 식기 및 커피잔까지 보라색으로 물들였다. 쇠락해 가던 섬에 활력이 생겨났다. 섬을 띄우는데 컬러 마케팅이 성공한 사례로 로이터통신, CNN 등 해외 언론에 크게 보도됐다.

　반월도~박지도(915m), 박지도~안좌도(547m)를 연결하는 퍼플교에 이어 안좌도~반월도(380m)를 잇는 문브리지가 2020년 완성됐다. 문브리지는 평시에는 해상 보행교로 쓰이다가 화물을 싣는 페리호가 드나들 때만 좌우로 열리는 이색적인 장면을 연출한다. 보라색 다리는 조명이 은은하게 켜진 밤에 더 환상적이다.

　박지도와 반월도는 안좌도에 딸린 새끼 섬이다. 반월도는 섬의 형태가 사방 어느 곳에서 보더라도 반달 모양이다. 박지도는 박씨가 처음 들어와 살았다고 하여 박지도라 부르게 되었다. 섬의 지형이 박 모양이라 하여 바기섬 또는 배기섬이라고도 불린다.

　퍼플교를 건너 박지도로 들어서면 입구에 바가지 모양의 표지박(석)이 눈길을 끈다. 보라색 알리움 50여 주가 표지박을 옹위하는 모습이 깜찍하다. 알리움은 1~2m 꽃대 위에 커다란 막대사탕처럼 공 모양의 둥근 꽃이 달려 있다. 길가에는 목이 긴 보라색 꽃 버들마편초가 하늘거린다.

해마다 5월이면 박지도에 라벤더 정원을 보러 관광객들이 밀려든다. 전동 카트를 운전하는 보라색 제복의 기사는 평일에는 하루 3,000명, 주말에는 1만 명씩 찾아온다고 말했다. 신안군 관광진흥과 직원들이 라벤더 정원에 텐트를 쳐놓고 관광객들에게 라벤더 향과 자색 고구마, 천일염을 섞은 가루로 발 마사지를 해 주었다. 라벤더 정원을 찍은 사진을 보여주면 요금은 무료다. 박지도 사람들도 축제 일꾼으로 나섰다. 박지도에서 라벤더 축제가 끝나고 8~11월이면 보라색 국화 아스터 축제가 열린다.

박지도 입구에서 산길을 20분 정도 올라가면 900년 된 우물과 주민들이 당제를 지내던 박지당이 나온다. 박지당은 숲으로 싸여 있고 그 안에 돌담이 둘러져 있었다. 돌담 안에 큰 당산나무와 돌 제단이 있었다. 마을 주민들은 정월 대보름이면 어린 송아지를 잡아 놓고 당숲에서 마을의 안녕과 질병 퇴치를 빌었다. 당제가 끝나면 송아지 고기와 제물을 갖고 내려와 마을에서 음복飮福을 했다. 900년 우물 가까이에 오래된 절터도 있는데 절에서 쓰던 우물 같다.

퍼플교가 생기기 전에는 세 개의 섬을 잇는 노두 길이 있었다. 바닷물이 빠져 갯벌이 드러나는 썰물 때만 통행할 수 있었다. 물이 차면 노두 길은 바닷속으로 사라지고 배로 건널 수밖에 없었다. 1950년대부터 목포와 박지도, 반월도를 왕래하던 여객선은 배의 속도가 느리고 이곳저곳 중간 기착해 하루에 편도만 가능했다. 여객선이 두리 선착장 인근에 오면 승객들은 종선從船으로 갈아타고 선착장에 내렸다. 풍랑이 일면 배가 끊겼다.

군수가 박지도 마을을 찾았을 때 토박이 할머니들에게 소원을 물었더니 김매금 할머니가 "배를 타지 않고 걸어서 섬 밖으로 나가 보고 싶다.

목포까지 걸어서 가고 싶다"라고 말했다. 퍼플교와 천사대교 개통으로 배를 타지 않고 목포까지 가 보는 할머니들의 소원이 이루어졌다는 뜻에서 퍼플교는 '천사의 다리'라고도 불린다.

비련의 중노두 전설

바닷물이 빠져나가면 반월도와 박지도 사이에 갯벌이 드러난다. 중노두

'아름다운 숲'으로 선정된 반월마을 당숲. ⓒ신안군

는 박지도와 반월도 사이에 놓인 노두 길이다. 스님과 비구니의 슬프고 아름다운 전설이 서려 있다.

　박지도의 절에는 젊은 남자 스님이, 반월도의 절에는 비구니가 살았다. 박지도의 스님이 반월도의 비구니를 사모했지만, 바다에 가로막혀 오갈 수가 없었다. 스님은 망태에 돌을 담아와 갯벌 위에 징검다리를 놓기 시작했다. 밀물에는 건널 수 없지만 물이 빠지는 썰물 때면 건널 수 있는 노두 길이었다. 반월의 비구니도 맞은편에서 노두 길 공사를 시작해 돌을 날랐다.

오랜 세월이 흘러 중노두가 완성되던 날 두 사람은 노두 한가운데서 만나 하염없이 눈물을 쏟았다. 평생 그리움이 사무쳐 두 사람은 누가 먼저랄 것도 없이 부둥켜안고 있다가 밀물이 들어오는 줄도 몰랐다. 그러다 노두 돌이 물에 잠기면서 되돌아갈 수 없게 되었다. 둘은 한 몸이 되어 파도에 휩쓸려 나갔다. 평생의 기다림 끝에 활짝 타오른 비련의 불꽃 만남이었다.

박지도 해안 산책로를 걷다 보면 이 노두 길을 볼 수 있다. 밀물이 들어오면 돌의 머리만 살짝 보이지만 썰물 때는 중노두의 원형이 드러난다. 박지도는 반월도에 비해 농토가 넓고 비옥해 주민들이 어업보다는 농업에 더 많이 종사했다.

안좌도 출신인 김환기 화백의 부친 김상현은 천석꾼 대지주였다. 김화백은 아버지의 부에 힘입어 일본 유학을 가고 예술에 전념할 수 있었다. 1916년 작성된 지적원도에는 58필지가 김상현 소유의 땅으로 올라 있다. 천석꾼 땅을 밟지 않고서는 박지도를 지나갈 수 없었다. 김상현의 박지도 마름 장인평은 백마를 타고 다녔으며 박지도에서 제일 큰 7칸 집에 살았다. 1932년에 지어진 7칸 집은 폐가가 됐지만 돌담은 그대로 남아 있다.

반월도와 박지도는 1km 떨어진 형제섬. 반달 모양으로 생긴 반월도가 형이다. 반월도와 박지도는 섬 둘레에 아름다운 바다를 따라 해안 산책로가 조성돼 있다. 반월도는 면적이 넓고 어깨산이라 불리는 주봉(210m)이 박지도 당산(130m)보다 높다.

반월마을 입구에 수령이 300~400년 되는 느릅나무, 팽나무, 후박나무, 동백나무와 송악 마삭줄 등 난대 수종으로 이루어진 당숲 우실이 있다. 600여 년 전 입도한 선조들이 방풍 및 그늘 쉼터로 조성한 숲이다. 왕

매미와 천연기념물 장수하늘소의 서식지다. 여름이면 왕매미들의 합창이 요란하다. 정월 대보름날에는 주민이 이곳에 모여 당제를 지냈다. 산림청, 유한킴벌리, 생명의숲 공동 운동이 공동으로 개최하는 제14회 아름다운 숲 전국대회에서 '아름다운 숲 10선'에 들었다.

밭이 많고 논이 적은 반월도에는 '절골' 가는 길에 '개논'이 있었다. 절이 있던 골짜기라고 해서 절골이라는 지명이 생겼다. 개논 또는 갯논은 바닷가의 갯벌에 둑을 쌓고 간척한 논이다. 염분이 많고 토질이 메말라 못자리를 안 하고 볍씨를 직파直播하는 논이 많았다. 반월도 논이 전체 2만 평인데 절골 개논이 1만 1,000평 정도다. 절골 개논은 사철 수량水量이 많아 가을에 벼 베기가 힘들었다. 안마을에서 절골 논을 짓자면 '된재' 고개를 넘어 다녀야 했다. 일이 힘에 벅차 된재라는 이름이 붙었다.

1960년대 김 양식이 시작됐다. 황금알을 낳는 거위였다. 마을 사람들이 너도나도 김 양식에 뛰어들면서 된재 고개 너머 절골 개논 농사부터 그만뒀다. 절골 논은 묵은 논이 됐다가 지금은 갈대 습지로 천이遷移돼 논의 형태마저도 알 수 없게 됐다. 박지도, 반월도가 이제 관광지가 됐으니 절골 개논(일명 적골 개논)을 생태학습장으로 만들어도 좋을 것 같다.

빈궁한 소작인들의 섬이 보라색 정원으로

음양오행陰陽五行을 중시하는 동양에서는 노랑이 최고의 색깔이었다. 베이징 자금성의 지붕은 황금빛, 중국 황제도 노란 옷을 입었다. 로마에서는 가장 값비싼 색깔이 보라색이었다. 망토 한 벌을 보라색으로 물들이는 데는 그 염료를 채취할 수 있는 조개가 1만 5,000개나 있어야 했다. 그래서 보라색 망토는 개선 장군에게만 허용되었다. 공화정에서 제정帝政으로 바뀐 뒤에는 황제의 색이 되었다(시오노 나나미,《로마인 이야기》4, pp.100~101).

보라는 빨강과 파랑이 혼합된 색이라서 따뜻함과 차가움, 감성과 이

성 같은 상반된 의미를 함께 품고 있다. 예부터 보라를 가리켜 예술가의 색이라고 하는 이유다. 박지도 산비탈의 다랑이와 반월도의 간척지 개논, 벼 한 말을 거두는 데 땀 한 말씩 흘리던 빈궁한 소작인들의 섬, 그 박지도, 반월도가 보라색 정원으로 화려한 변신을 해가고 있다. 澤

4부
남부 권역

비금도

도초도

옥도

우이도

장산도

하의도

신의도

신안군 도초도의 수국공원. 폐교 터에 조성된 이 공원에선 수국, 산수국, 나무수국 등 90여 종 50만 그루의 수국이 자란다. ⓒ 신안군

모래밭 해안선이 활처럼 멋지게 휜 도초도 시목해수욕장. ⓒ 신안군

시금치와 비금 섬초는 이렇게 다릅니다
비금도 ① 섬초와 대동염전

신안군 비금도 가산항 선착장에 내리면 힘차게 날아오르는 독수리 조형물이 가장 먼저 눈에 들어온다. 비금도가 날아가는 새의 모습을 하고 있음을 보여 주기 위함이다. 그 옆엔 염전의 수차를 돌리는 염부鹽夫의 조형물이 있다. 비금도가 천일염의 고장임을 말해 준다. 천일염전은 가산항 선착장 근처에 많다. 겨울철엔 염전이 쉰다. 염전에서 천일염을 생산하는 시기는 매년 3월 말부터 10월 말까지다.

전량 서울로 팔려 가는 비금도 섬초

가산항에서 조금 벗어나면 도로 좌우로 온통 초록빛 시금치밭이다. 한겨울인 지금 비금도에선 시금치가 한창이다. 비금도 시금치는 특별히 '섬초'라고 부른다. 비금도에선 1950년대부터 시금치를 재배했다. 본격적으로 대량 생산하기 시작한 것은 1980년대인데, 소비자들의 반응이 좋아 비금농협에서는 1996년에 섬초라는 브랜드로 상표 등록을 했다. 섬초는 영양이 풍부하고 맛도 좋은 데다 이름도 예쁘다. 비금도 시금치는 이렇게 비금도의 핵심 문화와 산업으로 자리 잡았다.

비금 섬초는 9월에 파종하고 11월부터 이듬해 3월까지 수확한다. 섬초를 키우는 건 8할이 겨울 바닷바람이다. 비금도 밭에서 자라는 섬초를

신안의 비금도는 시금치로 유명하다. 비금도 시금치는 맛과 영양이 탁월해 특별히 '섬초'라 부른다. 비금도 섬초는 겨울 바닷바람을 맞고 자라기 때문에 다른 지역 시금치보다 잎이 두껍고 더 달다. ⓒ 신안군

유심히 살펴보니 그동안 보고 먹어 온 내륙의 시금치와 모양새가 달랐다. 섬초는 해풍을 견디느라 땅바닥에 짝 붙어산다. 바닷바람에 적응하기 위해 큰 냉이처럼 잎과 줄기를 널찍하게 바닥에 깔고 자라는 것이다. 그래서 일반 시금치에 비해 옆으로 퍼진 모습이다. 다른 지역의 시금치는 크고 잎사귀가 헐렁한 데 비해 비금도의 시금치는 좀 작고 촘촘하다. 잎도 두껍고 색깔도 진하다.

겨울 바닷바람을 이겨내고 자라는 비금도 시금치이기에 그 맛이 남다를 수밖에 없다. 잎이 두껍고 넓어서 한입 베어 물면 식감이 좋다. 단맛도 진하고 향도 강하다. 바닷가인 비금도의 갯밭에는 게르마늄 성분이 있는데 이러한 성분과 바닷바람의 영향으로 신선도가 늘 유지되고 당도도 높다.

국내 여러 지역의 시금치 가운데 게르마늄 성분을 함유한 것은 섬초가 유일하다. 무기질과 마그네슘, 칼슘, 철 성분도 다른 지역 시금치보다 많다. 섬초의 맛과 향을 제대로 즐기려면 국보다는 나물이나 무침으로 먹는 것이 좋다고 한다.

비금도 도처가 초록이지만 자세히 보니 조금씩 색이 다르다. 좀 더 진한 초록이 있고 약간 연한 초록도 있다. 묵직한 초록도 있고 가벼운 초록

비금도에서 40년 넘게 섬초를 재배해 온 강경순 씨. 한겨울이 섬초 수확 철이다. ⓒ 이광표

도 있다. 열심히 섬초를 수확 중인 강경순(66) 씨를 만났다. 그는 비금도에서 태어나 비금도에서만 살고 있다. "스물다섯에 결혼하고 그때부터 계속 시금치 농사를 짓고 있다"라고 했다. 강 씨에게 시금치 색깔의 차이에 관해 물었더니 "섬초의 종자가 10여 개나 되다 보니 종자에 따라 싹이 나서 자라면 그 색깔이 조금씩 다르다"라고 설명해 주었다.

　　섬초는 거의 전량 서울의 가락농수산물종합도매시장으로 올라간다. 비금면사무소 근처엔 시금치 집하장이 있다. 매일 오후 4시 이곳에서 섬초를 취합해 그날 밤 배편으로 암태도와 목포로 내보낸다. 곧바로 서울 가락동 시장으로 수송돼 다음 날 야간 경매에 부친다. 개인 소비자에게 택배로 보내 주기도 한다. 2023년 한 해 동안 가락동 농수산물시장으로 넘어간 것은 10kg짜리 박스 26만 개. 비금도 주민 600가구가 550ha의 면적에서 섬초를 생산하고 있다.

　　비금농협에서 섬초를 담당하는 김대중 과장은 "가락동 농산물시장에서 시금치를 경매할 때, 비금도 섬초를 먼저 경매하고 다른 지역 시금치의 경매가 이뤄집니다"라고 설명한다. 섬초가 가장 인기가 높고 반응이 좋다는 말이다. 김 과장은 "우리 섬초가 가락동 시장에서 항상 최고 대우를 받는다"라고 강조했다.

섬초는 눈을 맞으면 더 달다고 한다. 시금치의 섬 비금도에 왔으니 그 섬초를 맛보지 않을 수 없다. 비금면사무소 근처의 인기 맛집 '보릿고개'에서 저녁 식사를 주문했다. 섬초 무침이 빠지지 않았다. 사장님은 "얼마 전 눈이 내려 오늘 무친 섬초는 더 달짝지근할 것"이라고 했다. 사장님 말대로, 섬초 무침을 먹어 보니 묵직하고 달짝지근하다.

씹을수록 달짝지근해 그 맛이 오래 간다. 평소 먹었던 시금치보다 잎이 두껍다는 것도 금방 느낄 수 있다. 섬초는 겨울철 눈을 맞으면 단맛이 더 강해진다. 그래서 겨울철에 더더욱 인기다. 김대중 과장은 "수확하고 일주일쯤 지나도 물에 담그면 섬초가 다시 살아난다"라고 자랑한다.

국가등록문화유산 대동염전

비금도에서 천일염을 빼놓을 수 없다. 비금도는 호남 지역 최초로 천일염전이 조성된 지역. 그 주역이 박삼만이다. 박삼만은 청년 시절 일본인이 운영하던 평남 용강군의 귀성염전에서 천일제염법을 배웠다. 광복과 함께 고향으로 돌아온 박삼만은 1946년 손봉훈 등과 함께 비금도 수림리 앞의 갯벌을 막아 시험적으로 천일염전을 조성했고 그해 6월 호남 지역에서 최초로 천일염 생산에 성공했다. 이 염전을 호남 시조염전이라고 한다. 가산항에 세워 놓은 수차 돌리는 염부 조형물은 바로 박삼만을 모델로 한 것이다.

시조염전이 성공하자 1948년 비금도 주민 450가구가 염전조합을 결성했고 비금도와 떨어져 있던 가산도와 사랑도를 간척해 염전을 조성했다. 그것이 바로 비금도의 대동염전이다. 대동염전은 증도의 태평염전과

함께 신안을 대표하는 대규모 천일염전으로, 모두 그 가치를 인정받아 2007년 국가등록문화유산으로 지정되었다.

대동염전은 신안 지역 염전의 성립과 발전의 역사에서 각별한 의미를 지닌다. 그 핵심은 비금도 주민들이 직접 염전조합을 결성했고 기술자 양성소를 운영했다는 사실이다. 기술자 양성소에서 배출된 인력들이 신안의 인근 섬 지역과 무안, 완도, 해남, 영광, 부안, 군산 등지로 진출해 천일염전 조성 공사에 참여함으로써 광복 후 우리나라 염전 발전에 크게 기여했다.

← 비금도 대동염전 소금 창고. 1948년 조성된 대동염전은 2007년 국가등록문화유산으로 지정되었다. ⓒ 신안군
→ 비금도 가산항에 세워져 있는 '수차 돌리는 박삼만' 조형물. 박삼만은 1946년 비금도에서 호남 지역 최초로 천일염 생산에 성공한 인물이다. ⓒ 이광표

　신안 지역을 넘어 인근 지역공동체의 경제 활동과 생활 문화에 적지 않은 영향을 미친 것이다. 겨울에는 염전이 쉬지만 3월이면 염전에 바닷물이 들어오고 수리차가 돌아간다. 투명하고 뽀얀 소금을 가득 실은 수레가 소금 창고를 분주히 드나들 것이다.

영원한 사람을 꿈꾸는 곳, 하트 해변

비금도에는 멋진 해변이 많다. 원평 해변과 명사십리 해변은 서로 붙어 있다. 명사십리 해변은 4km에 달하는 모래밭이 일품이다. 명사십리 해변은

비금도 선왕산의 해안 도로 높은 곳에서 내려다본 하트 해변. 이곳에 낭만적인 분위기의 하트 조형물을 설치해 놓았다. 하트 해변과 해안 도로의 풍광이 압권이다. ⓒ 이광표

    차량 운전이 가능할 정도로 모래 입자가 곱고 단단하다. 바닷가 백사장의 드라이브는 이색적인 경험이 될 것이다. 이곳에선 풍력 발전이 이뤄지고 있다. 바로 옆엔 자전거 길이 있는데 바닷가와 자전거 조형물, 풍력발전기와 어우러지면서 이국적인 풍경을 만들어 낸다.

    최근 많이 화제가 되는 곳은 비금도 서쪽 해안의 하트 해변이다. 하트 해변의 원래 이름은 하누넘 해변. 이 해변은 선왕산을 배경으로 한다. 비금도는 동서로 가로지르는 두 개의 산이 있다. 그림산과 선왕산이다. 그리 높지는 않지만 모두 바위가 두드러져 매력적인 풍광을 뽐낸다. 비금도 최고봉인 선왕산(255m)은 서쪽 해안과 닿아 있다. 남쪽으로 이어지는 선왕산의 능선을 따라 구불구불한 해안 도로를 따라가면 탁 트인 하누넘 해변이 아래로 펼쳐진다. 하누넘은 하늘과 바다만 보이는 바닷가라는 뜻, 거센 하늬바람이 넘어오는 언덕이라는 뜻을 지니고 있다.

    능선의 높은 곳에서 내려다보면 해안선이 하트 모양인 것을 확인할 수 있다. 파도에 의한 침식으로 해안이 하트 모양이 된 것인데, 참으로 절묘하다. 그래서 요즘엔 하누넘 해변보다 하트 해변이라 부르는 경우가 훨

비금도를 대표하는 명사십리 해변. 곱고 단단한 모래밭이 4km 이상 펼쳐져 있다. ⓒ 신안군

비금도 지당리 어느 골목의 돌담. 비금도에 가면 내촌마을을 비롯해 곳곳에서 오래된 돌담 길을 만날 수 있다. ⓒ 이광표

씬 더 많다. 그 조망 지점엔 젊고 싱그러운 분위기의 하트 조형물이 세워져 있다. 남녀가 입맞춤하는 모습을 하트 모양으로 형상화했다. 이곳이 널리 알려지면서 '연인이나 부부가 하누넘에 오면 헤어지지 않고 영원히 심장에 남는 사람이 된다'는 이야기가 전설처럼 쌓여가고 있다.

하트 해변의 해안 도로는 길이 좁고 매우 구불구불하다. 그래서 매력적이지만 그만큼 조심스럽기도 하다. 원평 해변이나 명사십리 해변보다는 접근하기가 쉽지 않지만 일단 그곳에 다다르면 압도적인 풍광에 매료되지 않을 수 없다.

하트 해변 가까운 곳의 선왕산 남쪽에 내촌마을이 있다. 이곳엔 오래된 돌담들이 선왕산을 배경으로 골목골목 모여 있다. 3km에 이르는 돌담이 세월의 멋을 담백하게 보여 준다. 이 돌담은 2006년 국가등록문화유산으로 지정되었다. 내촌마을뿐만 아니라 비금도 곳곳에서 이런 돌담들을 자주 만날 수 있다. 돌담을 따라 천천히 걸으면서 사진을 찍는 재미도 비금도 여행의 또 다른 매력이다.▲

 AI 알파고를 무너뜨린 이세돌의 바둑 DNA

비금도 ② 한국과 프랑스의 첫 만남

신라의 문장가 최치원(9세기), 중국 송나라의 문신 서긍(12세기), 프랑스의 주 상하이 영사 샤를 드 몽티니Charles de Montigny(1805~1868), 그리고 세계 최고의 바둑 기사 이세돌(21세기). 이들은 1000년 넘은 시간의 폭을 지닌 인물들로, 그 이름은 모두 신안군 비금도의 내력을 이해하는 데 중요한 키워드다. 이들의 삶과 스토리는 모두 비금도의 역사와 문화가 되었고 멋진 풍경이 되었다.

900년 전 비금도 한가위를 즐긴 송나라 사신들
868년 어느 날 비금도 수대리. 웅대한 꿈을 안고 중국 당나라 유학길에 오른 열두 살의 최치원이 비금도 서남쪽 해안의 수대리에 들렀다. 마실 물을 구하기 위해서였다. 그런데 비금도는 가뭄에 시달리고 있었다. 최치원은 수대리 뒷산 봉우리에 우물을 만들고 기우제를 지냈다. 이후 가뭄이 해소되었다. 그 후 비금도 사람들은 최치원의 호를 따 이 우물을 고운정孤雲井이라 불렀다는 이야기가 전해 온다.

지금의 비금도 서남문대교 초입이다. 최근엔 이곳을 '천년의 샘'이라 부른다. 커다란 글씨와 안내판이 서 있고 그 옆 계단을 오르면 야트막한 언덕 정상이 나온다. 비금도와 도초도를 연결하는 서남문대교의 날렵한

신안 비금도의 서남쪽 해안 수대리의 '천년의 샘'. 868년 중국 당나라 유학길에 오른 최치원은 가뭄에 시달리는 이곳에 들러 기우제를 지내고 우물을 판 것으로 전해 온다. ⓒ 이광표

모습이 한눈에 들어온다. 여기 고운정이 있다. 최치원 설화는 비금도가 중국과 한반도를 오가는 교통의 요지였음을 의미한다.

1123년 6월, 중국 송나라의 사신단 200여 명이 고려를 방문했다. 그들은 바닷길로 중국과 개경을 오가면서 비금도에 두 차례 들렀다. 당시 사신단의 일원이었던 서긍은 고려 기행문 《선화봉사고려도경宣和奉使高麗圖經》을 남겼다. 이 기록은 현존하는 사료 가운데 고려 사람들의 일상을 가장 자세히 기록한 것이다. 여기에 비금도에 관한 내용이 나온다.

서긍 일행은 1123년 5월 26일 중국을 떠나 서해로 들어와 흑산도를 거쳐 6월 4일 비금도에 정박했다. 당시 비금도는 죽도竹島로 불렸다. 다음 날엔 임자도에 정박했고 6월 12일 예성항(벽란도)에 도착해 고려의 수도인 개경에 입성했다. 개경에 한 달여 머문 이들은 7월 15일 예성항에서 출발해 귀국 길에 올랐고, 그 도중 8월 16일부터 사흘 동안 비금도에 다시 정박했다. 서긍은 비금도 체류에 대한 소회를 이렇게 적었다.

이날 오후 7시가 다 되어 배가 죽도(비금도)에 이르러 정박하였다. 산은 여러

최치원이 판 우물. 최치원의 호를 따 고운정이라고 부른다. ⓒ 신안군

겹이고 숲의 나무들은 푸르고 무성하였다. 그곳 역시 주민들이 있고 우두머리도 있었다. 산 앞에는 흰 돌로 된 암초 수백덩어리가 있는데 크기가 같지 않은 것이 흡사 옥을 쌓아놓은 것 같았다. 귀로에 사신이 이곳에 이르렀을 때 마침 추석 보름달이 떠올랐다. 밤은 고요하고 물결은 잔잔한데 밝은 노을이 비치고 비낀 달빛이 천 길이나 되어 섬과 골짜기와 배와 물건들이 온통 금빛이 되었다. 모든 사람이 일어나 춤추고 그림자를 희롱하며 술을 따르고 피리를 부니 마음과 눈이 즐거워서 앞에 먼바다가 놓여 있는 사실도 잊을 정도였다.

서긍의 눈에 비친 비금도는 평화롭고 아름다웠으며 낭만적이었다. 돌아가는 도중 비금도에 정박했을 때는 한가위 무렵. 휘영청 보름달의 풍경이 한 폭의 그림을 연상시킨다. 경치 좋고 인심도 좋으며 여러모로 풍요로운 분위기가 물씬 풍긴다. 서긍이 배를 댔던 곳은 지금 비금도의 어느 곳일까. 아무래도 그림산과 선왕산이 배경으로 잘 보이는 서남쪽 해변이 아닌가 싶다. 그림산과 선왕산은 그리 높지 않아도 바위가 두드러진 산이니 말이다.

170년 전 한국과 프랑스의 첫 만남

1851년 4월, 프랑스의 고래잡이 어선 나발호가 비금도에서 난파했다. 당시는 조선에서 천주교 박해로 프랑스 선교사들이 목숨을 잃을 때였다. 비금도에 표류한 프랑스 선원들은 조심스럽고 두려웠다. 그들 가운데 9명은 작은 배를 타고 중국 상하이로 건너가 프랑스 영사관을 찾았다. 구조를 요청하기 위해서였다.

상하이 주재 영사였던 샤를 드 몽티니는 통역관, 중국인 등과 함께 나발호 선원들을 구하기 위해 비금도를 찾았다. 몽티니 영사는 프랑스 선원들이 이런저런 고초를 겪고 있을 것으로 생각했다. 그런데 그게 아니었다. 비금도 섬 주민들의 보살핌으로 무사히 지내고 있었다. 조선의 조정에서는 이들이 중국으로 돌아갈 수 있도록 배를 내주었을 정도였다.

《비변사등록備邊司謄錄》 철종 2년 4월 1일자에도 "나주 부근의 조창漕倉에 정박하고 있는 조선漕船 중에 돛을 두 개 달고 튼튼한 것으로 한두 척을 즉시 저들이 있는 곳으로 옮겨 저들 스스로 자세히 살펴보게 하여 사용할 수 있다고 하면 곧 채비해 주어…… 조금이라도 소홀히 대접하는 일이 없도록 하라"라는 내용이 나온다.

마음이 한결 가벼워진 몽티니는 비금도를 관할하는 나주 목사를 만나게 되었다. 몽티니는 선원들과 함께 중국으로 돌아가기에 앞서 감사의 마음을 담아 배의 갑판에서 송별회를 했다. 1851년 5월 2일의 일이다. 몽티니는 상하이에서 가져온 샴페인을 내놓았다. 비금도 주민들도 항아리에 술을 담아 내왔다. 막걸리와 소주였다. 비금도 주민들과 프랑스 선원들은 술을 주고받으며 기분 좋게 어울렸다.

이것이 한국과 프랑스의 공식적인 첫 만남이다. 비금도가 그 역사적인 무대였다. 한국과 프랑스 교류사에서 매우 중요한 장소가 아닐 수 없다. 몽티니 영사는 비금도를 떠나며 나주 목사로부터 옹기병 3점을 선물

프랑스 파리의 세브르국립도자박물관이 소장한 조선 옹기병 2점. 1851년 중국 상하이 주재 프랑스 영사 몽티니가 비금도에서 선물로 받아 중국을 거쳐 프랑스로 가져간 뒤 1856년 박물관에 기증했다. ⓒ 국립문화유산연구원

받았다고 한다. 그날 갑판에서 마셨던 술이 담겼던 옹기병이었는지, 술을 담은 또 다른 옹기병이었는지는 모르겠다. 술이 담긴 옹기였다면 옹기병 선물이라기보다는 조선의 술 선물이라고 보는 게 더 적절할 것 같다.

몽티니는 나발호 난파와 비금도에서의 경험을 파리에 있는 황제 나폴레옹 3세에게 자세히 보고했다. 그 후 프랑스로 돌아간 몽티니는 옹기병 두 점을 1856년 3월 파리의 세브르국립도자박물관에 기증했다. 2003년 국립문화재연구소(현재의 국립문화유산연구원)는 세브르국립도자박물관이 소장하고 있는 한국의 문화유산을 조사했다. 그때 두 점의 옹기병을 확인했고 이후 나발호의 비금도 표류 이야기가 알려지기 시작했다. 그리고 2023년 5월 세브르국립도자기박물관에서 한국과 프랑스의 첫 만남을 기념하는 행사가 열렸다. 이때 옹기병이 전시되었다.

옹기병 두 점은 모두 짙은 갈색. 하나는 높이 23.2cm로 온전한 모습을 유지하고 있으며 다른 하나는 높이 19.1cm로, 주둥이가 약간 깨진 상태다. 바닥에는 몽티니 영사가 1856년 3월 16일 기증했다는 내용의 라벨이 붙어 있다. 이들은 비금도의 역사와 문화를 이해하는 데 매우 흥미로운 유물이 아닐 수 없다.

신안군은 2026년 한국-프랑스 수교 140주년을 맞아 이를 기억하기 위한 프로젝트를 진행할 계획이다. 프랑스 선원의 표류를 기억하고 양국의 첫 만남을 기념하기 위한 공원을 조성하고 샴페인 박물관을 조성할 예정이다.

천재 기사 이세돌, AI와 세기의 대국

2016년 3월 9~15일 서울 광화문 네거리 포시즌스호텔. 세계 바둑의 최강자 이세돌 9단과 구글 딥마인드 인공 지능(AI) 알파고의 바둑 대결이 열렸다. 최고 수준의 인공 지능 바둑 프로그램과 인간 바둑 최고수의 대결에 세계의 이목이 쏠렸다. 아무리 뛰어난 AI라고 해도 무한대의 경우의 수를 지닌 바둑에서는 인간을 능가할 수 없으리라는 것이 대부분의 예상이었다. 그러나 낙관은 완전히 빗나갔다. 뚜껑을 열고 보니 알파고의 실력은 엄청났다. 1패, 2패, 3패……. 전 세계가 충격에 빠졌다.

이세돌은 3월 13일 제4국에서 180수 백 불계승으로 소중한 1승을 일궈냈다. 이 대국에서 이세돌의 78수는 '신의 한 수'로 불렸다. 예상 못 한 수에 알파고가 당황했고 이때부터 이세돌이 승기를 잡았다. 그날 이세돌은 "한 판을 이겼는데 이렇게 축하를 받은 것은 처음"이라며 "무엇과도 바꿀 수 없는 가치 있는 승리"라고 말했다. 최종 결과는 1승 4패였다. 우리는 지금 AI 속에서 살고 있지만 2016년 이세돌과 알파고의 대국은 인류사에서 매우 상징적인 사건이 아닐 수 없다.

이세돌은 비금도 출신이다. 이세돌은 어려서부터 바둑에 출중한 재주를 보였다. 이세돌은 교사 출신의 농부이자 바둑 아마 5단인 아버지로부터 바둑을 배웠다. 아버지 이수오는 아침마다 농사일을 나가면서 막내아들 이세돌에게 사활 문제(주어진 상황에서 내 돌이 사는 법과 상대방의 돌을 죽일

비금도에는 이곳 출신의 천재 바둑 기사 이세돌을 기억하기 위한 이세돌바둑박물관이 있다. 박물관 앞에는 2016년 3월 이세돌과 알파고의 대국에서 이세돌이 1승을 거둔 제4국의 기보 일부를 상징적으로 표현한 조형물이 세워져 있다. ⓒ 이광표

수 있는지의 문제)를 내주곤 저녁에 돌아와 답을 맞혀 보았다고 한다.

이러한 훈련이 수 읽기의 힘이 되었다. 이세돌의 실력이 나날이 성장하자 아버지는 이세돌을 서울로 올려보냈다. 여덟 살 때 서울로 올라가 권갑용 8단 문하에 들어가 실력을 연마했다. 12세인 1995년 프로에 입문했고 2000년부터 거침없이 질주하기 시작했다.

이세돌의 바둑 DNA는 엄청나다. 1998년 타계한 아버지는 아마 5단이었고 큰형 이상훈은 프로 9단, 둘째 형 이차돌은 아마 5단, 큰누나 이상희는 아마 2단, 둘째 누나 이세나는 아마 6단이다. 비금도에는 이세돌이 태어난 집이 있다. 지금은 어머니와 둘째 형 이차돌이 지내고 있다.

이세돌 생가에서 멀지 않은 곳, 지당리에는 2008년 문을 연 이세돌바둑박물관이 있다. 폐교한 비금초등학교 대광분교(옛 비금대광초등학교) 건물

↑ 이세돌바둑박물관 내부에 전시 중인 이세돌 모형. 이세돌의 앞자리에 앉아 대국 기념 촬영을 할 수 있다. ⓒ 이광표
↓ 이세돌이 태어난 비금도 집. 조용하고 고즈넉한 분위기다. 문패(작은 사진)에서 알 수 있듯 지금은 이세돌의 어머니와 형이 살고 있다. ⓒ 이광표

을 박물관으로 꾸민 것이다. 이곳은 이세돌전시관, 대국장, 신안천일염 바둑팀 홍보관 등으로 꾸며져 있다. 이세돌과 그의 형제들이 사용했던 바둑판과 바둑알, 그들이 받은 상패, 관련 사진 자료, 바둑을 두는 이세돌의 모형 등이 전시되어 있다.

이세돌바둑박물관은 현재 신안군이 관리 운영한다. 신안군의 김호남 씨는 "비금도를 찾는 관광객들이 꾸준히 박물관을 방문하는데, 특히 야

외 조형물에 대한 관심이 많은 것 같다"라고 전했다. 바둑박물관 입구에는 거대한 조형물이 서 있다. 2016년 이세돌과 알파고의 대결 제4국을 모티프로 한 것이다. 바둑판과 함께 두 개의 손이 형상화되어 있다. 왼쪽은 사람의 손이고 오른쪽은 로봇의 손이다. 사람의 손은 이세돌의 손을, 로봇의 손은 알파고의 손을 상징한다.

2019년 이세돌은 은퇴했지만 그는 우리 시대에 더욱 상징적인 존재로 자리 잡았다. 이세돌과 AI의 대국을 시각적으로 구현한 것이 이세돌바둑박물관의 조형물이다. 이 조형물은 많은 것을 생각하게 한다. 김호남 씨의 이야기가 실감이 난다.

그건 인간과 AI의 대결이기도 하고 인간과 AI의 교류와 소통이기도 하다. 인류사의 일대 사건, 그 세기의 대국을 비금도에서 복기해 볼 수 있다는 건 흥미로운 경험이다. 나아가 비금도의 역사와 내력까지 돌아보게 만든다. 최치원, 서긍, 몽티니 그리고 이세돌과 알파고. 비금도에 축적된 시간과 문화의 역사는 이렇게 낭만적이면서 의미심장하다.[*]

수국의 파스텔 톤에 흠뻑 취하다
도초도, 수국 축제와 〈자산어보〉 세트장

매년 여름 신안군 도초도에 가면 수국水菊의 파스텔톤 감성에 흠뻑 취할 수 있다. 국내 지방자치단체 가운데 단위 면적당 수국이 가장 많은 곳이기 때문이다. 수국공원에서는 매년 6, 7월 대규모 수국 축제가 열린다. 수국공원은 도초도 지남리의 언덕에 조성되었다. 2005년 폐교한 도초서초등학교의 터를 활용해 2014년 문을 열었다. 19만 1500㎡에 90여 종 50만 그루의 수국이 자란다. 수국, 산수국, 목수국(나무수국), 제주수국, 애나벨수

매년 6월 도초도 수국공원에서 열리는 수국 축제. ⓒ 신안군

국, 등수국, 마이크로필라 등등.

 수국공원은 전통 정원, 유리 온실, 한옥 정자, 향나무 길, 홍가시나무 길, 뽕나무밭, 저류지, 전망 카페 등으로 이뤄져 있다. 꽃바구니, 달, 나팔 부는 소녀상 등과 같은 포토 존도 여럿 마련되어 있다. 수국공원엔 하얗고 빨간 글씨로 커다란 간판이 세워져 있다. 사람들을 향해 어서 오라고 손짓하는 듯하다.

이세돌 어머니가 수국 화환을 머리에 두른 까닭

요즘 수국 좋아하는 사람들이 많다. 축하 꽃다발에 수국이 빠지지 않는다. 수국은 특이한 데가 있다. 작은 꽃들이 무수히 모여 커다랗고 풍성한 꽃송이를 만들어 낸다. 누군가는 "1,000여 개의 섬이 모여 하나가 된 신안군의 모습과 닮았다"라고 한다.

 토양의 성분에 따라 꽃의 색깔이 달라진다는 것도 수국의 신비로운 점이다. 수국은 기본적으로 꽃이 피기 시작할 때는 녹색이 약간 들어간 흰

꽃이었다가 점차 밝은 파랑으로 변하고 나중엔 붉은 기운이 도는 자줏빛이 된다. 그런데 토양에 따라 꽃의 색이 조금씩 달라진다. 산성의 흙에서는 푸른색 꽃을 피우고 알칼리성 흙에서는 분홍색 꽃을 피운다. 중성의 흙에서는 보라색이나 자주색, 옅은 자주색의 꽃이 핀다. 줄기와 뿌리가 닿은 부분의 토양이 서로 다르면 한 그루의 수국에서도 여러 색깔의 꽃이 핀다.

이렇게 수국의 꽃 색깔은 처음부터 결정된 것이 아니다. 자라면서 토양의 성분에 따라 계속 변한다. 처음에는 녹색 기운을 띤 흰색이다가 시간이 지나면서 수국이 살아가는 토양의 성분에 따라 최종적으로 수국의 색이 결정되는 것이다. 이런 특성을 두고 "수국이야말로 우리의 인생과 닮은 것 같다"라고 말하는 이들이 있다. 수국을 재배할 때 특정 색깔의 꽃을 원하면 그에 맞는 토양으로 잘 관리를 해야 한다.

도초도 섬 수국 축제는 매년 6월 중순~하순에 열린다. 매번 2만~3만여 명이 찾는다고 하니 여름 도초도는 수국에 취하고픈 사람들로 북적인다. 수국의 동산에서 꿈속을 걷듯 여름을 즐길 것이다. 겨울철에는 도초도 수국공원은 적요하다. 하지만 수국 대신 애기동백이 사람들을 반긴다. 무인으로 운영되는 전망 카페에 앉아 통유리 너머로 아래를 바라보니 멀지 않은 곳에 팽나무 십 리 길이 눈에 들어온다.

수국공원 주변 지남리, 지북리의 골목길을 걸으며 수국 벽화를 감상하는 것도 매력 만점이다. 민가와 창고의 담장이나 폐교한 초등학교 건물의 담장엔 페인트로 그린 수국도 있고, 타일 조각으로 표현한 수국도 있다.

춘경리엔 비금도 출신의 천재 바둑 기사 이세돌 9단의 어머니 박양례(78) 씨가 수국 화환을 머리에 쓴 채 환하게 웃는 모습의 벽화도 있다. 이른바 '세돌이 엄마 수국 벽화'다. 남북으로 인접한 도초도와 비금도는 1996년 개통된 서남문대교를 통해 손쉽게 오갈 수 있다.

수국공원 주차장 한편에는 간재미 조형물이 세워져 있다. 이 조형물

국립공원 인근 춘경리의 '세돌이 엄마 수국 벽화.' 신안 비금도 출신의 바둑 기사 이세돌의 어머니 박양례 씨가 수국 화환을 머리에 두른 모습이다. ⓒ 신안군

주변에서는 수국 축제와 때를 맞추어 간재미 축제도 함께 열린다. 그런데 육지에서 온 사람들이 이게 간재미인지, 홍어인지, 가오리인지 구분한다는 건 여간 어려운 일이 아니다. 조형물 앞에서 고개를 갸웃거리고 있자 누군가 지나가면서 "홍어가 아니라 간재미"라고 알려준다. 간재미는 홍어나 가오리보다 역삼각형 모양의 코가 많이 튀어나와 있다고 한다.

도초도에서는 3월부터 간재미가 많이 잡힌다. 주낙 어법으로 잡기 때문에 상처가 적고 싱싱해 무침, 찜으로 먹는다고 한다. 수국공원 관리사무소의 한 직원은 "수국 축제에 오면 간재미를 꼭 먹고 가야 한다"라고 말했다. 그리곤 "화도 선착장과 주변의 횟집에 가면 특히 간재미 회무침을 맛있게 먹을 수 있다"라고 알려줬다.

수국공원 유리정원 바로 옆에는 피자집이 있다. 폐교한 도초서초등학교 건물을 활용해 2023년 문을 열었다. 도초도에서 수국도 만나고 간재미

국립공원 인근 팽나무 십 리 길. 신안군은 전국 각 자치단체에서 방치되던 팽나무를 한두 그루씩 기증받아 멋진 팽나무 터널을 만들었다. ⓒ 신안군

요리도 맛보지만, 피자를 먹을 수 있다는 것도 신선한 경험이다.

    이 피자집은 서울에서 내려온 젊은 부부가 운영하고 있다. 내부 인테리어는 깔끔하고 모던한 분위기다. 이름을 밝히기를 꺼리는 남편 사장님은 "다소 이색적인 공간이다 보니 사람들이 좋아하는 것 같다. 특히 도초서초등학교 졸업생들이 찾아와 '우리 학교가 피자집으로 바뀌었네'라며 놀라기도 한다"라고 말했다.

    수국공원 옆엔 팽나무 십 리 길이 있다. 화도 선착장에서 수국공원 사이 4km에 걸쳐 월포천을 따라 팽나무 700여 그루가 늘어서 있다. 신안군이 전국 곳곳에서 기증받은 수령 70년 이상 된 팽나무들이다. 전국 각지에서 방치되던 팽나무들을 하나둘 모아 이렇게 멋진 길을 조성한 것이다.

    팽나무 길에도 수국이 자란다. 겨울에는 나뭇가지만 보이지만 봄이 되고 잎이 나오면 멋진 팽나무 터널을 이룬다. 6월에는 이 터널 길도 온통 수국으로 가득할 것이다.

영화보다 더 영화 같은 〈자산어보〉 세트장

수국은 인생을 닮았다. 아니 어쩌면 인생보다 더 인생 같은 꽃이다. 그런 수국을 생각하며 팽나무 길을 가로질러 영화 〈자산어보〉 촬영장으로 향한다. 이준익 감독은 수국공원 옆 발매리發梅里(매화가 피는 동네라는 뜻) 바닷가에 〈자산어보〉 세트장을 마련했다. 이 감독은 바닷가 장면 대부분은 신안군 자은도에서, 초가가 나오는 장면과 일부 바닷가 장면은 도초도 발매리의 세트장과 그 주변에서 촬영했다.

팽나무 십 리 길을 벗어나 발매리 표석이 나올 즈음, 멀리 능선 위로 작은 초가 한 채가 보인다. 언뜻 고인돌 같기도 한데, 야트막한 언덕길을 올라 초가 세트장에 가까워지니 파도 소리가 들려온다. 초가 뒤쪽으론 길이 뚝 끊겨 가파른 경사면이고 거기 바다가 쫙 펼쳐진다. 거대한 바위도 있다. 바닷가의 거친 매력이라고 할까. 평화로운 해변과는 차원이 다르다.

영화나 드라마 세트장을 몇 번 가본 적이 있다. 그런데 막상 세트장에 가면 썰렁한 경우가 대부분이다. 박제된 느낌처럼, 왠지 어색하고 부자연스럽고 어수선하다. 건물도 있고 거리도 있지만, 영상으로 볼 때와는 전혀 다른 비현실감 같은 것이다. 그런데 도초도 세트장은 다르다. 초가 두 채, 작은 마당, 돌담. 아주 간결하다. 간명해서 더 강렬하게 다가온다.

뒤쪽으로는 가파른 경사와 거대한 바위, 끊임없이 밀려와 부딪히는 파도……. 실제 자연을 그대로 살려 초가를 지었기에 그 감동은 지극히 현실적이다. 세트장 뒤로 펼쳐지는 가파른 해변은 적절히 아름답고 적절히 무섭다.

유배객 정약전은 흑산도에서 바다를 바라보며 살았다. 바다를 바라보며 뼈저리게 사유했던 정약전의 내면을 조금이나마 느낄 수 있을 것 같

↑ 도초도 발매리 해안에 있는 영화 〈자산어보〉의 초가 세트장. ⓒ 이광표
↓ 초가 세트장에서 바라본 바다. 멀리 우이도가 보인다. 우이도는 유배객 정약전이 생을 마친 곳이다.
ⓒ 이광표

다. 저 바다 먼발치로 정약전이 생을 마친 우이도가 보인다. 그 너머는 흑산도다. 도초도에서 배로 가면 1시간 정도 걸린다. 이곳에선 바다 쪽으로 해가 진다. 석양을 배경으로 한 세트장 초가의 풍경이 환상적이다. 정약전과 〈자산어보〉의 분위기를 느껴 보기에 제격이 아닐 수 없다.

도포 입고 입 벌린 고란마을 장승

도초도에서 가장 아름다운 해변은 시목柴木해수욕장이다. 근처에 땔감이 되는 땔나무가 많아 이런 이름이 붙었다. 이곳에선 모래밭의 휘어진 곡선이 첫눈에 확 들어온다. 해변의 곡선이 거의 원형에 가까울 정도로 휘었다. 마치 병풍을 쳐놓은 듯 산과 주변 지형이 해안을 포근히 감싸고 있다. 이렇게 휘어진 모래밭이 2km에 이른다. 모래밭의 폭도 넓고 수심의 경사도 완만해 여름이면 가족 피서객들이 많이 몰린다.

　도초도는 평야가 많다. 고란리에 들어서면 섬이 아니라 내륙의 어느 평야에 온 듯하다. 쫙 펼쳐진 겨울의 고란평야는 한적하기만 하다. 드넓은 논 사이로 쭉 뻗은 도로, 그 양옆엔 애기동백이 붉은 꽃을 피웠다. 동백을 감상하다 보면 고란마을 삼거리가 나온다. 예전에 난초가 많이 자라 고란마을이란 이름이 붙었다.

　이 삼거리엔 잘생긴 석장승이 서 있다. 오랫동안 고란마을의 수호신 역할을 해온 석장승은 머리에 갓 모양의 모자를 쓰고 몸에 도포 같은 긴 옷을 걸쳤다. 커다란 눈이 툭 튀어나왔고 입을 벌린 채 윗니와 아랫니를 활짝 드러냈다. 의관으로 보면 선비 분위기인데, 표정은 지극히 편안하고 다소 익살스럽다. 소맷자락 밖으로 두 손을 내놓았는데 다섯 손가락을 쫙 벌리고 있다. 그 모습이 이채롭다. 어찌 보면 만화에 등장하는 인물 표현 같기도 하다.

　고란마을의 장승은 원래 목장승이었으나 지금은 석장승이다. 이와

도초도 고란마을의 수호신 역할을 해온 석장승. ⓒ 이광표

관련해 전설 같은 이야기가 전해 온다. 예전엔 밤이 되면 무덤에서 귀신들이 내려와 목장승을 갖고 놀았다고 한다. 마을 사람들은 이러면 안 되겠다 싶어 1938년 목장승을 철거하고 석장승을 세웠다. 그 뒤론 무덤 귀신이 출몰하지 않았다는 얘기다. 마을 사람들은 이곳에서 공동 제사인 당제를 지내고 한 판 굿놀이도 벌였다.

이 석장승 뒤쪽으로 고란마을이 있다. 마을의 골목은 대부분 돌담이다. 일부는 잘 보존되어 있고 일부는 무너져 내렸다. 온전한 돌담과 무너진 돌담이 서로 겹치면서 오히려 고풍스러운 풍경을 만들어 낸다. 오르막 골목이어서 아래에서 올려다보는 돌담 풍경이 더욱더 매력적이다.

 # 홍어 장수 문순득의 필리핀 마카오 표류기
우이도 ① 정약전 인터뷰집 《표해시말》

목포에서 섬사랑 6호를 타고 잔잔한 바다를 3시간가량 달리면 다이아몬드 제도를 벗어나면서 파도가 높아졌다가 한 시간가량 더 가서 우이도 진리항에 닿는다.

진리 포구에서는 두루마기와 갓 차림을 한 조선 시대 두 인물의 동상이 바다를 바라보고 있다. 선착장에서 노를 들고 입도객入島客을 맞는 동상은 홍어 장수 문순득. '文淳得漂海紀績碑'(문순득표해기적비)라는 비석이 실물대實物大의 동상과 키가 엇비슷하다. 여기서 진리 선창 쪽으로 조금 올라가면 손암 정약전 동상이 서 있다. 강진에서 해배解配돼 우이도牛耳島로 찾아오는 동생 정약용을 포구에 나와 기다리는 모습이라고 한다.

손암은 1801년 12월 우이도에 들어왔고 문순득은 같은 달 우이도를 출항했다가 표류를 당했다. 손암의 우이도 입도와 문순득의 출항이 비슷한 시점이지만 문순득이 출항 전에 손암을 만났는지는 기록상으로 분명하지 않다. 문순득은 조선인으로서 최장 기간 표류 기록을 수립했다. 오키나와, 필리핀(스페인령), 마카오(포르투갈령), 베이징 등을 거치며 서양 문화를 경험하고 돌아온 최초의 조선인이었다. 문순득이 3년 2개월 만에 돌아오자, 손암은 기적 같은 이야기에 강한 호기심이 발동했다. 손암은 그를 집중 인터뷰해 《표해시말》을 썼다. 손암이 1805년 흑산도로 유배지를 옮

289

홍어 장수 문순득 동상 좌대에는 '아시아를 눈에 담다'라는 글귀가 새겨져 있다. ⓒ 황호택

기기 직전이었다.

풍랑을 만나 오키나와, 필리핀까지

우이도는 먼바다에 있는 흑산도권 섬들로 나가는 길목이자 연안으로 들어오는 관문이다. 우이도는 산지와 구릉으로 이루어져 평평한 경작지가 거의 없었다. 섬의 물산이 넉넉지 못해 상선을 타고 내륙과 섬 사이를 오가며 장사를 하는 사람이 많았다. 문순득은 홍어를 사다가 영암이나 영산포 등지에 팔고 그 돈으로 쌀 등을 사왔다. 1801년 12월 홍어를 사기 위해 흑산도 남쪽 태사도로 갔다. 태사도는 지금의 상태도, 중태도, 하태도를 이른 말이다. 문순득과 작은아버지 문호겸 등 마을 사람 여섯 명이 함께

배를 탔다.

문순득 일행은 1802년 1월 18일 태사도에서 홍어를 사서 돌아오다가 큰 풍랑을 만나 대해大海로 한없이 떠밀려 가게 된다. 우이도에서는 배가 예정일을 넘겨 돌아오지 않자 모두 죽은 줄만 알았다. 폭풍에 휘말려 키 자루가 꺾이고 돛을 펼 수가 없어 바람이 부는 대로 운명을 맡겼다. 날이 밝아 동남쪽에 큰 산이 보였는데 제주도였다. 뻔히 바라보면서도 다가갈 수가 없었다.

며칠 지난 후 동남쪽에 큰 섬이 나타나 해안가에 닻을 내리니 6~7인이 다가와 물과 먹을 수 있는 죽을 접대했다. 오키나와 대도大島였다. 지금은 일본 가고시마현에 속해 있는 섬이다. 문순득 일행은 대도에서 수도인 나하那覇로 갔다. 오키나와 국왕은 중국 푸젠성福建省으로 가는 진공선進供船을 타고 중국을 거쳐 조선으로 돌아갈 수 있게 해 주었다. 그런데 진공선이 다시 큰 바람을 만나 10여 일 밀려다니다가 지금의 필리핀에 해당하는 여송呂宋 살루마기항에 닿았다.

문호겸 등 4명은 1804년 3월 문순득보다 9개월 먼저 귀국했다.《표해시말》에는 필리핀에서 표류인 운송을 책임진 오키나와 사람들과 표류인인 푸젠성 사람들 사이에 갈등이 생겨 일행이 헤어지게 됐다고만 나와 있다. 먼저 귀국한 우이도 사람 4명이 필리핀에서 문순득과 헤어진 뒤 어떤 경로를 거쳐 귀국하게 되었는지《표해시말》에는 나와 있지 않다. 해외 기록에 따르면 이들 4명은 샤먼廈門과 푸저우福州를 거쳐 베이징에서 조선 동지사冬至使 일행을 만나 함께 귀국했다.

여송에서 일행과 헤어진 문순득과 김옥문은 비간이라는 마을에 머물렀다. 비간은 스페인인들이 진출해 세운 식민 도시로 문순득은 이곳에서 조선 사람으로서는 처음으로 서양 문화를 접촉했다. 마을에 큰 성당이 하나 있었다. 종탑의 종이 울리면 사람들이 성당에 모여 미사를 올렸다.

비간 성당은 스페인이 1790~1800년에 건축했다. 문순득은 필리핀에 표착한 1802년 말에서 1803년 8월 마카오를 향해 출발하기 이전에 성당을 방문했다. 《표해시말》에는 "신묘神廟 한쪽 꼭대기에 탑을 세우고 탑 꼭대기에 금계金鷄를 세워 바람이 오는 방향으로 스스로 돌게 하였다"라는 묘사가 들어 있다. 비간성당이 《표해시말》에 나오는 '신묘'임을 알아낸 결정적 단서다.

가톨릭 신자였던 손암이 문순득의 이야기를 듣고 성당임을 몰랐을 리 없다. 손암은 천주교에 대한 혹심한 탄압을 피해 가기 위해 신묘라는 애매한 표현을 사용했을 것이다.

3년 만에 고향으로 돌아온 문순득

문순득은 필리핀 비간에서 끈을 꼬고 나무를 해 시장에 내다 팔아 중국으로 갈 여비를 모았다. 중국 광둥廣東을 오가는 상선이 있었다. 문순득은 배 운임으로 필리핀에서 번 대은전大銀錢 12개를 주고 밥은 배 안에서 해 먹었다. 광둥의 오문澳門(마카오)에 도착해 관청에서 심문받은 후 객사에 머물렀다. 사람들이 장사할 때 동전을 사용해 거래하는 것이 문순득에게 신기롭게 보였다.

문순득 일행은 주로 배를 타거나 수레를 이용해 베이징으로 갔다. 베이징 고려관高麗館에 머무르며 오래 기다린 끝에 조선에서 온 사신을 만나 수레를 타고 조선을 향해 떠났다. 의주를 거쳐 한양을 지나 무안 다경포多慶浦(운남면 성내리) 나루까지 걸어서 내려왔다.

문순득은 언어에도 뛰어난 재능을 지녀 오키나와어와 여송呂宋(필리핀)어의 주요 단어를 언문(한글)으로 표기해 놓았다. 《표해시말》은 오키나와 방언에 관한 연구 자료로 소중한 가치를 지녀 오래전에 일본어로 번역됐다.

제주도에 표류한 여송 선원들이 언어가 통하지 않아 9년 동안 억류돼

문순득 생가. 문순득의 5대손인 문채옥 씨가 이 집 벽장에 《표해시말》 등 주요 고문서를 보존했다. ⓒ 신안군

있었다. 이들은 제주 관아에서 "어디서 왔느냐"라고 손짓, 발짓을 동원해 물으면 팔로 하늘 먼 쪽을 가리키며 "막가외莫可外"라고 소리치며 답답하다는 표정을 지었다.

문순득이 여송에 표류해서 그 나라 언어를 언문으로 기록해 둔 《표해시말》이란 책이 있다는 것이 조정에 알려졌다. 조정의 지시를 따라 제주 관아에서 여송 선원들에게 한글로 적은 여송국의 방언으로 말문을 터 보니 그들은 이국에서 처음 듣는 고향 말에 정신을 못 차리고 울부짖었다. 이들은 《표해시말》 덕에 필리핀으로 돌아갈 수 있었다. 다산은 후일 여송 선원들이 외쳤다고 기록된 '막가외'는 마카오였다고 풀이했다.

다산에게 들려준 외국 돈 이야기

다산의《경세유표經世遺表》에는 문순득이 마카오에서 경험했던 화폐와 관련된 내용이 인용됐다. 이 동전에 관한 내용은《표해시말》에는 언급돼 있지 않다. 문순득이 배를 타고 장사를 하다가 강진에 들러 다산에게 화폐 이야기를 들려줬을 개연성이 높다.

흑산도 사람 문순득이 서남 바다에 표류하여 유구(오키나와), 여송국(필리핀)을 두루 구경하고 마카오에 이르러 해외 여러 나라 큰 장사치들을 많이 보았는데, 그들이 사용하는 돈이 대개는 이와 같았다고 하였다.

> 지금의 동전 한 닢 무게로써 은전 한 닢을 주조하여 동전 50을 당하고, 또 은전 한 닢 무게로써 금전 한 닢을 지어서 은전 50을 당하게 하되, 대·중·소 3층이 있도록 하면, 3종류의 금속이 총 9종류의 돈으로 되는데 참으로 9부 환법이라고 할 수 있겠다.

1818년 정약용의 수제자 이강회李綱會(1789~?)는 손암이 죽은 지 2년 뒤인 1818년 우이도에 들어와 문순득의 집에 거주하며 책을 저술했다. 문순득의 외국 배들에 관한 관찰을 토대로《운곡선설雲谷船說》을 썼다. (운곡雲谷은 이강회의 아호다.) 이강회는《운곡선설》에 "순득은 장사를 업으로 삼는 사람이라 비록 문자에 능한 것은 아니나 사람됨이 총명함과 재능이 있다"라고 인물평을 해놓았다.

손암이 쓴《표해시말》의 원본은 발견되지 않았다. 다산이 강진을 떠난 뒤 우이도에 들어온 다산의 수제자 이강회가 문집《유암총서柳菴叢書》에《표해시말》을 필사해 놓아 후세에 전해졌다.《표해시말》은 경제 문화사적 기록으로서 가치가 높다. 1부는 일기체적 구성법으로 시간순으로 표류 경과와 현장 상황에 대해 묘사했다. 2부는 풍속, 궁실(집), 의복, 선박, 토산 등 5개 항목으로 구분해 오키나와와 필리핀의 문화를 소개했다. 3부는 조선어와 오키나와어, 여송어를 비교한 112개 단어를 기록했다.

손암은 문순득에게 천초天初라는 별호를 지어 주었다. 세상의 다양한 문물을 처음으로 경험하고 돌아왔다는 뜻이다. 다산은 문순득의 아들을 여환呂還이라고 작명했다. 필리핀에서 돌아와 낳은 아들이라는 뜻이다. 《표해시말》이 필사된《유암총서》는 문순득의 5대손인 고 문채옥文彩玉(1920년생)이 궤짝에 담아 벽장에 보관한 것을 민속학자인 최덕원 전 해양대학교 교수가 발굴해 세상에 알렸다. 문채옥의 딸 종임銀任 씨는 "아버지가 한문 공부를 많이 해《유암총서》,《운곡잡저雲谷雜著》같은 책을 소중히 간직했다"라고 말했다.

조선에 문순득의《표해시말》이 있었다면 일본에는 존 만지로(나카하마 만지로, 1827~1898) 표류기가 있었다. 문순득은 1801년, 만지로는 40년 늦은 1841년에 표류당했다. 만지로는 시코쿠섬 가난한 어부의 아들이었다. 열네 살이던 해에 풍랑을 만나 표류하다 미국 포경선에 구출되었다. 그 뒤 포경선을 따라다니다 11년 동안 미국 매사추세츠주에서 정식 교육을 받고 귀국했다. 그의 표류기를 다룬 책은 당시 일본에서 비상한 관심을 끌어 일본 막부가 서양 문명에 눈을 뜨게 하는 데 이바지했다.

문순득에게는 남도에 귀양 가 있는 정약전, 정약용 등 몇 사람 외에는 관심을 기울이지 않았다. 반면 만지로는 페리 함대가 출현한 후에도 막부에 등용돼 영어 교육과 일본의 개화에 크게 이바지했다. 만지로는 미국에서 체계적인 교육을 받고 귀국했고 문순득은 필리핀, 마카오, 베이징을 표류인으로서 주마간산走馬看山으로 둘러본 차이가 있긴 하다. 하지만 조선 조정은 문순득이 보고 돌아온 선진 문물에 대한 별 관심이 없었다. 나중에는 쇄국 정책으로 문을 닫아걸었다. 한국과 일본은 선진 문물을 수용하는 태도에서 국력의 차이가 벌어지기 시작했다.澤

살기 위해 배교한 정약전의 마지막 기도

우이도 ② 가장 오래된 해양 문화유산 진리 선창

우이도에 있는 진리 선창은 우리나라 옛 선창 가운데 가장 오래된 포구 시설이다. 1745년(영조 21년)에 세운 중건비重建碑가 남아 있어 18세기 이전에 만든 시설임을 알 수 있다. 국립해양문화유산연구소는《해양문화유산조사보고서 05 우이도》(2009)에서 진리 선창을 세계적으로 보기 드문 해운 관련 문화유산이라고 평가했다. 중수重修 연대가 정확하게 남아 있고 지금까지도 섬 주민들이 활용하고 있는 선창이라서 더욱 의미가 있다.

선창은 배가 닿는 포구 시설과 방파제, 그리고 조선소, 세 가지 기능을 했다. '우이 선창'의 위치는 현재 여객선이 닿는 진리 선착장에서 마을 쪽으로 약 500m 정도 떨어져 있다. 형태는 산 경사면의 반대 방향으로 타원형의 모양을 하고 있고, 입구는 마을 쪽으로 나 있다. 선착장 아랫부분에는 바윗돌을 깔아 바닷물이 통하도록 했다. 윗부분은 계주석繫柱石(벼리목)을 설치해 양쪽에서 뱃줄을 매는 돌을 배치했다. 태풍 때면 마을 배들이 모두 '우이 선창' 안으로 피항했고 외지 배도 들어오게 했다.

중건 사업에는 문일장文日章, 최두산崔斗山 등 네 명이 화주化主를 했고 주민 21명이 시주했다. 석공과 대장장이 야공冶工까지 모두 중건비에 이름이 남아 있다. 중건비는 비문이 마모돼 육안으로 판독이 어려웠으나 문채옥 씨가 필사해 놓은 것을 그대로 옮겨 새 기념비를 세웠다.

↑ 진리마을과 포구 전경. 진리마을 지붕은 하늘색으로 통일했다. ⓒ 신안군
↓ 조선 영조 때 문순득의 증조부가 화주가 돼서 중수한 진리 선창. ⓒ 신안군

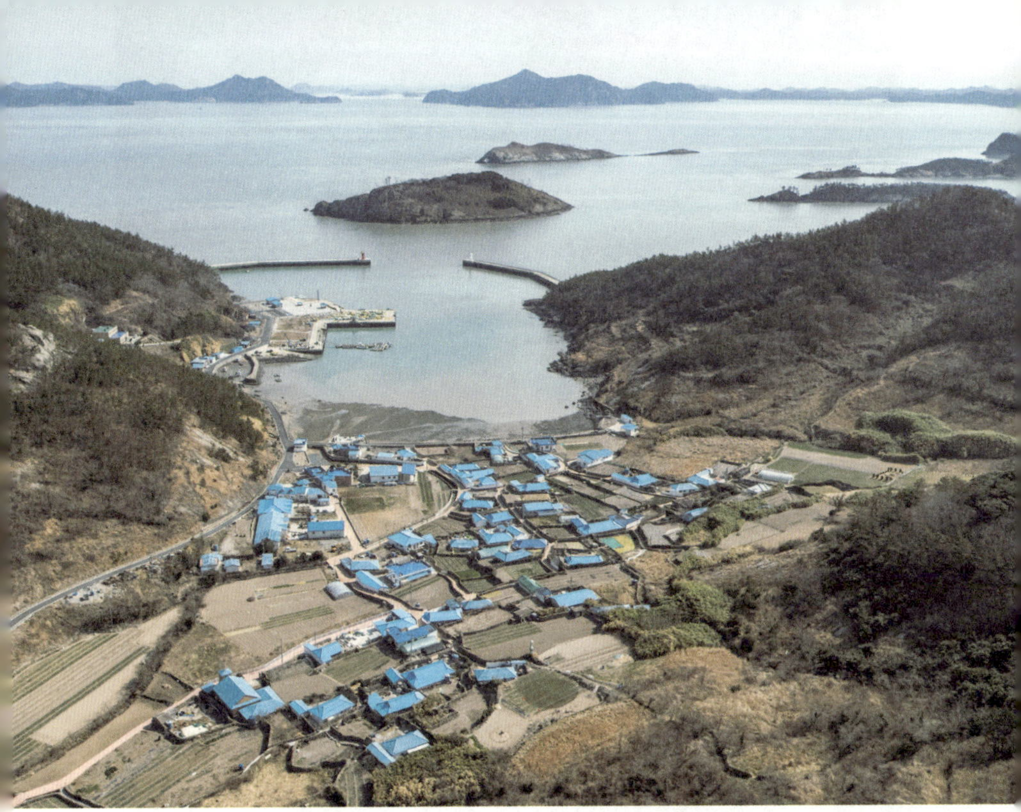
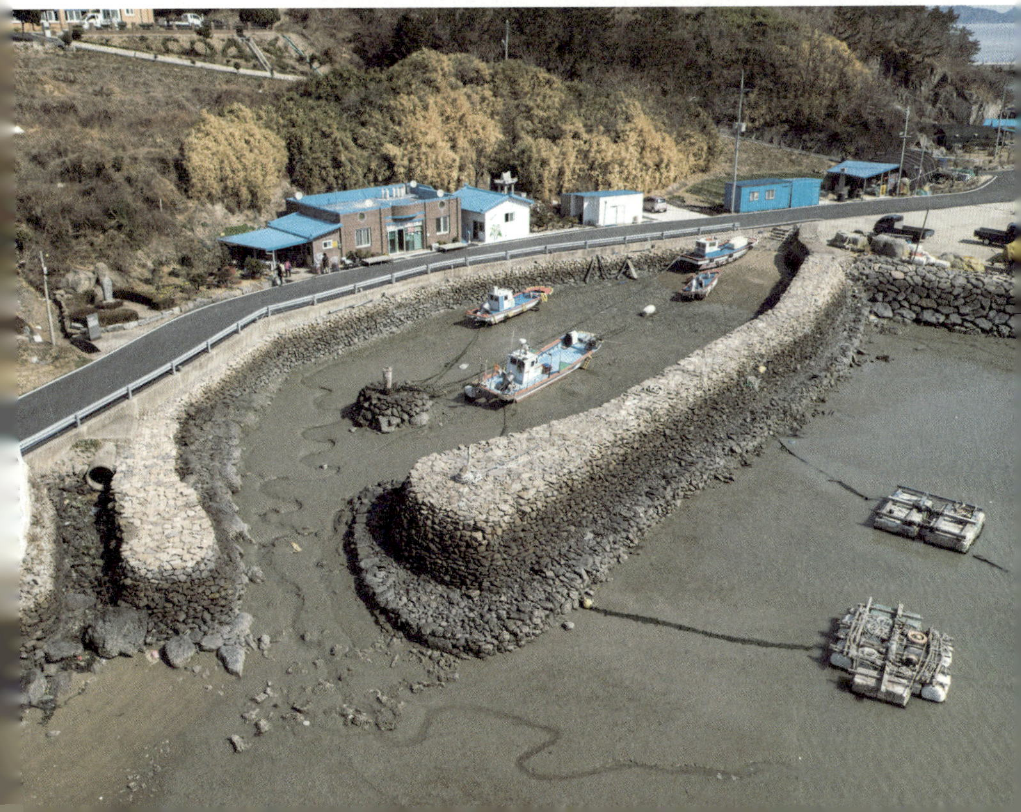

우이도 진리 선창의 중수 기념비. 앞에 보이는 안내판 뒤편의 왼쪽이 글씨가 마모된 옛날 비석이고 오른쪽이 그 내용을 새로 새긴 비석. ⓒ 황호택

돌담 길이 아름다운 진리마을

문일장은 우이도 문씨들의 선조로, 해남에서 우이도로 이주해 올 때 돛이 세 개인 풍선風船 두 척을 갖고 들어왔다고 한다. 문일장은 어업 현장에서 가까운 곳에 상선 기지를 두려고 우이도로 이주했다고 후손인 진리 1구 이장 문종옥文宗玉 씨가 말했다. 문일장은 세곡선稅穀船도 운용했다. 오키나와, 필리핀, 마카오 표류기를 남긴 문순득은 문일장의 4대손이고 문채옥은 문순득의 5대손이다.

우이도는 작은 섬이지만 산림이 울창하여 좋은 선재목船材木이 많이 났다. 선창 안에 인근 야산에서 베어온 굵은 소나무를 쌓아놓고 배를 건조했다. 선창에서 마을로 가는 길에 조기 간장이 있다. 우이도 사람들은 밑 구덩이를 3m가량 파낸 저장고에 염장鹽藏한 조기를 저장했다가 추석 대목 때 목포, 영산포 등지에 내다 팔았다. 조기 간장은 최근에 새 건물을 지어 복원을 마쳤다.

조기를 반半지하 창고에서 낮은 온도로 보관해 육지에 내다 팔던 조기 간장. 복원되기 전의 옛 건물이다. ⓒ 신안군

바로 옆에 마리아를 닮은 열녀비가 있다. 1968년에 세운 상원祥原 김씨 열녀각. 열녀 할머니는 젊은 나이에 남편이 흑산도 바다에 나가 풍랑을 만나 죽자, 평생 정절을 지키며 혼자 살았다. 열녀는 유교 문화의 유산인데 미사포를 두른 마리아 열녀상을 세운 것이 독특하다. 흑산도 일대에 천주교인들이 많아 영향을 받은 것 같다. 김씨 집안에서 1988년 선창 쪽으로 300m 떨어진 곳에 고풍스러운 밀양박씨정녀비密陽朴氏貞女碑를 새로 세웠다. 상원 김씨는 시집이고, 밀양 박씨는 친정이다.

진리마을은 돌담 길이 아름답다. 바닷바람을 막을 수 있을 만큼 튼튼하고 조형미가 있다. 어부돌담길이라는 이름이 붙어 있다. 마을에는 '들이샘'이란 큰 우물이 있다. 외지 배가 들어오면 양동이에 물을 길어다 배에 갖다주고 새우나 잡어 등을 물값으로 받았다. 우이도는 먼바다로 나가거나 연안으로 들어오는 배들이 바람을 기다리며 물, 화목을 공급받고 배를 수리하는 중간 기항지 역할을 했다.

미사포를 쓴 열녀비의 모습은 우이도에서만 볼 수 있다. ⓒ 신안군

　문순득 생가에는 《유암총서》, 《운곡잡저》 등 귀중한 서적과 유물이 벽장 속에 보관돼 있었다. 사라질 뻔했던 손암의 저서와 문순득이 중국에서 가져온 유품 등이 후손들의 정성으로 살아남았다. 문순득 생가, 우이선창, 정약전 유배지, 《표해시말》, 진리성재 등 우이도는 살아 있는 박물관이다. 우이도에는 옛날 신석기 시대부터 사람이 거주했다. 돈목항에서 100여 미터 떨어진 구릉에서 패총이 발견됐다.
　우이도 진리鎭里는 명종 11년(1556)에 수군진이 설치된 이후 생긴 이름이다. 그 후 많은 유배인이 우이도로 들어왔다. 정약전, 최익현, 김약행金若行(1718~?), 박우현朴遇賢(1829~1907) 등이 우이도에서 유배 생활을 했다.
　손암은 15년 유배 생활 중 1801~1805년은 우이도에서 살다 흑산도로 건너갔고 1814년 다시 우이도로 돌아와 1816년 생을 마쳤다. 진리에서 돈목리로 넘어가는 산길 초입에 손암이 아이들을 가르치던 서당터가 있다. 지금은 서당골이라 불린다. 우대미 집터에는 '손암 정약전 유배 적거

진리마을의 어부 돌담 길. ⓒ 신안군

지謫居地'라는 푯말이 서 있다.

가족과 다산 생각나면 굴봉 올랐다

우이도에는 두 차례 6년 동안 유배 생활을 한 손암의 이야기가 두 세기를 넘어 내려오고 있다. 문채옥 씨는 손암이 귀양살이하던 집터를 사들여 보존했다. 그는 이 터에 정약전의 기념관을 세웠으면 좋겠다는 유언을 남겼다.

적거지 바로 앞에 굴봉窟峯이 있다. 굴이 많아서 굴봉이다. 손암은 가족과 다산이 보고 싶으면 굴봉에 올라가 띠밭 너머 해변과 바다를 바라보며 기도를 드렸다. 손암이 살기 위해 배교하고 목숨을 건져 유배왔지만 그때까지 신앙을 간직하고 있었다는 증거로 해석된다. 처벌이 두려워 잠복했던 신앙이 생을 얼마 안 남겨두고 되살아났을 수도 있다.

진리 1구 이장 문종옥은 "손암이 굴봉에서 기도 드린 이야기는 아버지한테서 들었다"라며 "동네에서도 이 이야기가 여러 집안에 전해 내려

정약전이 귀양살이하던 집터에 참깨와 들깨가 무성하게 자라고 있다. ⓒ 황호택

온다"라고 말했다. 손암이 쓴 《표해시말》이나 《송정사의松政私議》가 문채옥 씨 집 다락에 보관돼 있다 발굴됐다. 손암과 인연이 깊은 문씨 후손들의 이야기인지라 믿음이 더 간다.

 천주교에서는 흑산도, 우이도에서 정약전이 남긴 신앙의 흔적을 입증할 수 있는 문서나 성가집을 찾고 있지만 천주교 때문에 죽을 고비를 넘기고 유배 온 손암이 그런 신앙 고백을 문서로 남기지 않았을 것이다. 그러나 마을 사람들의 눈에 잘 띄지 않는 굴봉에서 마재의 가족과 강진에 있는 동생을 재회할 날을 기다리며 기도했다는 것은 신빙성이 높은 이야기다. 가톨릭으로서는 반가운 뉴스가 될 것이다.

 손암이 동생 다산을 만나지 못하고 세상을 뜨자 우이도 주민들은 정성껏 장례를 치렀다. 사후 3년이 지난 뒤 약전의 시신은 육지로 운구되었다. 현재는 광주 천진암 성지에 묘소가 있다.

 우이도에서는 띠밭 너머 해변으로 가는 고개를 성재라고 한다. 우실 너머 해안가의 절경과 먼바다 위로 떨어지는 일몰을 감상할 수 있는 포인트다. 워낙 바람이 세게 불어 한여름에도 더위를 식힐 수 있다.

굴봉에서 내려다본 띠밭 너머 해변. 썰물 때면 풍성사구까지 연결된다. 정약전은 띠밭 너머 해변과 바다를 바라보며 기도했다. ⓒ 신안군

  진리 성재는 방석 같은 바윗돌로 만든 돌담 우실이다. 우실은 보통 외풍을 막고 왜구 등 외적으로부터 마을을 가리기 위해 만든 숲을 말한다. 돌로 만든 진리 우실은 무속 신앙의 유물이다. 문종옥 이장은 바다에서 불어와 고개를 넘어 당집으로 불어오는 살煞바람을 막아 준다고 선대들로부터 들었다고 말했다. 민속民俗에서 살은 사람을 해치거나 물건을 깨뜨리는 모질고 독한 귀신의 기운이다. 약 250년 전 입도조入島祖가 쌓았다고 전해진다. 당집 뒤에도 주봉인 비녀봉과 연결된 돌담이 쌓여 있는데 이 돌담이 성재와 마주 보고 있다.

  '성재'라는 이름은 돌담이 성벽 형태여서 생긴 이름 같다. 신안의 우실 가운데서 가장 특이하고 아름답다. 돌담이 허물어지고 많이 흩어져 지

선박의 안전과 풍어를 비는 무속 신앙의 유물인 우이도 진리 성지. ⓒ 황호택

금은 30m 정도만 남아 있다. 두 개의 돌담이 교차하는 형태. 바깥 담의 길이는 14m, 안 담은 26m, 높이는 1.7m. 풍성사구 뒤쪽으로 물이 빠지면 성촌 해변을 통해 이곳까지 걸어올 수 있다. 이곳을 통해 진리마을로 들어오는 사람들은 성재 담을 통과해야 액막이한다.

 진리에서 가파른 고개를 두 개 넘어가면 돼지머리처럼 생겼다는 돈목리가 나온다. 우리나라에서 가장 큰 사구가 있는 곳이다. 파도에 밀려 모래가 해변에 쌓이고 다시 바람(계절풍)에 날려 만들어진 언덕이다. 돈목해수욕장의 북쪽 끝 산자락에 자리한 사구는 수직 구도 50m, 경사면 길이 100m, 경사도 32~33도. 까마득한 600만 년 전에 형성됐다.

600만 년 전에 형성된 풍성사구

풍성사구와 해수욕장에는 여름이면 피서객들이 몰려온다. 여름철에는 예약을 안 하면 돈목리에서 방을 구하기 어렵다. 돈목리에서 진리로 오자면 험한 고개를 두 개 넘어야 한다. 젊은이 걸음걸이로 두 시간 걸린다. 나는 목포에서 배를 타고 비금·도초를 거쳐 오다가 진리에 짐을 내려놓고

우리나라에서 가장 큰 모래언덕인 풍성사구. 왼쪽으로 돈목 해변을 따라가면 멀리 돈목 마을이 보인다. ⓒ 신안군

그 배를 타고 다시 돈목리로 와서 풍성사구를 둘러본 뒤 산을 넘어 진리 민박집으로 왔다.

가파른 산길에서 무더위에 숨이 턱턱 막혀 죽을 고생이었다. 한화갑 전 의원이 돈목에서 진리로 학교를 다닌 길이라고 했다. 지금도 차가 다니지 않아 돈목과 우이를 오갈 때 주민들은 험한 산길을 피해 배를 주로 이용한다.

오는 길에 진리 저수지가 있다. 저수지 길에는 '우이가인牛耳佳人'이라는 작은 비석이 놓인 돌무더기가 있다. 마중 나온 문종옥 이장은 오며 가며 그 앞에서 합장한다. 영아사망률이 높았던 시대에 태어난 지 얼마 안 돼 죽은 아이들의 합장묘다. 국립해양문화유산연구소의 보고서에는 박영월 할머니(2009년 당시 88세)가 "자식 열을 낳았는디 5남매는 땅에 묻고 3남 2녀를 키웠다"라고 말하는 개인 생애사 인터뷰가 들어 있다. 우이도에는 아름답고 흐뭇한 미담도 많지만, 짠한 이야기가 가슴을 울린다.

 # 큰 바위 얼굴로 우뚝 솟은 섬마을 소년
김대중의 영원한 고향 하의도

김대중金大中(1924~2009) 전 대통령은 신안군 하의도荷衣島 출신이다. 헌정사상 50년 만에 여당과 야당이 바뀌는 최초의 수평적 정권 교체를 이룩했고 노벨 평화상을 수상해 헌정사에 우뚝 솟은 인물이다. 하의도는 김 전 대통령이 아니었더라면 이름이 알려지지 않았을 작은 섬이다. 목포에서 51km 떨어진 한반도 서남쪽 끝 섬마을 소년이 '큰 바위 얼굴'이 된 것도 한국 민주주의의 역동성을 보여 준다.

유인도 9개, 무인도 49개로 이뤄진 하의도는 섬 전체가 논밭으로 가득 차 섬 같지 않은 느낌을 준다. 하의도에는 조선 중기부터 광복 후까지 갯벌을 메운 간척지가 많았다. 하의도에서 논과 염전은 옛 개펄이고, 산들은 새끼 섬이었다고 보면 된다. 김 전 대통령의 선조들은 이 섬에서 농사를 짓고 그물을 던지며 대를 이어 살았다. 하의도 선착장 웅곡리에서 후광리로 가는 중간쯤에 김해 김씨의 조상을 모신 무덤 20여 기가 있다. 예로부터 김해 김씨 선산이 명당이어서 후손 중에 큰 인물이 난다는 이야기가 전해 내려왔다. 아무래도 결과를 알고 나서 해석을 거기에 맞춘 사후事後 해석 풍수지리 같다.

김대중 자서전 첫 장의 내용은 하의도에서 보낸 개구쟁이 시절이다. 뒷산에 소를 몰고 올라가 풀을 뜯기고 동무들과 서리를 하다 주인에게 들

하의도 김해 김씨 묘역에는 다양한 형태의 비석들이 조성되어 있다. ⓒ 황호택

켜 우르르 내뺐다. 소년은 바다만 바라보면 가슴이 뛰었다. 후광後廣은 뒤가 넓다는 뜻이다. 마을 뒤편에 갯벌을 메운 너른 간척지가 있어 생긴 지명이다. 김대중은 후광을 아호로 삼았다.

후광後廣리 구장을 한 아버지 김운식金雲植(1894~1974)은 마을에서 유일하게 주낙배를 소유했다. 김 전 대통령은 자서전에서 평생 입에 올리지 않았던 가정사를 털어놓았다. 아버지는 부인이 두 사람이었는데, 어머니 장수금은 둘째 부인이었다. 아버지는 첫 부인과 1남 3녀를, 둘째 부인과 3남 1녀를 두었다. 후광은 큰집과 어머니 집(작은집)을 오가며 자랐다.

김 전 대통령은 출생과 관련해 정적들의 시달림을 받으면서도 침묵하다 자서전에서 비로소 공개한 것을 보면 평생 콤플렉스였을 것이다. 사마천의《사기史記》에 따르면 공자는 일흔 가까운 아버지 공흘과 10대 후반의 어머니 사이에서 태어났다. 공자의 어머니는 무녀巫女의 딸이었고 첩도 못되었다. 정상적 혼인 관계가 아니라 야합을 통해 공자를 낳았다. 공자를 하늘같이 떠받드는 사람들이 어머니의 신분에 따라 인간을 차별하는 것은 잘못된 풍습이다. 적서嫡庶 차별은 조선 태종 때부터 내려오다 해방 후까지 남아 있었다.

어머니는 인동 장씨였다. 바닷가나 섬 지방에서는 젊어서 상부喪夫를 하면 가산이 넉넉한 집의 둘째 부인으로 들어가 호구를 하는 일이 드물지 않았다. 일종의 복지 제도였다. 장산도에서 명문가를 이룬 인동 장씨로 1, 2대 국회의원을 지낸 장홍염張洪琰(1910~1990)에게 DJ가 젊은 시절 "형님"이라고 불렀다고 한다. 홍염은 애국지사 장병준의 막냇동생이고 자신도 중국에서 항일무장투쟁을 벌인 독립운동가다.

DJ 모친 장수금과 홍염의 정확한 촌수에 대해서는 장산도, 하의도 주민들의 말이 엇갈린다. 촌수는 차치하고 어머니 쪽으로 동성동본이니 옛 풍습에 따라 형님이라고 했을 수 있다. 후광리 앞에는 너른 염전과 포구가 있어 사람들이 북적였다. 장수금은 뱃사람들과 염전 인부들을 상대로 국밥집을 꾸렸다. 그녀의 삶은 '팔자가 셌지만 생활력이 강하고 자녀 교육에 열성인 여성'이었다고 정리할 수 있다.

신문 정치면을 샅샅이 읽은 소년

구장 집에는 〈매일신보〉가 들어왔다. 한글 신문이라지만 조사 등 토시를 제외하곤 한자투성이인 신문을 소년은 서당에서 익힌 실력으로 어려서부터 탐독했다. 특히 정치면을 샅샅이 읽었다. 아버지도 정치에 관심이 높았다.

6대 국회에서 한일 수교 문제로 진통을 겪을 때 윤보선 민정당 총재는 한일회담 결사반대라는 강경 노선으로 치달렸다. 김대중 의원은 윤 총재의 '무조건 반대' 노선에 동조하지 않고 국익을 위해 한일 국교 정상화는 피할 수 없다고 판단했다. 김 의원이 원 내외에서 상호 이익이 보장된 협상안이라면 야당도 반대해서는 안 된다는 발언을 하자 "야당 첩자," "왕

하의3도 농민운동기념관 옆에 농민들이 토지를 찾는 일에 힘을 보탠 이들의 공적비가 서 있다. ⓒ 황호택

사쿠라"라는 비난이 터져 나왔다. 이때 아버지가 목포에서 서울로 올라와 아들을 질책했다.

 큰집에는 하의도에서 유일하게 축음기가 있어 이화중선 같은 명창들의 소리를 들을 수 있었다. 아버지는 판소리 실력이 뛰어났고 그중 〈쑥대머리〉는 걸쭉하면서도 흥겨웠다. 춤도 능했다고 하니 다소 한량 기질이 있었던 모양이다.

 하의도에는 당시 보통학교(초등학교)가 없었다. 김 전 대통령은 초암 김연(草庵 金鍊) 선생이 가르치는 덕봉서당에서 《천자문》,《사자소학》,《동몽선습》 등을 배웠다. 초암 선생은 후광을 귀여워했고 "김대중은 크게 될 인물"이라고 주위에 얘기했다고 한다.

 김 전 대통령은 세상을 뜨기 넉 달 전인 2009년 4월 24일 14년 만에 고향을 방문해 하의3도 농민운동기념관 개관식에 참석했다. 조선 중기 이래 하의3도(하의도, 상태도, 하태도) 농민들은 억울하게 빼앗긴 농토를 탈환하

김대중 전 대통령이 목포로 이사 갈 때까지 살았던 생가. ⓒ 황호택

기 위한 피어린 투쟁의 역사를 간직하고 있다. DJ가 자랄 때 하의도는 섬 전체가 일본인 소작지였다.

인조 임금이 정명 공주를 홍씨 집안에 시집 보내면서 하의도 농지를 하사해 4대손까지 세미(歲米)를 받도록 했다. 홍씨 집안은 8대손에 이르도록 땅을 돌려주지 않다가 경술국치(1910) 무렵 일본 사람에게 팔아넘겼다. 하의도 농민 운동의 길고 긴 투쟁이 시작됐다. 하의도 농민들은 해방 후 국회에서 유상(有償) 반환 결정을 얻어냄으로써 1956년 330여 년 만에 농토를 되찾았다. 김 전 대통령의 진보적 정치관도 농민 운동의 정신에서 유래됐다는 시각이 있다.

DJ 진보 정치에 흐르는 '농민 운동' 정신

김 전 대통령의 스승 김연 선생은 1905년 을사늑약이 체결되자 가거도 산중으로 옮겨 은둔 생활을 했으나 고향 주민들이 찾아와 간곡히 부탁하자

8년 만에 하의도로 돌아와 봉람재라는 서당을 열었다. 김 전 대통령도 이곳에서 배웠다. 인근 섬에서도 배우러 오는 사람들이 늘어나자 유림들이 1952년 선생의 집 후원에 덕봉강당(신안군 향토 자료)을 세웠다. 바로 옆 유물전시관에는 선생이 평생 수집한 한·중·일 고서 4,000여 권이 보존 전시돼 있다. 하의도에 4년제 보통학교가 들어섰을 때 김 전 대통령은 스승의 기대를 저버리고 신학문을 배우겠다며 2학년으로 입학했다. 김연 선생은 크게 낙담했다고 한다.

    DJ가 태어난 원래 생가는 어머니가 국밥집을 꾸리며 3남 1녀를 키우기에 비좁았다. 손님들에게 국밥을 팔아 알뜰하게 번 돈으로 국밥집 옆 지금 '김대중 대통령 생가'가 있는 자리에 새집을 지었다. 비를 맞아도 썩

하의도 해변 일주도로에서 바라본 큰 바위 얼굴. ⓒ 황호택

지 않는다는 일본산 삼나무를 목재로 썼다. 여기서 목포로 이사 갈 때까지 살았다. 어은리 주민이 이 집을 사들여 해체해 삼나무 목재 등을 그대로 써서 집을 지었다. 이 집을 1999년 종친들이 다시 사들여 해체하고 옛 자리로 옮겨 복원한 뒤 신안군에 기증했다.

후광리 생가도 배산임수背山臨水의 명택名宅과는 거리가 멀다. 갯벌을 메운 간척지에서 좌청룡左青龍 우백호右白虎나 배산임수의 지형이 나올 수도 없다. 생가 뒤를 키가 큰 신우대 숲이 둘러싸고 있다. 겨울에 후광리로 불어오는 북서풍을 막는 숲이다. 생가 옆 추모관에는 DJ 일생에서 주요 장면을 담은 사진들이 전시되고 있다. 그중에는 1981년 청주교도소 수감 시절 머리를 박박 깎은 모습으로 가족들과 면회하는 뒷모습 사진이 있다. 면회를 감시하던 안기부 요원이 찍어 사적으로 보관해 오다 DJ가 대통령이 된 뒤 기증한 사진이다. 신안군은 소금전시관을 정치 역사 아카이브 홀로 고쳐 한국 정치사의 주요 장면들을 담은 사진을 전시할 계획이다.

단식 시위로 목포 유학 관철한 DJ

1936년 가을 김 전 대통령 가족이 목포로 이사했다. 그 전에 소년은 틈만 나면 목포로 가서 공부하고 싶다고 어머니에게 떼 썼다. 밥을 굶고 방 안에 누워 단식 시위도 했다. 한번은 잠결에 아버지를 설득하고 있는 어머니 목소리가 들렸다. "우리 대중이가 공부를 곧잘 하니 여기서 썩히지 말고 목포로 나갑시다. 장사라도 하면서 아이들을 키웁시다." 이때 목포에 나오지 않고 하의도에 그대로 머물렀더라면 오늘의 김대중은 없었을 것이다. 이 일화를 통해서도 김대중의 강한 집념, 그리고 어머니의 교육열과 생활력을 읽을 수 있다. 목포로 이사한 뒤 부친은 목포와 하의도를 오가며 생활했다.

하의도 남서쪽에 죽도라는 무인도가 있다. 하의도 해안 일주도로 쪽에서 바라보면 죽도의 왼쪽 바위 절벽이 사람의 얼굴을 닮았다. DJ가 대통령이 되면서 '큰 바위 얼굴'이라는 이름을 얻은 명소가 됐다. 보는 위치에 따라서는 죽도의 바위 절벽이 앞발을 벌리고 있는 사자의 형상 같기도 하다. 옛날에는 이 바위를 '사자바위'라고 불렀다. 고승高僧과 수사자와 호랑이가 얽힌 전설이 내려온다. 큰 인물이 나오면서 바위 이름이 바뀐 것이다.

일주도로 포토 존에는 2009년 김대중 이희호 부부가 이곳을 방문했을 때 찍은 기념사진이 전시돼 있다. 김대중의 영원한 고향 하의도에는 연중 'DJ 관광객'이 몰려들어 인근 섬들의 부러움을 산다. ▣

 의원·장관 5명 나온 고택
노블레스 오블리주의 섬 장산도

장산도長山島는 남해안에서 다도해를 따라가다 서해로 올라가는 길목에 있다. 목포에서 쾌속선을 타고 40분이면 장산(북강)항에 닿는다. 장산도는 이름처럼 산줄기가 섬 전체로 이어지는 섬이다. 장산면 도창道昌 마을에는 인근 섬들로부터 세금으로 거둔 미곡을 보관하던 창고가 있었다. 원래 지명은 '쌀 창고'를 의미하는 도창都倉이었으나 일제가 행정 구역을 개편하면서 역사적 유래를 무시하고 멋대로 바꾸었다는 주민의 증언이다.

도창리 노거수림은 식량을 노략질해 가던 왜구로부터 양곡 보관 창고를 은폐하기 위해 조성된 숲이다. 바닷바람을 막는 방풍림의 역할을 겸했다. 마을 한가운데를 가로지르는 노거수림老巨樹林 안에는 팽나무, 주엽나무, 곰솔 등 아름드리나무 100여 그루가 우거져 있다. 공원 안에 흩어져 있는 '내 고장의 역사 인물' 장병준張柄俊(1893~1972) 기념비와 공적비들이 이 마을의 유래를 말해 준다.

섬 안에는 지석묘가 여러 곳에 있어 청동기 시대부터 인구가 많고 이를 떠받치는 물산이 풍부했음을 보여 준다. 장산중학교 가까운 곳에 백제식 석실 고분은 6, 7세기 지배층의 무덤으로 추정된다. 조선 시대 왜구가 발호하면서 섬을 비우는 공도空島 정책으로 주민이 살지 않던 섬에 사람들이 다시 살기 시작한 것은 17세기 중반이다. 장산도는 만灣 입구를 막으면

↑ 장산면사무소 소재지를 가로지르는 노거수림은 길이가 352m나 된다. ⓒ 신안군
↓ 아름드리나무들이 빽빽하게 들어찬 도창리 노거수림. ⓒ 신안군

제방 내부를 토지로 확보할 수 있어서 간척하기에 적합한 지역이었다. 인구가 늘어나자 주민들은 간척으로 토지를 넓혀나갔다.

간척으로 이룬 거부, 장인걸

입도조 인동 장씨 장인걸張仁傑(1751~1791)은 1770년경 함평 해남 진도를 거쳐 장산면 대리에 정착했다. 장인걸은 간척 사업을 벌여 넓은 농토를 확보했고, 4대손 장도규張道奎(1842~1902) 대에 이르러 대지주로 자리 잡았다. 장도규는 농지와 염전을 관리하고 쌀과 소금을 실어 나르기 위해 운수업까지 하면서 거부를 이뤄 도계道界를 넘어 충남 강경에도 농지를 소유했다.

장산면 대리에는 장인걸의 6대손인 독립운동가 장병준의 생가가 있다. 솟을대문을 들어서면 8칸 겹집 사랑채가 나온다. 사랑채는 현재 터만 남아 있다. 사랑채에서 다시 대문 하나를 더 거쳐야 6칸 겹집 본채로 들어갔다. 본채는 5명의 의원·장관(병준, 홍염, 재식在植[1935~], 하진, 하성)이 나온 집이라서 속칭 '5장관 집'이라고 불린다. 사랑채 대문 맞은 편에는 일꾼들이 기거하는 초가집이 있었다.

장산역사문화관에는 병준이 주도했던 장산도 3·18 만세 운동 전시실이 있다. 장진섭의 맏아들인 병준은 보성전문학교 법학과를 나와 니혼대학 법학과에 진학했으나 1917년 병을 얻어 학업을 중단하고 귀국했다. 서울에서 3·1 만세 운동에 참여한 직후 장산도에 내려온 장병준은 마을 청년들과 함께 거사를 준비했다. 서울 탑골공원에서 시작한 3·1 만세 운동이 전국으로 퍼져나가던 3월 18일 전남 지방에서는 가장 먼저 장산도에서 만세 운동이 일어났다.

병준은 수배령이 떨어지자 고향을 떠나 서울로 올라와 한성정부 설립을 위한 국민대회 간부로 활약하다가 중국으로 망명했다. 1919년 4월에는 상하이에서 3·1 만세 운동의 열기를 타고 출범한 대한민국임시정부 의정

장병준 생가. 양반가 한옥의 위세를 보여 주는 솟을대문 집에서 장병준은 장진섭의 맏아들로 태어났다. ⓒ 신안군

원 의원으로 선출됐다. 이어 1920년 초 귀국해 3·1운동 1주년 투쟁을 추진하다가 일본 경찰에 체포돼 징역 3년을 선고받고 서대문형무소에서 옥살이했다. 1922년 가석방으로 풀려났다.

병준은 포양包洋이라는 아호가 말해 주듯 독립운동이나 가정 혼사 등에서 좌우를 아우르는 노선을 걸었다. 1927년에는 좌우가 합작한 신간회 운동에 참여했다. 그의 묘소는 고향인 장산면 대리에 있다가 2006년 대전 현충원으로 이장됐다. 장산도에 있는 원래 묘역도 보존되고 있다.

병준의 아버지 장진섭은 병준, 병상柄祥(1899~1958), 홍재洪哉, 홍염 등 네 아들을 서당에 보내지 않고 목포, 서울, 일본으로 보내 신교육을 받게 했다. 진섭은 세 형제 중에서 가장 적은 재산을 물려받았는데, 일본과 서울에 유학 보낸 자녀들의 학비를 조달하느라 형제들에게 돈을 빌리러 다닌 적도 있었다고 한다. 아들 병준이 서대문형무소에 수감 중일 때는 거처하

은목서 공원에 있는 독립투사 장홍염의 흉상. ⓒ 황호택

는 방에 불을 때지 않고 냉골 방에서 지낼 만큼 아들 사랑이 극진했다.

부를 바탕으로 자녀들 신교육

셋째 홍재는 광주서중 재학 중 1929년 광주 학생 운동에 앞장섰다가 체포돼 고문을 심하게 당해 병석에서 사망했다. 넷째 홍염은 1930년대 서울에서 항일 학생 시위를 주도하고 중국으로 망명해 아나키스트 조직에 들어가 항일 무장 투쟁을 벌인 독립운동가다.

홍염은 휘문고보 5학년이던 1929년 6월 전국스트라이크옹호동맹 위원장을 맡아 동맹 휴교와 항일 운동을 주도하였다. 그 뒤 엿장수로 가장하고 서울에서 신의주를 거쳐 압록강을 건너 중국으로 망명했다. 베이징 페킹아카데미(현 청화대학교)에서 공부하다가 1931년 베이징민국대학 정치경제학과로 편입했다. 이어 신흥무관학교에 들어가 사격술을 익혔다. 그는 학생 신분을 이용해 아나키스트들과 힘을 합쳐 일경과 밀정을 처단하

장홍염이 독립운동 자금을 가져간 서울 북촌 인촌 고택. 안방에 있는 전자篆字 병풍을 좌우로 밀면 금고가 드러난다. ⓒ 황호택

는 항일 무장 투쟁을 벌였다. 사격술이 뛰어나 '북경의 쌍권총'이라는 별명으로 불렸다.

홍염은 독립운동을 모금하러 국내로 잠입하기도 했다. 서울 북촌(종로구 계동)에 사는 인촌 김성수人村 金性洙(1891~1955)를 찾아가 독립운동 자금을 달라고 간청했다. 이야기를 듣고 인촌은 슬그머니 일어서서 금고 문을 열어놓고 방을 나갔다. 오래 기다려도 인촌이 돌아오지 않았다. 그런데 병풍처럼 만든 벽장 문 사이로 금고가 보였다. 금고문이 열려 있었다. 그때야 '자리를 비운 사이에 돈을 가져가도 좋다'는 주인의 뜻을 알아차렸다. 해방 후 반민특위 특별검찰관으로도 활동했던 홍염이 이 일화를 제헌국회 동료 의원들에게 털어놓으면서 세상에 알려졌다.

홍염은 중국에서 계속 독립운동을 하다 1932년 9월 베이징 일본총영사관에 체포되어 국내로 압송되었고 서울에서 광주 학생 항일 운동과 관련한 시위를 주도한 혐의 등으로 기소돼 징역 4년 형을 선고받았다. 건국

후 제헌·2대 국회의원을 지냈다.

장산역사문화관 앞에는 은목서로 가득 찬 아름다운 공원이 조성돼 있다. 은목서의 꽃은 샤넬 No.5의 주원료로 쓰인다. 공원 한가운데 장홍염 선생의 흉상이 자리 잡고 있다. 독립투사의 향기가 공원에 가득하다.

국가 사회에 봉사한 천재 집안의 기풍

장산도가 '천재의 섬'으로 알려진 것은 진섭의 둘째 아들인 병상의 자손들이 고위 관직에 오르고 세계 유수 대학의 교수가 되면서다. 철도공무원을 하던 병상은 직장에서 퇴근해 집에 돌아오면 자녀들의 연필을 깎아 주었다. 병상은 노블레스 오블리주(사회지도층의 사회적 책무)의 실천에도 앞장섰다. 네 아들 모두가 6·25 참전 용사다. 병상의 둘째 아들인 충식忠植(1929~)은 서울대학교 공대 재학 중 학도병으로 참전해 압록강 전투에서 중공군의 기관총을 맞아 어깨 관통상을 입었다. 넷째 아들 재식은 아버지의 엄명으로 열여섯 살 어린 나이에 입대해 낙동강 전투에 참전했다.

충식은 하진(전 여성부 장관), 하성(전 고려대 교수·전 주중대사), 하경(광주대 교수), 하원(전 KDI 교수)을 두었다. 충식은 부상한 몸으로 장산도에 피란 올 때 딸 하진을 업고 왔고, 하성은 1953년 큰할아버지(종조부)인 장병준 생가에서 태어났다.

재식(3선 의원·산자부 장관 역임)의 장남 하준은 30년 넘게 영국 케임브리지대학교 교수를 하다 런던대로 옮겼다. 차남 하석은 케임브리지대학교 교수. 조용헌 건국대학교 석좌 교수(문화콘텐츠학)가 2008년 재식을 네댓 차례 만나 자녀 교육 이야기를 들어 〈조선일보〉 '조용헌 살롱'에 실었다.

하준은 홍익초등학교 4학년 때 홍익대 도서관에서 책을 빌려다가 읽었다. 1시간에 250페이지를 읽었다는 아들 말이 믿기지 않아 책을 펴놓고 테스트해 보면 정확하게 대답했다. 하석은 형보다 한술 더 떴다. 중3 때

조형미가 돋보이는 인동 장씨 고택의 돌담. ⓒ 황호택

치른 토플 점수가 630점. 어머니 최우숙은 고교 영어 교사를 했다. 하석은 미국 10대 고교에 속하는 마운트 허먼 고교를 졸업하고 칼텍(캘리포니아 이공대학)에 들어갔다.

단돈 5만 원에 천석꾼 안방에서 하룻밤

신안군은 장병준 생가와 인동 장씨 고택을 허니문 하우스로 단장해 천재 명문가의 기를 받고 싶은 신혼부부나 연인들로부터 예약을 받는다. 5만 원을 내면 천석꾼이 자던 안방에서 신혼 첫날밤을 보내는 호사를 누릴 수

있다. 고택 안방의 킹사이즈 침대에 누워 통유리로 잔디와 수목이 짙푸른 마당과 정원을 내다보노라면 천석꾼이 부럽지 않다. 장산면은 주민이 살지 않는 빈집을 고쳐 단체 손님을 받는 사업도 준비하고 있다.

장병준 일가가 노블레스 오블리주의 상층 문화라면 장산도에는 서민 대중의 기층 문화도 활발했다. 장산도에 내려오는 민속문화 〈장산들노래〉(전남 무형문화재)는 부녀자들이 논일하면서 불렀던 노동요다. 노랫가락이 여성스럽고 늦은 가락에서 중모리, 중중모리 등 빠른 가락으로 변화해 지루하지 않다. 신안씻김굿(전남 무형문화재)은 병을 낫게 하거나 죽은 이의 원한을 씻어주어 극락으로 보내는 굿이다.

향토색이 짙은 〈장산들노래〉와 신안씻김굿은 고 이귀인(1928~2016) 명인이 다듬었다. 이 명인은 8대째 내려온 무속인으로, 원래 전주 이씨 가문이었으나 8대조가 흑산도로 귀양 오면서 먹고살기 위해 무속과 인연을 맺었다. 이 명인은 열다섯 살 무렵 농악을 배우기 시작하면서 집안의 내력인 굿판 일을 거들게 되었다. 살아생전에 민요와 풍물로 장산도의 인간문화재라는 소리를 들었.

진도 금갑리 당골가에서 시집온 아내 강부자도 평생 굿판에서 이 명인과 손발을 맞추었다. 노거수림 한 모퉁이에 들노래 전수관이 건립돼 민속 예술 전수 공간으로 활용되고 있다.

 # 목포에서도 여기 낙지는 최고로 알아줍니다
다이아몬드 제도의 중앙, 팔구포 옥도

옥도를 둘러싼 광활한 갯벌은 낙지의 낙원이다. 낙지의 집산지인 목포에서도 '옥도 낙지' 하면 최고로 알아준다. 옥도 낙지는 통통한 다리가 질기지 않고 연하다. 주민들은 옥도 낙지가 힘이 좋아서 다른 곳에서 나온 낙지와 함께 수조에 넣으면 옥도 낙지가 잡아먹어 버린다고 말했다. 갯벌이 좋아 강하고 맛있는 낙지가 나온다는 자랑이다.

정약전은 《자산어보》에 낙지를 이렇게 소개한다.

생김새는 장어와 비슷한데 다리가 더 길다. 머리는 둥글며 길다. 진흙 구멍에 들어가 있기를 좋아한다. 9~10월에 배 속에 밥알 같은 알을 품고 있는데 먹을 수 있다…… 색깔은 흰색이고 맛은 달고 좋다. 회 또는 국과 포로 먹기에 적합하다. 사람의 원기에 도움이 된다. 야위고 비실비실한 소가 낙지 4~5마리를 먹으면 갑자기 건강해진다.

어려서 크기가 작고, 다리가 가는 낙지를 세細발낙지라 부른다. 낙지를 잘 모르는 외지인들은 다리가 세 개여서 세발낙지인 줄로 안다. 낙지의 다리는 8개다. 세발낙지가 성장하면 중낙지, 가을 늦게까지 자라면 대낙지가 된다. 세발낙지의 제철은 8~9월이다.

물이 빠진 갯벌에서 낙지들의 먹잇감인 칠게가 활개를 치고 있다. ⓒ 황호택

바다에서 솟아오르는 갯벌 낙지의 낙원

옥도에서 낙지잡이를 구경하는 것도 재밌다. 갯벌에 구멍을 파낸 흙을 쌓아놓은 '부룻'이 있다. 눈에 잘 띄는 부룻의 주변을 살피면 낙지 구멍을 쉽게 찾을 수 있다. 게 구멍에는 부룻이 없다.

 낙지는 밤에 갯벌에 물이 차기 시작하면 구멍에서 나와 먹이 활동을 하는 습성이 있다. 옛날에는 갯벌에 들어가 발목까지 물이 차면 관솔(송진이 엉긴, 소나무의 가지나 옹이) 횃불을 들고 다니며 밀물 위에 떠 있는 낙지를 주워 담았다. 요즘은 손전등을 이용한다. 낙지 잡으러 갯벌에 들어갔다가 길을 잃으면 깊은 개(바닷물이 드나드는 갯벌의 수로)에 빠져 목숨이 위태로울 수도 있으니 주의해야 한다.

 요새는 통발로 낙지를 잡는다. 통발은 길이 60cm, 지름 30cm 정도의 원형 철사 틀에 그물을 입히고 물고기가 들어가는 입구를 만들어 놓은

갯벌 위에 모습을 드러낸 지주식 김 양식장. 끝없이 펼쳐진 옥도 갯벌 너머로 멀리 보이는 섬은 장병도.
ⓒ 황호택

어구漁具다. 통발을 김 양식용 지주에 묶어 놓거나 개에 던져 놓았다가 썰물 때 그 장소에 가서 통발을 올려 낙지를 끌어낸다.

낙지 요리는 어떤 생선보다 다양하다. 낙지볶음, 연포탕, 낙지비빔밥, 낙지호롱, 낙지찜, 낙지탕……. 갈낙탕은 갈비와 낙지, 낙곰탕은 낙지와 쇠고기, 낙삼탕은 낙지와 인삼을 함께 조리한 음식이다. 해물용궁탕에도 낙지가 들어간다. 세발낙지는 나무젓가락에 감아서 참기름 장에 찍어 생으로 먹는다. 작고 빨판 힘이 약하기 때문에 그냥 손으로 잡아서 통째로 먹기도 한다.

전국의 60%를 차지하는 전남의 낙지 생산량이 해마다 감소하고 있다. 낙지 개체 수를 늘리기 위해 전남 해양수산과학원은 어미 낙지 교접·방사를 통한 갯벌 낙지 목장 사업을 한다. 포획한 암수 낙지를 양파망에 3일 정도 같이 넣어두면 교접이 이뤄진다. 갯벌에서는 암낙지와 수낙지가 체내 수정을 한 후 서로 잡아먹기도 하지만 수조에서 먹이를 계속 공급하면 공식共食 습성은 사라진다. 수정한 어미 낙지가 품고 있는 알은 80~120개 정도가 된다. 수정한 암낙지를 수조에 넣고 먹이를 주다 바다에 방류한다.

옥도와 장병도 사이의 광대무변한 갯벌은 저절로 입이 벌어지는 장관이다. 바닷물이 물러간 곳에 새로운 대륙이 솟아난 것 같다. 밀물 때면 이 거대한 갯벌이 바닷물 속으로 삽시간에 잠겨 버린다. 장병도에서도 낙지가 많이 난다.

옥도 김은 지주식이고 물과 갯벌이 좋아 김 맛이 뛰어나다. 김은 검은색 바탕에 붉은빛을 띠고 윤기가 나야 상품 가치가 높다. 좋은 갯벌에서 자란 옥도 김은 특유의 맛과 향을 낸다. 옥도에서는 한때 가내 수공업으로 어민들이 반년半年 농사인 김 양식을 해 짭짤한 소득을 올렸다. 지금은 젊은이들이 더 좋은 일자리를 찾아 고향을 떠나면서 일손이 부족해 김 양식을 놓은 집이 많다.

하루에 두 번 풍경이 바뀌는 작약 공원

옥도에서 작약은 육지보다 조금 이른 5월 중순 무렵 꽃이 핀다. 여러해살이풀로 빨강, 하양, 노랑 꽃이 크고 아름답다. 배가 옥도 선착장으로 들어서면서 가장 먼저 눈에 들어오는 언덕에 작약공원이 조성되고 있다. 1만 평 공원에 작약을 12만 그루 심는 공사다. 옥도 출신인 송승학 하의면 옥도출장소장이 갯벌이 묻은 장화를 신고 매일 마을 주민 10여 명과 작업을 한다. 내년 6월에는 제1회 작약공원 축제가 옥도에서 열린다.

작약공원은 정물화靜物畫가 아니다. 이이남의 미디어 아트처럼 화면이 조금씩 움직여 하루에 두 번 풍경이 바뀐다. 바로 옆 갯벌에서 밀물과 썰

물이 들어오고 나간다. 옥도 선착장 마을은 빨간 지붕을 이고 있다. 퍼플섬의 컬러 마케팅 성공 사례를 이웃 섬들이 따라 배우느라 바쁘다.

선착장 입구에 '맑은 샘물과 갯벌낙지의 섬'이라는 표지석이 서 있다. 갯벌 섬은 보통 샘물이 귀한데 옥도에서는 맑은 샘물이 펑펑 솟는다. 섬의 능선이 임금 왕王 자를 이루고 있고 인근 갯벌 가운데에 있는 꾸자리라는 섬이 임금 왕 자에 점을 찍어 구슬 옥玉 자를 만들었다. 옥도라는 지명의 유래다. 여행자들은 玉 자를 볼 수 없지만 드론을 높이 띄워 사진을 찍으면 나타날지 모르겠다.

일제 강점기에는 일본 해군 기지의 함정들이 일시에 여덟 군데 물길

갯벌 앞 공원에는 노란 작약꽃이 피어 있다. 맞은편 옥도 선착장 마을은 빨간 지붕을 이고 컬러 마케팅 경쟁을 벌인다. ⓒ 장미숙

을 통해 국제 항로와 서해로 진출할 수 있어 팔구포八口浦로 불렸다. 우리나라에서 최초로 기상 관측 기지가 들어선 섬이다. 일본은 1897년 청일전쟁 시기부터 옥도를 일본 해군의 근거지로 사용했다. 일본 해군은 러일 전쟁에 대비해 옥도에 팔구포 방비대防備隊를 설치했다. 대한제국의 도서를 무단 침탈한 팔구포 방비대는 러일 전쟁을 승리로 이끌기 위한 '전신 취급,' '기상 관측,' '식수 공급' 등 후방 기지 역할을 했다.

옥도 망마산에 올라가면 360도로 다도해의 풍광이 들어온다. 남해에서 서해에 이르는 바다의 상황을 관찰하기에도 적지였다.

야산을 따라 형성된 골짜기가 옥도의 풍부한 식수원이다. 식수 사정

일본군이 쓰던 놀자리 마을의 우물. 지금도 물이 콸콸 나와 주민들이 농업용수로 쓴다. ⓒ황호택

이 나쁜 인근 갯벌 지대의 섬들은 예로부터 옥도 물을 길어다 먹었다. 스물한 살에 하의도에서 시집왔다는 박월금 씨는 한국해양문화연구원과 인터뷰에서 "하의도에서 물 떨어지면 옥도로 와서 배로 물을 실어 갔다"라고 말했다. "어른들이 '시집와서 옥도 물 먹은게 이뻐진 것 봐라' 그러드만. 옥도 물을 먹으면 탈이 없어. 물이 하도 좋은게."

기상 전신 식수 공급한 러일 전쟁의 후방 기지

러일 전쟁 발발 직후인 1904년 2월 27일 전라도 관찰사가 의정부議政府에 보낸 보고서에는 "옥도 갈두지 부근에 일본인 4~5명이 배에서 내려 막幕을 치고 거처하고, 이후에도 배 6척이 오고 계속해서 큰 배가 도착하니 막을 이룬 곳이 10여 곳에 이른다"라고 급박한 상황을 올렸다. 3월 7일 일본 군함이 50척에 이르고 갈두지 부근에 포를 설치했다고 보고했다. 일본 해군의 옥도 침범을 알리는 전라도 관찰사의 장계가 속속 올라와도 망해 가는 대한제국은 속수무책이었다.

일본에서 러일 전쟁의 영웅으로 떠받드는 도고 헤이하치로東鄕平八郎 연

목욕을 좋아하는 일본인들은 옥도에 일본 해군 목욕탕을 남겨 놓고 갔다. ⓒ 황호택

합함대사령관이 1904년 2월 6일 사세보항을 출발해 팔구포에 들른 기록이 있다. 그는 기뢰 부설 작업을 직접 지휘하면서 옥도에서 숙박했다.

곰몰 마을 뒷산을 따라 망마산을 넘어가면 110여 년 전에 일본인들이 사용한 목욕탕이 남아 있다. 욕조는 성인 서너 명이 들어가기에 충분한 크기다. 바로 위에 뚜껑을 덮어 보존하는 옹기 우물이 있다. 가까운 곳에 1936년에 세운 팔구포해군정海軍井 표지석이 서 있다. '大日本帝國海軍用地'(대일본제국해군용지)라고 새겨진 돌기둥도 나왔다. 망마산 정상에는 일본군의 포대도 있었다.

옥도에는 일본 해군 기지와 함께 기상관측소가 설치됐다. 1904년 근대적인 기상 관측의 시발지가 옥도다. 일본군이 한 일이지만 역사와 관련된 중요한 유적임은 분명하다. 기상관측소는 1906년 4월 목포로 이전했

우리나라에서 최초로 옥도에 세워진 기상관측소. ⓒ 황호택

다. 옥도 기상관측소 자리에는 '근대 기상 업무의 발상지'라는 표지판과 함께 기상 관측 장비들이 서 있다. 옥도에 설치됐던 무선전신소도 이때 목포로 옮겨갔다.

작은 섬인데도 일본 해군 기지 때문에 일본을 오가는 증기 여객선이 기항했다. 500여 명의 주민 중 200명가량이 돈벌이를 하러 현해탄을 건너갔다. 일본에서 자산가가 된 재일교포들은 고향을 그리워하며 물질적 지원을 했다. 재일교포들이 옥도에 설립한 신명학원은 이웃 섬 아이들까지 교육했다.

옥도의 당산堂山은 수령이 수백 년으로 추정되는 동백나무 군락과 참팽나무들로 이뤄져 있다. 당제를 지내지 않은 지 50년이 넘었는데도 당숲이 잘 보존돼 있다. 당집 터도 남아 있고 당집 아래로는 아직도 맑은 물이

당숲에 수백 년 된 나무들이 보존될 수 있었던 데는 조상들이 제사를 지내던 신성한 공간이라는 주민들의 집단 심리가 작용했다. ⓒ 황호택

나는 당샘이 있다.

하의도 옹곡항에서 옥도 선착장까지 배로 30분 정도 걸린다. 1시간 50분 걸리는 목포~옥도 직항로에 하루 두 차례 여객선이 다닌다. 신안군은 2025년 작약이 개화할 무렵 퍼플섬~안좌도(우목도 선착장)~옥도(갈머리 선착장)를 오가는 관광선을 준비하고 있다. 그 무렵에는 올해 심은 작약들이 활짝 꽃을 피워 옥도의 언덕을 뒤덮을 것이다.🌲

해오름길에서 바라본 다도해 풍광
전국 천일염 20% 생산하는 신의도

신안군 신의도 황성금리해수욕장 가는 초행길은 그리 쉽지 않았다. 신의도 동리항 선착장에서 내려 해수욕장으로 차를 몰았다. 중간중간에 바닷물이 보여 곧 해수욕장이 나오려니 했는데, 산길이 나오고 고개가 나온다. 한두 번 헤매고 차에서 내려 주민에게 길을 묻고 나서야 해수욕장 가는 고개를 제대로 넘을 수 있었다.

백사장의 길이는 300여m로, 그리 긴 것은 아니다. 그런데 구조가 좀 특이하다. 백사장 좌우로는 산이다. 백사장에서 바다를 바라보면 해안선이 안쪽으로 쭉 파고들어 와 좌우의 시야는 막혀 있다. 액자를 같다고 할까. 그 가운데로 멀리 섬이 보인다. 한둘이 아니다. 보이고 또 보인다.

여러 개의 섬이 중첩되어 마치 산맥의 능선이 줄지어 다가오는 듯하다. 바다인데 자꾸만 백두대간의 능선이 떠오른다. 그 너머로 흐릿하게 큰 섬이 보인다. 진도군이다. 전체적인 풍경도 인상적이지만 작은 섬 하나하나의 모습도 매우 독특하다. 흔히 보아 온 삼각형 모습이 아니다. 뿔 같은 것이 위로 불쑥 튀어나와 있기도 하고, 무언가 웅크린 날짐승 같은 것도 있다.

섬들이 만들어 낸 깊은 수묵화

흔히 멋진 해수욕장이라고 하면 널찍한 은빛 백사장에 탁 트인 바다 전망

신안군 신의도의 황성금리해수욕장. 먼바다에는 진도군의 작은 섬들이 겹겹이 둥둥 떠 있어 한 폭의 수묵화를 만들어 낸다. ⓒ 이광표

이 있는 곳이다. 그러나 황성금리해수욕장은 완전히 다르다. 눈앞의 바다에 섬들이 둥둥 떠 있다. 누군가는 이곳을 "한국의 하롱베이"라고 부른다. 하지만 하롱베이에 비해 훨씬 더 부드럽고 훨씬 더 포근하다. 수묵화라는 표현이 가장 적절할 것 같다.

그럼, 저 섬은 대체 무슨 섬일까. 섬들의 정체가 궁금하면 신의도 해오름 전망대에 올라야 한다. 해오름 전망대는 해수욕장에서 6km 정도 떨어져 있다. 전망대로 가는 길을 노은구만 해변 길이라고 부른다. 노은리와 구만리를 잇는 길이다. 바다를 보면서 걸을 수 있고 자전거 투어도 가능하다. 황성금리해수욕장을 빠져나오기 위해 고개를 넘을 때 멀리 하의도로 넘어가는 뽀얀 삼도대교가 보인다.

해오름 전망대에 오르면 황성금리 해수욕장에서 보이던 섬들이 더 많이 펼쳐진다. 광각 렌즈에 잡힌 듯 좌에서 우로 쫙 늘어서 있다. 전망대에는

신의도 해오름길에서 바라본 삼도대교와 다도해 풍광. ⓒ 신안군

안내 표석이 있다. 친절하게도 시야에 들어오는 섬들을 표시해 놓았다.

왼쪽부터 상방고도, 하방고도, 광대도, 양덕도, 송도, 주지도, 혈도 순이다. 표석 속의 섬 모양 그림과 실물을 비교해 본다. 섬 정상의 바위가 불쑥 튀어 오른 주지도, 그 모습이 손가락 같기도 하고 상투 머리 같기도 하다. 그래서 손가락섬, 상투섬이라고 부르기도 한다.

그 앞에 양덕도가 얌전하게 자리하고 있다. 이 섬은 왼쪽 정상에 두 개의 바위가 튀어나왔다. 누군가는 발가락을 닮았다고 하고 누군가는 거북을 닮았다고 한다. 혈도는 구멍이 뚫린 섬인데 그 모습이 활을 닮았다고 한다. 광대도는 사자를 닮았다. 섬 하나하나의 모습이 특이하면서도 정겹고 또 신비롭다. 저 섬들은 모두 진도군에 속해 있다. 다른 곳에서는 볼 수 없는 고품격의 첩첩 다도해 풍광이다.

토판염에 염생식물 함초의 맛을 담아내다

신의도는 염전의 섬이다. 신안군 증도의 태평염전, 비금도의 대동염전도 유명하지만 신의도는 국내 천일염의 최대 생산지다. 전국 천일염 생산의 20%를, 신안군 천일염 생산의 30% 이상을 차지한다. 신의도의 염전 면적은 530ha, 매년 천일염 7만 8,000t을 생산한다. 신의도 동리 선착장에서 하의도로 연결되는 삼도대교 가는 길은 주변이 모두 염전이다.

신의도 천일염과 관련해 사람들에게 가장 익숙한 이름은 '6형제 소금밭'이다. 이름 그대로 신의도 출신 6형제가 염전을 운영하고 소금을 생산하는 곳이다. 이들이 유명해진 것은 2009년 KBS 〈인간극장〉에 소개되면서부터다. 몸이 불편하신 부모님을 모시고 고향 신의도를 지키며 땀 흘려 소금밭을 일구는 강씨 6형제의 휴먼 스토리였다.

6형제의 아버지는 예전부터 신의도에서 대를 이어 소금을 생산했다. 6형제도 염전 일에 힘을 보탰다. 그러다 1990년대 말 새롭게 시작한 중장비 사업의 실패로 빚을 지고 형제들은 여기저기 흩어졌다. 다들 조금씩 자리를 잡아가던 중 2008년 아버지가 뇌졸중으로 쓰러지고 염전이 남의 손에 넘어갈 위기에 처했다. 그러자 뭍으로 나가 있던 형제들이 다시 신의도에 모였다. 아버지가 운영하던 '참소금 염전' 규모를 확장해 '6형제 소금밭'이라는 이름으로 바꾸어 가업을 이어갔다. 그러나 염전 운영과 소금 판매는 쉽지 않았다.

그러다 2009년 인간극장에 형제들의 이야기가 소개되었다. 소금 주문이 급증했고 빚도 갚았다. 넷째 강원석(51) 씨와 막내 강주일(42) 씨가 자신들의 이야기를 담아 책까지 출간할 정도로 유명해졌다. 현재는 염전과 소금 가공 공장을 운영하고 있다. 강씨 형제들은 한 해 토판 천일염 20kg짜리 3,000포대, 일반 천일염 20kg짜리 8,000포대를 생산한다. 바로 옆 하의도에서도 염전을 개발 중이다.

넷째인 강원석 대표는 6형제 소금의 대표 상품으로 함초황토소금을 꼽았다. 염전에서 생산한 최고 품질의 토판염에 함초의 맛과 영양을 담아낸 것이다. 천일염 80%에 함초가 20% 들어간다. 갯벌이나 염전 주변에서 자라는 염생식물인 함초는 칼슘, 마그네슘, 인 등이 풍부해 바다의 인삼으로 불린다.

우선, 토판염을 황토 그릇에 담아 섭씨 800도의 가마에서 12시간 굽

↑ 국내 최대 규모를 자랑하는 신의도 염전. 신의도에서는 매년 천일염 7만 8,000t을 생산한다. ⓒ 신안군
↓ 신의도 염전에서 소금을 실어 나르는 수레들. ⓒ 신안군
→ 신의도 염전의 일출 모습. ⓒ 신안군

는다. 여기에 함초 가루를 배합하고 다시 옹기 항아리에 담아 숙성시킨다. 가마에서 굽고 옹기에 숙성하는 과정은 충남 홍성의 제2공장에서 진행한다. 모든 과정이 마무리되면 다시 신의도로 가져와 포장한 뒤 소비자에게 공급한다. 다섯째인 강주등 대표는 함초 재배와 가공에 각별히 신경을 쓴다고 했다.

> 저희는 함초를 말려서 가루로 만드는 것이 아니라 생生 함초를 갈아서 만듭니다. 가을에 함초가 붉어지는데 그 직전 여름에 함초를 갈아서 천일염과 섞는 겁니다. 이렇게 하면 소금 맛과 퉁퉁마디 맛이 기막히게 어우러지지요. 짠맛이 줄고 함초 특유의 향이 은은하게 느껴집니다.

6형제의 아버지는 목사이고 형제들도 신심이 깊다. 그래서인지 6형제에게 소금은 더 각별하다. 강주등 대표는 마태복음 5장 13절 이야기를 꺼냈다. "너희는 세상의 소금이니 소금이 만일 그 맛을 잃으면 무엇으로 짜게 하리요. 후에는 아무 쓸데 없어 다만 밖에 버려져 사람에게 밟힐 뿐이니라." 그는 "우리 형제가 여기까지 오는데 2009년 TV 프로그램 덕을 참 많이 봤다. 프랑스 게랑드 소금 그 이상의 가치를 구현해 보답하고 싶다"라고 했다.

신의도에는 개인이 운영하는 염전이 많다. 현재 신의도 주민 160가구가 염전을 운영한다. 이런 특징을 살려 CJ제일제당은 2010년 신의도 소금 생산 주민 80여 명과 공동으로 신의도 천일염 주식회사를 설립해 운영해 오고 있다. 염전은 3월 하순부터 10월 말까지 가동된다.

목포에서 신의도, 하의도까지 연륙된다

신의도에는 6~7세기 백제 고분이 많다. 상태서리, 자실리 일대의 나지막

신의도 상태서리 백제고분군. 신의도에는 60여 기의 백제 고분들이 밀집해 있다. ⓒ 신안군

한 안산 일대에 60여 기가 밀집되어 있다. 널찍한 돌로 시신과 부장품 공간을 마련한 수혈竪穴식 석곽묘다. 그런데 60여 기라는 규모가 매우 이례적이다. 안산의 아래쪽에서 중턱으로 올라가면서 무덤이 널려 있다. 이렇게 많이 모여 있는 것은 서남해의 여타 섬 지역에서 찾아보기 힘든 현상이다.

이 고분들은 2000년대 초 정식 발굴이 이뤄지기 전까지는 청동기 시대 고인돌로 여겨졌었다. 그러나 발굴 조사 결과, 6~7세기 백제 고분으로

신의도와 하의도를 잇는 삼도대교(2017년 개통). ⓒ 신안군

밝혀졌다. 백제 고분이 밀집되어 있다는 것은 그 무렵 신의도가 백제의 영향권에 들어갔음을 의미한다.

    고분의 주인공에 관해선 백제 중앙 정부가 파견한 수군 병력이거나 이들을 도운 신안 지역의 해상 세력일 것이란 견해가 있다. 60여 기 무덤

의 주인공들은 1500년 전 위로는 군산 지역에서부터 아래로는 진도 사이의 해상로를 통제하는 역할을 했을 것이다. 신의도가 백제시대 때부터 중요한 해양 요충지였음을 보여 주는 흥미로운 유적이다.

신의도 바로 옆은 김대중 전 대통령의 생가가 있는 하의도다. 하의도 관광객들은 신의도에 들르고 신의도 관광객들은 하의도에 들른다. 지금은 배를 타야 신의도에 오갈 수 있지만 앞으로 자라도~장산도, 장산도~신의도를 잇는 교량이 건설되면 목포에서 차를 타고 신의도, 하의도까지 들어갈 수 있다. 이미 자라도까지는 5개의 교량(압해대교, 천사대교, 중앙대교, 신안제1교, 자라대교)이 건설되어 있다. 장산도~신의도 교량은 신안군이 정부에 건설을 요청해 놓았고, 자라도~장산도 교량은 2024년 착공에 들어간다.

5부
천사섬의 미각과 미학

신안군 압해도와 암태도를 연결하는 천사대교의 야경. 길이 7.2km로, 신안의 새로운 상징으로 자리 잡았다. ⓒ 신안군

 # 남도 섬에만 있는 산해진미

신안의 미각 ①

1,000개를 넘는 섬으로 이뤄진 전남 신안군은 계절에 따라 나는 음식 재료가 육해공을 망라한다. 그런데 대부분 육지에서 구하기 힘든 것들이다. 신안군이 2022년에 펴낸 《신안 섬음식 백서》는 굴·김·갈파래·감태 등 해조류, 민어·홍어·황석어·농어·병어·낙지 등 어류, 전복, 거북손, 새우, 꿩, 흑염소 등 42가지 대표적 향토 식재료를 소개한다. 섬에서 나는 독특한 음식 재료와 주민들 사이에서 전승되는 조리법으로 고유한 섬 음식이 만들어진다.

여행자들은 해가 기울면 입을 호사시키는 미식을 찾아 나선다. 음식에는 그 지방의 물산과 전통, 정서가 담겨 있다. 소득 수준이 높아지고 웰빙 관광을 추구하면서 '맛집 투어'는 여행지를 결정하는 중요한 기준이다.

한국인들의 식단에서는 어딜 가나 주 요리에 못지않게 반찬으로 나오는 김치가 중요하다. 신안 음식점들은 섬에서 나는 젓갈과 생선 등을 넣고 숙성시킨 김치를 내놓는다. 같은 재료를 써도 주인의 손맛에 따라 향과 식감이 달라진다. 천사섬에서는 외관이 허름한 식당에 들어가서도 여행 중 먹는 맛의 즐거움을 망쳐놓는 중국산 김치를 만나지 못했다.

《신안군 섬음식 백서》는 '발로 쓴 요리책'이다. 신안군 섬마다 요리 잘하는 사람과 식당을 수소문해서 304가지 음식을 찾아냈다. 이 중에서 보존 가치, 역사성, 대중성을 고려해 100선을 해 백서로 펴냈다. 강성국(목포대 식품공학과 교수), 김경희(목포대 식품영양학과 교수), 양동휘(초당대 호텔조리학과 교수), 노선미(신안군청 관광진흥과 영양사) 씨가 1년 6개월 동안 76개 유인도를 찾아다녔다. 기능 보유자의 이야기를 듣고 요리를 같이했다.

이 백서를 바탕으로, 김준 전남대 학술연구 교수와 사단법인 섬연구소 강제윤 소장의 저서를 참고했다. 김준 연구원이 쓴《바다 맛 기행》(전 3권)에는 각종 어류와 해조류 75가지 요리가 등장한다. 강 소장은 남도 섬 전역을 발로 뛰며 발굴한 토속 음식 34가지를《전라도 섬맛기행》에 담았다. 홍어(흑산도), 민어(임자도), 숭어(영산도, 퍼플섬), 병어(지도), 낙지(옥도), 거북손(영산도) 등은 해당 섬을 다룰 때 관련 음식과 조리법을 소개했으므로 중복을 피했다.

황석어

조기 새끼와 비슷하게 생긴 황석어. ⓒ 신안군

황석어黃石魚는 농어목 민어과의 물고기로 지역에 따라 강다리, 황석어, 황새기 등으로 불린다. 몸은 작고 가늘고 길며 옆으로 납작하다. 모양과 맛이 비슷해 간혹 조기 새끼와 혼동하는 사람들이 있다. 조기 새끼보다 머리가 크고 돌기가 있다. 지역에 따라 참조기라 부르기도 한다.

신안에서는 오뉴월이면 알이 꽉 차고 싱싱한 황석어로 찌개를 끓인다. 황석어조림은 조기조림보다 국물 맛이 더 진하고 살은 부드럽다. 황석어는 바짝 말려두었다가 조림을 해 먹기도 한다. 황석어를 소금에 절여 6개월 넘게 발효시켜 조미료로도 이용한다. 황석어는 다 자라도 크기가

13~15cm로 몸집이 작고 뼈가 연해 통째로 씹어도 무탈하다.

황석어젓은 천일염으로 담가 신안 임자도 전장포 토굴에서 숙성시킨 젓갈이 유명하다. 황석어젓으로 김장을 담그면 김치의 감칠맛을 더해 주고 식감을 부드럽게 해 준다. 황석어 젓갈에 양념하면 밥반찬으로도 인기가 높다. 민어와 참조기는 몸값이 높아 쉽게 밥상에 올릴 수 없으니 꿩 대신 닭이라고 황석어가 대용으로 이곳저곳에 나선다. 몸집은 작지만 맛과 쓰임새는 조기에 못지않다.

황석어 튀김도 일품이다. 김준 씨는 "임자도 황석어 축제에서 황석어 튀김을 처음 먹어 봤는데, 내가 먹어 본 생선튀김 중에서 으뜸이었다. 통째로 튀겨서 씹는 맛이 좋다"라고 강력히 추천한다.

망둥이

표준말은 망둥어가 아니라 망둥이 또는 망둑어다. 신안 같은 갯벌이나 강과 바다가 만나고 바닥이 진흙이나 모래로 이뤄진 강의 하구에 산다. 《자산어보》에는 "성질이 둔해 사람을 무서워하지 않기 때문에 낚시로 잡기가 매우 쉽다. 겨울에는 갯벌을 파서 겨울잠을 잔다. 자기 어미를 먹기 때문에 무조어無祖魚라고 불렸다"라고 소개했다.

'숭어가 뛰니 망둥이도 따라 뛴다'는 속담이 있을 만큼 망둥이는 바닷가나 어물전에서 대접을 못 받던 어종이다. 요즘은 양식을 안 하는 어종이 고급 어종이 됐다. 신안에서는 망둥이를 '운저리'라고 한다. 막걸리 식초로 만든 초고추장과 익은 열무김치 또는 묵은지에 비며 보리밥과 함께 먹는 운저리 비빔밥, 된장과 깻잎에 싸 먹는 운저리 회는 이 지방에서 알아주는 별미다.

망둥이 요리 중 으뜸은 초무침, 망둥이는 지방이 적고 담백하여 다이어트에 효과적이다.

낙지 냉연포탕

하의도 사람들은 겨울에도 냉연포탕을 즐긴다.ⓒ 신안군

하의도, 장산도, 신의도 사람들은 뜨거운 연포탕이 아니라 냉연포탕을 즐긴다. 차가운 국물에 삶은 낙지와 채소를 곁들인 요리다. 하의도 사람들은 겨울에도 냉연포탕을 먹는다. 타관에서는 겨울에 국물을 조금 따뜻하게 덥혀서 먹는 사람들이 많다.

낙지는 머리를 뒤집어 내장을 제거한 후 밀가루나 소금으로 문질러 두세 번 씻어 이물질이나 잡냄새를 제거한다. 끓는 물에 낙지를 살짝 데친다. 여름철에는 낙지 삶은 물을 식혀 냉장고에 보관해 둔다. 냉연포 양념장에 낙지 삶은 물을 섞어 소금으로 간을 맞춘다. 배, 당근, 양파, 오이는 얇게 썬다. 적당히 자른 낙지에 야채를 섞고 차가운 국물을 붓는다. 식초와 마늘, 풋고추, 참깨로 양념한다.

거북손방풍초무침

파도가 때리는 절벽에 붙어사는 거북손과 갯가에서 자라는 방풍나물.ⓒ 신안군

거북손과 갯가에 나는 방풍나물을 버무린 요리다. 방풍의 어린 순을 나물로 먹거나 각종 요리 재료로 이용한다. 절벽에 붙어 플랑크톤을 먹고 사는 거북손에 관해서는 이 책의 영산도 편에서 자세히 다루었다.

고추장, 막걸리 식초, 다진 마늘, 매실청을 섞어 양념장을 만든다. 방풍나물은 굵은 줄기를 잘라서 손질한다. 끓는 물에 소금을 넣고 방풍나물을 데친 후 거북손을 데친다. 데친 거북손은 아래쪽을 비틀어 살만 발라낸다. 당근, 양파, 대파는 채를 썰고 청양고추는 어슷하게 썬다. 방풍나물과 거북손, 채소를 섞고 양념장을 넣어 무친다.

칠게

고소하고 바삭한 칠게 튀김. ⓒ 신안군

칠게는 십각목 달랑게과 갑각류로 주로 하구 근처의 부드러운 진흙 바닥에 직경 1cm 정도의 경사진 타원형 구멍을 파고 서식한다. 《자산어보》에는 "집게발이 강해서 물리면 매우 아프다. 민첩하고 잘 달리며 항상 모래에 살면서 굴을 만든다"라고 했다. 집게가 큰 것이 수게, 작은 것이 암게다.

칠게는 낙지가 좋아하는 특식이다. 낙지 주낙에 싱싱한 칠게를 이용할수록 많은 낙지를 잡을 수 있다. 칠게는 크기가 작아 보통 튀김, 게장, 볶음 요리 등으로 통째 먹는다. 신안 갯벌에서 서식하는 칠게는 맛이 뛰어나다. 칠게장은 밥도둑이다. 예전 장산도 사람들이 가장 즐기던 반찬은 '기젓국'이다. 기젓국은 좋은 펄에서 나온 칠게로 담은 칠게젓을 말한다.

기젓국 담그는 법은 다음과 같다. 칠게 배딱지를 떼어내고 깨끗한 물이 나올 때까지 헹궈 준다. 양파, 청양고추, 마늘을 작은 크기로 썬다. 믹서기에 채소와 고춧가루, 생강즙, 멸치액젓, 설탕을 넣고 간다. 갈린 양념에 칠게를 넣고 다시 갈아 준다. 천일염을 넣고 숙성시킨다.

수산물 전시회에 가보면 어디서나 칠게 튀김이 인기를 끈다. 요리법의 첫 순서는 칠게를 이물질이 없도록 깨끗이 씻는 것. 씻은 칠게를 체에 내려 물기를 제거한다. 칠게에 전분 가루를 골고루 뿌린다. 식용유는 170℃까지 온도를 높인 다음 전분 가루를 묻힌 칠게를 넣고 튀긴다. 튀길 때 색이 나기 전에 한 번 건져 공기와 닿게 한 뒤 다시 한번 튀겨 준다. 마지막 마무리로 초간장에 청양초를 썰어 넣는다.

칠게에 풍부한 오메가-3는 콜레스테롤 수치를 낮추어 주고 항염 작용을 하여 뇌를 건강하게 한다. 칠게는 키토산 덩어리다. 기젓국은 키토산이 많이 함유된 껍질을 단 한 조각도 버리지 않고 먹을 수 있다.

능산도에서는 기젓국을 보리밥에 비벼 먹는 것이 별미. 보리밥에 양념한 기젓국을 올리고 시금치나 숙주나물 등을 곁들여서 비빈다. 오이냉국을 곁들여 먹으면 더욱 맛이 있다. 칠게 된장국과 칠게 무침도 먹어 보라. 천사섬의 진미다.

바위옷 묵

밀물과 썰물이 드나드는 바위 위에 자라는 바위옷. 오른쪽은 신안에서 귀한 손님을 대접할 때 내놓는 바위옷묵. ⓒ 신안군

바위옷은 풀가사리과의 바닷말로 밀물과 썰물이 만나는 조간대潮間帶 상부 바위 위에서 자란다. 썰물 때 드러나는 바위 위에 마치 옷을 입힌 것처럼 보여 바위옷이라고 부른다. 다 자라면 5~10mm 정도인 다갈색의 해조

류로 수저나 전복 껍데기 등으로 긁어 채취한다.

신안에서는 바위옷을 불리고 끓여서 굳힌 묵으로 만들어 먹는다. 다른 묵과는 달리 씹히는 식감이 쫄깃하고 단단하며 진한 바다 향기가 입안에 오래 머무른다. 우무나 도토리묵에 비해 단단하고 쉽게 부서지지 않는다. 열량은 높지 않으면서 부피가 비교적 크고, 식이 섬유 함량이 높아 포만감을 주므로 겨울철에 열량을 과잉 섭취해 살이 찌는 것을 막을 수 있다.

신안에서는 귀한 손님이 왔거나 명절에만 하는 요리다. 수확량이 너무 적고 채취하는 데 일손이 많이 들어 점차 사라져 가고 있다. 신안군 바위옷묵은 국제슬로우푸드협회가 선정하는 '맛의 방주'에 2017년 등재됐다. 澤

우럭돌미역국, 간재미무침, 붕장어탕……

신안의 미각 ②

흑산도 우럭간국과 우럭돌미역국

우럭을 석쇠로 구운 우럭구이. ⓒ 신안군

흑산도 일대 섬들을 지나다 보면 곳곳에서 우럭 가두리 양식장을 볼 수 있다. 대둔도, 다물도, 영산도 일대 우럭 양식장에서는 인근 바다에서 잡은 자연산 멸치를 먹이로 준다. 자연산 멸치를 먹고 자라는 흑산도 가두리 우럭은 자연산인가, 양식인가?

　우럭간국과 우럭돌미역국이 흑산도를 대표하는 음식으로 꼽히는 것도 청정 바다에서 자연산 멸치를 먹고 자라는 우럭을 재료로 쓰기 때문일 것이다. 우럭간국은 우럭 생물을 건조하는 과정에서 감칠맛이 응축되어 깊은 맛이 난다. 말린 우럭에 소금을 넣고 한 시간 정도 끓이면 국물이 뽀얗게 우러나는데 이를 간국 또는 젓국이라고 한다. 시원하고 담백한 맛이 일품이다. 우럭구이는 소금을 뿌려 말린 우럭을 석쇠로 굽는다. 담백하면서도 쫀득한 맛이 밥반찬으로 어울린다.

흑산 바다 험한 파도가 키운 돌미역

흑산도 돌미역국은 자연산 돌미역에 생우럭을 넣고 끓인다. 흑산 바다에서 거칠고 험한 파도를 견디며 자란 돌미역은 빳빳하고 질기다. 끓여도 잘 풀어지지 않는다. 그래서 오래 끓일수록 그 맛이 깊다. 돌미역은 다른 재료를 첨가하지 않아도 뽀얀 육수가 사골국물처럼 우러나온다. 억센 돌미역을 부드럽게 하는 비법은 따온 뒤 바로 말리지 않고 데친 다음 일주일 정도 냉장 숙성하는 것이다.

감태

풋고추와 붉은 고추를 얹은 감태전. ⓒ 신안군

갈파래과의 다년생 해조류인 가시파래를 서해안 남해안 일대에서는 감태라고 부른다. 김과 비슷하게 생겼지만 머리털같이 가느다랗고 푸른색을 띤다. 매생이(산태)를 닮았으나 조금 거칠다. 매생이는 누에고치 실보다 가늘고 빽빽하며 색은 검푸르다. 감태는 갯벌, 매생이는 바위에서 자라는 점이 다르다. 신안에서는 전복과 소라도 감태를 먹고 자란다. 지도, 압해도 등지에서 많이 난다.

감태는 한겨울 갯벌에 초록색으로 덮여 있다. 매서운 겨울 바닷바람을 맞으며 추위를 견뎌야 쌉쌀한 맛이 강해진다. 갯벌에서 한 올 한 올 채취한 감태를 빨래하듯이 방망이로 두들겨 찬물에 수십 번 헹구어 내면 향긋한 감태가 탄생한다. 감태는 무기염류와 비타민이 풍부하고 향기와 맛이 독특하다. 익혀 먹기보다는 생으로 무쳐서 밑반찬으로 요리한다. 감태 음식으로는 감태자반, 감태전, 감태무침이 있다.

감태자반은 말린 감태를 적당한 크기로 자르고 대파를 송송 썰어둔다. 간장, 참기름, 들기름, 매실청, 깨 같은 양념을 잘 섞는다. 자른 감태에 양념과 썰어둔 대파를 적당히 버무려 준다.

감태전은 흐르는 물에 감태를 한 번 씻고 물기를 제거한다. 부침가루에 적당히 물을 넣고 반죽해서 손질한 감태를 넣어 섞는다. 프라이팬에 기름을 두르고 반죽을 넣고 부친다.

감태지(무침)는 감태에 멸치액젓과 간장을 넣고 버무린다. 쪽파를 잘게 썰어 감태에 넣고 깨소금을 넣고 버무려 무친다. 2~3일 보관해 노르스름하게 숙성시킨다.

감태에는 우유보다 6배나 많은 칼슘이 함유되어 있다. 식이섬유가 풍부해 변을 묽게 하고 숙변을 제거하는 데 도움이 된다. 혈액 순환 개선에 좋은 카테킨 성분이 풍부하다.

갈파래

잔칫날 가마솥에 끓여 놓고 먹는 갈파래.
ⓒ 신안군

갈파래는 청태靑苔라고도 한다. 갈파래는 파도의 영향을 많이 받는 조간대潮間帶 상부, 특히 민물이 흘러들어오는 곳에서 잘 자란다. 조수 웅덩이에 큰 군락을 이루는 경우가 많다. 늦가을부터 초여름까지 잘 자란다.

신안에서는 잔칫날이나 상갓집에서 가마솥에 갈파래를 가득 끓여 놓고 떠먹는다. 장례식 때 돼지 삶은 국물에 갈파래를 넣고 오래 삶아도 잎이 넓은 형태가 무너지지 않는다. 갈파래를 이용해 떡도 찐다. 갈파래는 혈액의 항응고 작용, 면역 증강, 항抗종양성, 항바이러스성이 있는 식품이다.

붕장어탕

보양식 붕장어탕. ⓒ 신안군

붕장어는 뱀장어목 붕장어과에 속하는 바닷물고기. 생김새는 뱀장어와 비슷하나 뱀장어와 달리 바다에서만 서식한다. '아나고'는 붕장어의 일본식 이름으로, 뱀을 닮아 우리나라 사람들은 원래 잘 먹지 않았으나 일제 강점기에 붕장어를 즐겨 먹는 일본인들을 따라 식용하기 시작했다.

붕장어탕은 여름에 먹는 보양식으로 유명하다. 8, 9월에 먹는 붕장어 간국도 알아준다. 붕장어 간국은 이틀 남짓 말려서 기름이 살짝 배어 나올 정도가 되면 끓인다. 오래 끓일수록 맛있다.

보리숭어구이와 마른숭어찜

보리가 익을 무렵 나오는 보리숭어구이. ⓒ 신안군

눈자위가 노란 숭어는 겨울철에 맛있다. 눈자위가 까만 숭어는 오뉴월 보리가 익을 무렵이 최고다. 그래서 보리숭어라고 한다. 기름이 오를 대로 오른 보리숭어의 등을 따 물기를 뺀 보리숭어를 그늘에서 바람에 말린다. 말린 보리숭어를 숯불에 올리고 소금을 뿌리며 굽는다. 반월도 수제 고구마 막걸리를 곁들이면 궁합이 잘 맞는다.

마른 생선찜의 대표는 민어찜이지만 겨울숭어찜도 둘째가라면 서러

위한다. 익혀도 여전히 딱딱한 생선 토막을 찢어서 입에 넣으면 소고기 육포 맛이 난다. 암태도 마른숭어찜을 최고로 알아준다. 숭어는 한 달 이상 말려야 제맛이 난다. 숭어는 비늘을 제거한 뒤 등을 따서 내장을 제거하고 깨끗이 씻어서 소금 간을 한 뒤 겨울 햇볕에 한 달 이상 바짝 말린다. 바짝 마른 숭어를 물이나 쌀뜨물에 담가서 반나절 정도 불린다. 시간이 걸리더라도 압력솥에 넣고 찌는 것이 더 맛있다.

인동초막걸리와 약주

인동초막걸리와 홍어회는 궁합이 잘 맞다. ⓒ 신안군

하의도에 많은 인동초忍冬草는 반상록 덩굴 식물. 한겨울 매서운 추위를 이겨낸다고 하여 인동초라는 이름이 붙었다. 그래서 온갖 정치적 박해를 이겨 낸 김대중 전 대통령을 상징하는 초본처럼 됐다. 꽃은 5, 6월에 핀다. 처음에는 연한 붉은 색을 띤 흰색이지만 나중에 노란색으로 변한다.

하의도에서는 인동초 잎을 따서 하루쯤 두었다가 은근한 불에 가볍게 덖어 내 종이봉투에 담아 두고 한 번에 2~3g씩 더운물에 우려내 차로 마신다. 해열, 이뇨, 감기 예방과 만성 간염 치료에 효과가 있다. 인동초, 감초, 당귀 및 음양곽을 혼합한 재료에 쌀과 누룩을 얹어 발효시키고, 발효물에 다시 인동초 및 감초 추출물을 혼합해 숙성시켜 약주와 탁주를 빚는다.

간재미 회무침과 된장찜

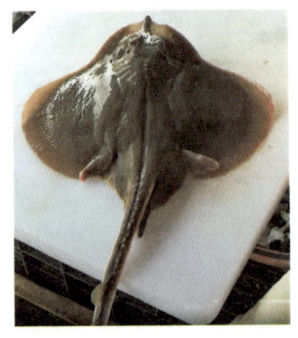

지역에 따라 가오리 또는 간재미라 불린다. ⓒ 신안군

홍어와 가오리는 체색體色 변이가 많고 형태가 유사해서 구분하기 매우 어렵다. 홍어는 상온에 두면 피부에 쌓여 있는 요소가 암모니아로 발효해 삭혀지면서 독특한 냄새를 풍긴다. 반면에 가오리는 상온에 두어도 발효가 거의 일어나지 않고 상해 버린다. 국립수산과학원 박정호 연구관은 "흑산도 일대에서 나는 찰지고 발효가 되는 홍어를 참홍어라고 구분한다"라고 말했다.

《신안군 섬음식 백서》에 따르면 '연안에서 많이 나는 가오리류'를 경기도, 전라도, 충청도 일대에서는 간재미라고 부른다. 그러나 국립수산과학원 홈페이지에는 "간재미와 가오리의 모양이나 피부 돌기를 보고 어떤 어종인지 구분할 방법은 없다"라고 설명한다. 간재미와 가오리는 이름만 다를 뿐 같은 어종이라는 이야기다.

간재미 회무침은 새콤달콤한 양념장과 신선한 채소가 어우러져 입맛을 돋우는 신안의 진미. 간재미 무침에서 빠져서는 안 되는 것이 미나리와 오이다. 겨우내 자라 향이 강한 미나리일수록 좋다. 간재미 회무침은 싱싱할 때 바로 먹어야 제맛이 난다.

신안에서는 반건조 간재미로 된장찜을 해 먹는다. 양념장에는 진간장, 된장, 고운 고춧가루, 굵은 고춧가루, 다진 양파, 다진 홍고추, 다진 풋고추, 대파 다짐, 다진 마늘, 맛술, 참기름, 통깨가 들어간다. 재료와 조리법이 복잡해 직접 하기보다 전문점에 가서 먹는 것이 좋다.

함초

막걸리 술빵과 푸른색이 도는 함초 술빵. ⓒ 신안군

함초鹹草는 서해안, 남해안의 바닷가 간석지에 흔하게 자라는 염생鹽生식물이다. 명아줏과의 한해살이 풀로 예전에는 염전에서 귀찮은 잡초로 취급됐다. 프랑스에서는 술과 고급 음식의 재료로 사용한다.

함초는 신안의 천일염전 주변에서 자생하지만 지금은 농가에서 재배한다. 녹색으로 자라다 가을이 되면 자주색이 된다. 잎과 가지의 구별이 거의 없으며 원기둥의 줄기에 마디가 많고 굵고 통통하다. 그래서 퉁퉁마디라는 이름이 생겼다.

염전 주변의 잡초가 고급 음식 재료로

소금기를 듬뿍 지닌 함초는 광합성 작용을 통해 나쁜 성분을 걸러내고 좋은 성분을 농축한다. 바닷물이나 개펄 속에 녹아 있는 미네랄을 듬뿍 흡수해 미네랄이 김의 40배, 칼슘은 우유의 5배나 들어 있다.

생함초 즙을 내어 밀가루와 반죽하거나 함초 분말과 밀가루를 일정한 비율로 반죽하여 함초 칼국수를 만든다. 함초의 발효액을 일반 양념과 혼합해 소고기, 돼지고기를 재운 함초양념갈비, 함초 추출액에 닭고기, 돼지고기를 숙성시킨 함초 바비큐도 있다. 함초 나물과 함초 고추장을 곁들인 함초 영양비빔밥, 함초 발효액에 간장을 일정 비율로 배합하여 숙성시킨 함초 간장게장도 식도락가들의 구미를 당긴다. 함초 회무침, 함초 샐러드, 함초 김밥, 함초 술빵도 인기다.

톳

톳으로 담근 장아찌. ⓒ 신안군

톳은 경사가 완만한 암초 지대나 파도가 심하지 않으며 펄이 넓은 지역에서 큰 군락을 이룬다. 신안에서는 톳을 이용해 톳밥, 톳무침, 톳장아찌 같은 음식을 만들어 먹는다.

《자산어보》에는 "맛이 담백하고 개운해서 데쳐 먹을 만하다"라고 나와 있다. 말린 톳은 찬물에 20~30분 잘 불린 후 끓는 물에 살짝 데쳐 물기를 제거한 후 요리를 한다. 갯바위에 붙은 톳은 갈색이지만 말리면 검은색, 요리를 위해 뜨거운 물에 데치면 푸른색을 낸다.

어촌이나 섬마을에서 쌀이 떨어진 보릿고개에 톳을 넣어 밥을 지어 먹었다. 건강식이나 웰빙식으로 톳밥을 개발한 식당도 있다. 전복을 넣어 만든 톳전복개우젓밥도 신안이 아니면 먹어 보기 힘들다. 톳전복밥(내장 포함)에 게우젓 양념장을 넣어 비벼 먹는 독특한 섬 음식이다.

예술과 낭만이 있는 한국의 나오시마
신안의 꽃 축제와 박물관 미술관

신안은 꽃의 섬이다. 연중 꽃이 피고 꽃 축제가 열린다. 꽃을 그린 정겨운 벽화도 많다. 신안은 대표적인 섬마다 특별한 꽃을 가꿨고 그 덕분에 섬마다 꽃에 어울리는 특유의 색깔을 입게 되었다. 라벤더 향이 가득한 보랏빛 박지도와 반월도가 대표적이다. 목포에서 다리를 건너 압해도와 암태도를 지나면 여기저기 하나둘 보라색이 나타난다. 지붕, 교량, 버스 정류장…….

암태도를 빠져나와 안좌도를 거쳐 반월도와 박지도에 이르면 지천이 보랏빛이다. 주민들의 일상용품까지 보라색이다. 그래서 퍼플섬이라는 이름이 더 익숙하게 다가오는 곳이다. 보랏빛은 강렬하고 고급스러우며 은근히 환상적이다. 보랏빛은 신안의 이미지를 업그레이드하는 데 한몫 톡톡히 했다.

계절마다 형형색색, 연중 꽃 축제

꽃 축제도 끊이지 않는다. 섬 겨울꽃 축제(12월 중순~1월 중순, 압해도 분재공원), 1004섬 수선화 축제(3월 중순~3월 말, 선도), 신안 튤립 축제(4월 중순~4월 말, 임자도), 유채꽃 축제(4월 중순, 지도), 수국 축제(6월 중순~하순, 도초도), 섬 원추리 꽃 축제(7월 중순, 홍도), 섬 맨드라미 축제(10~11월, 병풍도) 등.

신안군 병풍도에서 매년 10월 열리는 맨드라미 축제. 닭 볏처럼 피어난 붉고 노란 맨드라미들이 강렬한 이미지를 뿜어낸다. ⓒ 신안군

겨울부터 이른 봄까지는 신안의 어느 섬에 가도 동백을 만날 수 있다. 특히 압해도에 가면 설경 속 애기동백에 흠뻑 취할 수 있다. 압해도의 1004섬 분재공원에 위치한 애기동백 숲에는 애기동백 2만 그루가 자라고 있다.

백색의 눈 속에 점점이 피어난 붉은 애기동백들이 강렬한 여운을 남긴다. 선도에 가면 바다와 어우러진 수선화 군락이 장관을 연출한다. 선도에서 수선화를 처음 가꾼 사람은 30여 년 전 귀향한 90대의 현복순 할머니. 수선화와 여러 꽃을 정성스레 가꿔온 현복순 할머니의 아름다운 마음을 느껴 볼 수 있는 곳이다.

7월이 되면 홍도 산자락에 원추리꽃이 만발한다. 원추리는 육지에서는 만나기 어려운 꽃이다. 섬에서만 자라는데 그중에서도 홍도에 집중적으로 서식한다. 홍도의 원추리는 공원을 조성해 가꾸는 꽃이 아니라 산

신안 자은도 유각마을 초입에서 만나는 동백·감·벚꽃 파마머리 벽화. ⓒ 이광표

능선을 타고 자라는 꽃이어서 훨씬 더 자연스럽고 생명력이 더 충만해 보인다. 게다가 꽃이 유난히 크고 질감이 좋아 고급스러운 매력을 풍긴다. 비경의 섬 홍도의 또 다른 매력이다.

매년 10월 병풍도에서는 맨드라미 축제가 열린다. 맨드라미는 7~8월 개화해 10~11월까지 꽃을 피운다. 맨드라미는 가을꽃 가운데 가장 오래 피면서 강한 생명력을 보여 주는 꽃이다. 병풍도의 맨드라미는 붉고 노란 꽃들이 닭 볏처럼 피어나 더더욱 강렬한 분위기를 풍긴다.

꽃 그림 벽화도 눈길을 끈다. 암태도 기동삼거리의 동백파마머리 벽화는 신안 지역 최고 인기 벽화다. 애기동백 실물과 할머니 할아버지 파마머리의 절묘한 만남. 암태도를 찾는 사람은 거의 빠짐없이 이곳에서 사진을 찍는다. 자은도 들어가는 길목에도 이와 유사한 할머니 벽화가 그려져 있다. 수국의 섬 도초도에도 집의 담장이나 창고 벽에 수국을 그려 놓았다. 타일로 수국을 표현한 담장도 보인다. 비금도 출신 바둑 기사 이세돌의 어머니(비금도 거주)가 수국 화환을 쓴 모습의 벽화도 있다.

수선화의 섬 선도에는 농협 창고나 주택 담장에 수선화가 그려져 있다. 조희룡의 유배지 임자도의 건물 외벽 곳곳에는 그가 사랑했던 매화 그림이 보인다. 꽃은 이렇게 신안 사람들과 하나가 되었다. 그렇기에 신안에서 꽃을 만나는 것은 단순히 아름다움을 감상하는 차원을 넘어 신안 사람들의 일상과 내면, 그리고 신안의 역사를 만나는 일이다.

뮤지엄에 가면 신안이 보인다

꽃이 있는 신안에 '뮤지엄'(박물관과 미술관)이 빠질 수 없다. 신안군은 '1도島 1뮤지엄' 프로젝트를 진행 중이다. 10개 섬에 26개의 뮤지엄(박물관 11개, 미술관 13개, 전시관 2개)을 건립하는 것을 목표로 삼고 있다. 압해도의 저녁노을미술관, 자은도의 1004뮤지엄파크, 임자도의 조희룡미술관, 비금도의 이세돌바둑박물관, 흑산도의 철새박물관과 새공예미술관, 증도의 소금박물관과 갯벌박물관, 하의도의 야외조각미술관 등. 대부분 섬의 특징과 역사를 살린 박물관과 미술관이다.

임자도 조희룡미술관에선 유배객 조희룡의 삶을 돌아보고 그의 격정적인 매화 그림을 느껴 볼 수 있다. 신안에는 국내 최대 규모의 염전이 있고 이곳에서 최고 품질의 천일염을 생산한다. 그중 한 곳인 증도의 태평염전에는 소금박물관이 있다. 1953년에 건축된 석조 소금 창고를 박물관으로 활용하고 있다. 소금의 존재 의미, 신안에서 최고 품질의 소금이 생산되는 비결을 입체적으로 경험하게 된다.

흑산도의 철새박물관과 새공예박물관도 흥미롭다. 한반도의 최서남단 흑산도는 철새들의 주요 이동 길목이다. 국내의 철새 600여 종 가운데 420여 종이 흑산도 일대에서 관찰된다. 그러한 특성을 살려 철새박물관

흑산도 철새박물관. 한반도 최서남단 흑산도가 철새들의 주요 기착지임을 보여 주는 박물관이다. ⓒ 신안군

을 조성한 것이다. 박물관에선 다양한 조류 표본 등 생물 자료를 선보이고 있다.

 새공예박물관은 전 세계 곳곳에서 수집한 새와 관련된 공예품을 소장 전시한다. 2023년 한 해 동안 두 박물관에 1만여 명이 관람했을 정도로 인기가 높다. 흑산도 하면 정약전, 홍어 정도만 알고 있던 일반 관광객들에게 철새 기착지라는 흑산도의 새로운 면모를 깨닫게 해 주는 흥미로운 박물관이 아닐 수 없다.

 압해도의 저녁노을공원, 자은도의 1004뮤지엄파크는 빼어난 바다 풍광을 배경으로 다양한 문화와 역사와 예술을 경험할 수 있는 복합문화예술 공간이다. 1004뮤지엄파크엔 세계조개박물관, 새우란전시관, 수석미술관, 수석정원, 바다휴양숲공원, 해송숲오토캠핑장 등이 어우러져 있고 바다 위로 가로놓인 천사대교(압해도~암태도)도 감상할 수 있다.

자은도의 복합문화예술단지인 1004뮤지엄파크. ⓒ 신안군

    신안군은 더욱 야심 찬 뮤지엄 프로젝트를 추진 중이다. 가장 대표적인 것이 김환기의 고향 안좌도에 조성 중인 플로팅 뮤지엄이다. 김환기 고택 인근의 신촌저수지에 콘크리트 부잔교浮棧橋를 이용해 건물을 띄우는 방식으로, 육면체 형태의 전시실과 사무실 등 7개 동으로 구성된다. 김환기 미술을 중심으로 다양하고 고급스러운 미술을 선보이는 이색 뮤지엄이 될 것이다. 이르면 2024년 말 개관한다.

    자은도에는 조각 전문 미술관인 인피니또 박물관을 건립한다. 서울의 삼성미술관 리움과 강남 교보타워를 설계한 스위스 건축가 마리오 보타가 설계를 맡았다. 5월 공사에 들어가 2025년 6월경 마무리된다. 이곳에는 목포 출신 조각가 박은선의 작품 〈무한기둥〉 등을 설치할 예정이다.

    김대중 전 대통령이 태어난 하의도에는 김대중 아카이브홀이 들어선

신안군 안좌도의 김환기 고택 인근 저수지에 들어서는 플로팅 뮤지엄(조감도). 이르면 2024년 12월 개관한다. ⓒ 신안군

다. 한국 현대 정치사의 거목인 김대중의 인생 역정과 정치 철학을 만나 보는 공간이다. 신안군청 문화예술1팀의 이건욱 주무관은 "하의도 소금 박물관 건물을 증축해 현대 정치사의 아카이브 공간으로 조성하는 프로젝트로 2024년 12월 완공 예정"이라고 설명했다.

신안선 수중 발굴을 기억하는 기념관도 생긴다. 1976년부터 1984년까지 11차례에 걸쳐 증도 방축리 앞바다에서 진행된 14세기 중국 원나라 무역선 발굴은 한국 수중 발굴의 시발점이 된 기념비적인 발굴이다. 그러나 발굴 유물은 모두 목포와 서울로 옮겨졌고, 방축리 인근에는 기념비만 세워 놓아 신안군민들에게 많은 아쉬움을 남겼다. 그 아쉬움을 달랠 수 있는 '신안 해저 유물 방문자센터'가 방축리 발굴 해역 바로 앞에 2026년 들어선다. 신안선 발굴의 의미를 더 되새기고 동시에 신안의 역사와 문화의 의미를 부각하는 공간이 될 것으로 기대된다. 이렇게 되면 신안은 '한국의 나오시마'로 불리게 될 것이다. 고령화의 섬, 환경 오염의 섬에서 박물관 미술관의 섬, 예술의 섬으로 변신한 일본의 나오시마는 현재 일본 최고의 문화예술 관광지로 각광 받고 있다.

신안 도초도 수국공원 앞에 조성된 간재미 조형물. ⓒ 이광표

조형물로 펼쳐보는 어류 학습 도감

신안의 섬들에는 거리 조형물이 많다. 민어(임자도), 짱뚱어(증도), 병어(지도), 농게(지도), 간재미(도초도), 새우(임자도) 등 신안 근해에서 잡히는 생선을 소재로 한 것이 특징이다. 흑산도엔 고래 조형물도 있다. 일제 강점기 흑산도에서 고래 파시가 열렸을 정도로 고래잡이가 성행했다.

    어류 조형물들은 우선 그 섬의 특징을 알려주고 흥미로운 볼거리를 제공한다. 그뿐만 아니라 생선에 관한 유익한 정보를 제공한다. 짱뚱어 조형물에서는 친근감과 편안함이, 민어 조형물에서는 육중한 퍼덕임과 힘찬 솟구침이, 병어 조형물에서는 싱싱함이, 간재미 조형물에서는 부드러운 유영 모습이 두드러진다. 모두 그 생선의 생태를 잘 부각한 것이다.

    신안의 섬에서 만나는 여러 생선 조형물은 일종의 어류 학습 도감이라고 해도 좋을 듯하다. 역시 《자산어보》의 섬이다.

우리는 왜 신안으로 가는가
새로운 신안학을 위하여

2019년 4월, 신안군의 압해도와 암태도를 잇는 천사대교가 개통되었다. 길이가 무려 7.2km에 이르는 데다 현수교와 사장교가 연결된 참신하고 세련된 디자인으로 금세 신안의 명물이자 상징으로 자리 잡았다.

천사대교 덕분에 목포에서 신안으로 접근하는 것이 매우 수월해졌다. 여전히 배를 타야만 갈 수 있는 섬이 훨씬 많지만 천사대교는 섬의 고장 신안의 중요한 길이 되었다.

컬러, 그린, 아트

신안엔 섬과 바다가 어우러진 멋진 풍광이 있다. 기암괴석의 비경이 있고 갯벌이 있고 천일염이 있다. 홍어와 병어 같은 생선이 있고 맛깔나는 먹거리가 즐비하다. 최근엔 특히 신안군이 꽃과 뮤지엄에 각별한 관심을 기울여 다채로운 꽃과 문화예술의 향취가 함께한다.

색깔로 사람을 끌어들이는 컬러 마케팅, 꽃과 나무로 지역을 재생하는 그린 마케팅, 예술로 지역에 활기를 불어넣는 아트 마케팅이라 할 수 있다(김병희·김신동·홍경수, 《보랏빛 섬이 온다》). 최근 사람들이 자꾸만 신안으로 향하는 까닭이다.

그런데 여기에 역사와 사람이 빠질 수 없다. 신안의 섬에는 신석기 시

신안 만재도 선착장에 들어오는 남해고속 쾌속선 뉴퀸호. 목포와 만재도를 오가는데 편도 5시간 30분 걸리던 시간이 이 쾌속선 덕분에 2시간 30분으로 줄어들었다. ⓒ 이광표

대 때부터 사람들이 살았다. 고대 시대가 되면 강력한 해상 세력이 터를 잡았다.

왕건에 맞섰던 능창이라는 인물이 대표적이다. 장산도, 신의도, 안좌도 등지에 남아 있는 석실 고분이 고대 해상 세력의 흔적이다. 고려 시대엔 송나라 사절단이 흑산도, 비금도, 임자도를 경유해 개경을 오갔고, 원나라 무역선이 증도 앞바다에서 침몰하기도 했다.

조선 시대에는 프랑스 난파선이 비금도에 표착해 프랑스 선원들이 비금도 주민들과 교류하기도 했다. 조선 시대엔 숱한 인물들이 이곳에서 유배 생활을 했고, 근대기에는 암태도 주민들이 소작 쟁의 투쟁에 참여해 승리를 쟁취했다. 신안의 섬들이 한반도 서남단의 요충지이다 보니, 일제의 침략과 수탈을 피해 갈 수는 없었다. 그 삶의 흔적은 신안의 섬 곳곳에 남아 신안의 역사가 되었다.

섬의 길, 신안의 길

바다로 둘러싸인 섬은 소통과 고립의 양면을 지닌다. 섬은 바다를 건너는 통로이기도 하고 바다에 갇힌 탓에 단절이기도 하다. 그러나 대체적으로

백제 해상 세력의 무덤인 장산도 석실 고분. ⓒ 신안군

고립으로 보는 관점이 많았다. 하지만 인류는 섬과 바다를 길로 만들었고, 그 섬과 바다에서 문명의 교류가 이뤄졌다. 신안의 섬들도 예외일 수는 없다.

　신안군은 섬의 길 프로젝트를 멋지게 기획해 성공을 거두었다. 바로 '섬티아고 순례 길'이다. 대기점도-소기점도-소악도를 잇는 12km 둘레길에 12사도의 공간을 조성했다. 바닷물에 잠겼다 드러나는 노두 길은 신비롭게 다가온다. 그래서일까. 섬티아고 순례 길은 이제 특정 종교나 단순 관광의 차원을 넘어 자신을 돌아보고 성찰하는 코스로 자리 잡았다. 섬과 바다의 아름다운 풍광은 물론이고, 섬에 담긴 지난한 역사와 섬사람들의 애환까지 돌아보게 한다. 그렇기에 섬티아고 순례 길은 신안에서만 만날 수 있는 특별한 길이다.

　신석기 시대 때부터 사람들이 살았으니, 1,000여 개의 섬에는 숱한 길들이 새겨져 있을 것이다. 열심히 정성껏 그 길을 들추어내면 수많은 사람

신안군 증도와 화도를 연결하는 노두 길. ⓒ 신안군

의 흔적을 발견할 수 있을 것이다.

　팔금도의 충무공 이순신과 시인 최하림, 흑산도의 유배객 정약전 조희룡과 항일 민족지사 최익현, 우이도의 홍어 장수 문순득, 암태도에서 소작 쟁의 횃불을 든 서태석, 비금도의 염부 박삼만과 프로 바둑 기사 이세돌, 안좌도의 화가 김환기, 하의도의 대통령 김대중, 선도의 수선화 할머니 현복순……. 이들은 모두 자신의 길을 걸었고 아름다운 흔적을 남겼다. 그것이 신안의 길이고 신안 인문학의 요체가 될 것이다.

　신안군은 흑산도의 흑산성당에서 사리마을까지 정약전의 길을 조성하고 있다. 그 길에서 우리는 유배객 정약전의 고뇌와 그리움, 바다 생물에 대한 호기심과 창대와의 우정을 느낄 수 있다. 아울러 아직 덜 알려진 흔적에 대해서도 좀 더 각별한 관심이 필요해 보인다.

이순신은 명량대첩 이후 잠시 팔금도에 머물며 조선의 수군을 정비하고 있었다. 그때 둘째 아들의 전사 소식을 들었다고 알려져 있다. 그 충격이 어떠했을까. 위대한 장군이 아니라 아버지로서 가장 큰 고통을 겪어야 했던 시절, 이순신은 팔금도 채일봉을 오르내리며 마음을 추스렸으니, 이순신의 일생에서 가장 힘겨웠던 흔적이 팔금도에 남아 있을 것이다. 그 길을 제대로 걷고 싶다.

'이순신의 길'을 더욱 감동적으로 체감하기 위해선 1598년 팔금도에서의 이순신의 동선을 좀 더 구체화하려는 시도가 필요해 보인다. 김대중의 길, 김환기의 길, 이세돌의 길 등 신안 사람들의 흔적을 길이라는 관점에서 시각적으로 재구성하면 좋을 듯하다. 그 콘텐츠를 더욱 심화 연구하고 추가 발굴해 다양한 프로그램으로 활용할 수 있을 것이다.

테마별 길 프로젝트도 필요해 보인다. 1123년 중국 송나라 사신단 200여 명은 흑산도, 비금도, 임자도를 거쳐 개경에 이르렀다. 당시 고려를 다녀간 송나라 서긍은 그 과정을《고려도경》에 잘 기록해 놓았다.

1851년 프랑스 고래잡이 어선이 비금도에 표착한 것은 한국과 프랑스의 첫 공식적인 만남이었다. 신안의 섬들은 이렇게 고려와 조선 시대 외교와 교류의 역사에서 매우 중요한 공간이었다.《고려도경》의 길이기도 하고 한국-프랑스 교류의 길이기도 하다. 14세기 초 신안 증도 앞바다에 침몰한 원나라 무역선(신안선)의 이야기도 빠질 수 없는 신안의 길이다.

길은 사람에 국한되지 않는다. 소금의 길도 있고 홍어의 길, 병어의 길도 있다. 이러한 길을 프로젝트화하기 위해선 해당 아이템(인물, 사건, 시대)에 대한 심층 연구가 선행되어야 한다.

지금까지의 연구 성과를 토대로 새로운 연구 성과를 추가하고 창의적인 관점을 가미한다면 흥미롭고 의미 있는 '신안의 길 콘텐츠'가 축적될

수 있지 않을까. 신안 하면 천일염이다. 그 천일염 소금의 길을 구체적으로 파악하기 위해선 증도 태평염전 앞 바닷가에 가라앉아 있는 소금 운반선의 발굴 조사가 필요해 보인다. 이것을 통해 소금의 유통에 관한 흥미로운 자료를 확보할 수 있을 것이다.

 신안은 '1도島 1뮤지엄 프로젝트'를 진행 중이다. 그 성과에 힘입어 신안의 여러 섬에서 특징적인 뮤지엄(박물관, 미술관)을 만날 수 있다. 이제는 그 뮤지엄을 길로 연결시켰으면 하는 바람을 가져본다. 뮤지엄 각각의 개

보랏빛 라벤더가 가득한 신안의 퍼플섬(반월도 박지도). ⓒ 신안군

별 프로그램도 좋지만 섬과 섬들의 차이와 공통점을 찾아내 연계하는 프로그램을 기획하는 것도 좋을 듯하다. 섬티아고 순례 길 못지않은 뮤지엄 순례 길도 가능할 것이다.

'걸어서 섬 건너고 싶다' 할머니의 소망이 만들어 낸 길

섬과 섬을 잇는 길과 길. 물리적인 길도 있고 추상적 정신적인 길도 있겠지만 이를 위해선 인문학적 탐구가 필수적이다. 강봉룡 목포대 교수는 "섬의 인문학 담론"이라는 글에서 이렇게 제안한 바 있다.

> 섬과 바다에 작동한 소통성과 고립성, 탈경계와 경계, 섬 문명과 섬 민속의 무성한 교차는, 예술적 행위와 철학적 사유의 스파크를 일으키며 섬사람들의 예술과 철학의 정수와 정신을 발현시켜 왔다. 섬은 수많은 흥미진진한 이야기를 창출하여 문학과 스토리텔링과 문화콘텐츠의 진귀한 소재들을 제공해 주기도 했다.
>
> 그리고 바닷물로 둘러싸여 있는 섬의 독특한 자연경관은, 육지 중심주의가 초래하는 인간 소외의 낭패감을 치유해 주는 건강한 문화생태의 원천으로 작동하기도 한다. '섬의 인문학'은 이 모든 것을 아우르고 융합할 것을 제안한다.

섬의 인문학을 가장 멋지게 꽃피울 수 있는 곳은 신안이다. 신안의 무수한 섬들이 김환기 추상화의 점이 되어 인간과 별과 우주로 나아갔듯, 신안의 섬들은 멋진 길이 되어 의미 있는 삶의 무늬(인문)를 만들어 낼 것이다. 그것은 곧 효율적인 문화관광 자원이기도 하다.

매년 5월 신안의 퍼플섬(반월도와 박지도)에서 라벤더 축제가 열린다. 수많은 사람들이 안좌도 두리마을~박지도~반월도를 이어주는 해상목교 퍼플교(1.5km)를 걷는다. 보랏빛 라벤더에 취해 바다를 걸어 섬을 건너는 이색적인 경험이다.

퍼플교는 박지마을에서 평생 살아온 김매금 할머니의 '걸어서 섬을 나서고 싶다'는 소망에서 시작되었다. 그 작은 소망은 보랏빛 길이 되었다.[8)]

참고 문헌

- 철새는 날아가고 홍어는 돌아온다
  강제윤, 《신안》, 21세기북스, 2020.
  김준, 《바다인문학》, 인물과사상사, 2022.
  정약전, 《자산어보》, 권경순·김광년 옮김, 더스토리, 2002.
  최성환, 《유배인의 섬 생활》, 세창미디어, 2020.
  흑산도 철새박물관 전시관 설명 자료.
- 어부들을 구해 준 흑산 고래
  강제윤, "사람 목숨 살린 흑산도 고래 이야기," 〈동아일보〉 2023. 10. 6. A29면.
  서종원, "파시로 인한 지역문화 사회의 문화변화 양상 고찰 – 일제강점기 위도지역의 조기 파시 사례를 중심으로," 〈중앙민속학〉 제12호, 중앙대 한국문화유산연구소, 2007.
  이주빈, 〈일제 강점기 '대흑산도 포경근거지' 연구〉, 목포대학교 대학원 석사 학위 논문, 2017.
  정민, "새 자료 정학유의 흑산도 기행문 부해기와 기행시," 〈한국한문학연구〉 제79집, 한국한문학회, 2020.
  최길성, "파시의 민속학적 연구," 《한국민속문화 연구총서》 5권, 1997.
- 해양 생물 백과사전 《자산어보》의 탄생지
  신동원, "다산은 현산어보가 아니라 자산어보라 불렀다," 〈역사비평〉 81호, 역사비평사, 2007.
  이태원, 《현산어보를 찾아서 1》, 청어람미디어, 2002.
  정약전, 《자산어보》, 권경순·김광년 옮김, 더스토리, 2002.
  최성환, "섬사람들의 벗이 된 흑산도 유배인 정약전," 〈해양담론〉 제4호, 2017.
  KBS, 〈KBS 역사스페셜 – 조선 시대, 최신식 어류백과사전이 있었다〉 2003. 4. 5.
- 유배지에서 그리스도인의 삶
  이덕일, 《정약용과 그의 형제들 1, 2》, 다산북스, 2021.
  《추안급국안推案及鞫案》 73, 전주대학교 고전국역총서 2, 이상식 역주, 흐름, 2014.
  이태원, 《현산어보를 찾아서 4》, 청어람미디어, 2018.
  정약용, 《다산산문선》, 박석무 역주, 창비, 2014.
  최성환, "데에 신부 기록을 통해 본 대한제국기 목포항과 섬의 사회상," 〈한국학연구〉 79, 고려대학교 한국학연구소, 2021.
- 장보고 선단이 기항한 국제 항구
  강봉룡 외, 《섬과 인문학의 만남》, 민속원, 2015.
  전남문화재연구소, 《신안 흑산도 고대문화 조명》, 혜안, 2016.
  최성환, 《신안여행을 위한 문화관광 가이드북》, 신안군, 2023.
- 바다에서 감상하는 만물상
  김민수, 《대한민국 100점 여행 – 서해편》, 파람북, 2022.

박미영, "홍도 지형 자원을 활용한 지오투어리즘," 〈한국지역지리학회지〉 65호, 한국지역지리학회, 2011.
박형준, 〈섬 관광 활성화 방안연구: 신안군 홍도를 중심으로〉, 목포대학교 경영행정대학원 석사 학위 논문, 2014.
양명훈, "33개의 절경과 건강한 난대림을 품은 다도해의 진주, 신안 홍도," 〈산림〉 678호, 산림조합중앙회, 2022.

- 오랜 세월 파도가 둥글게 깎은 몽돌 해변
이재언, 《한국의 섬 신안군 1》, 이어도, 2021.
이재진, "짙푸른 바닷가에 노란 원추리," 〈산〉 533호, 조선뉴스프레스, 2022.
주강현, 《등대: 제국의 불빛에서 근대의 풍경으로》, 생각의나무, 2007.

- 국내 최초로 섬에서 발견된 산지 습지
최광희 · 최태봉, "신안 장도습지의 지형과 퇴적물 특성," 〈한국지형학회지〉 제17권 제2호, 2010.
신안군 홈페이지, 장도 람사르 습지 (https://www.shinan.go.kr/home/www/about/about_13/page.wscms)
EBS, 〈섬 속의 늪, 장도습지를 가다〉 (https://www.youtube.com/watch?v=gwe40N0oqQA)

- 억울한 세금······ 정조 행렬에 징 올렸다
김이수 전기편찬추진위원회, 《김이수 전기》, 홍디자인하우스, 2001.
정약전, 《자산어보》, 권경순 · 김광년 옮김, 더스토리, 2002.
최성환, 《유배인의 섬생활》, 세창미디어, 2020.
최성환, 《천사섬 신안 섬사람 이야기》, CREFUN, 2014.

- 3관왕 명품 마을의 거북손과 홍합
다도해 해상국립공원 서부사무소, 《영산도 명품마을 마을지》. 2015.
정약전, 《자산어보》, 권경순 · 김광년 옮김, 더스토리, 2022.
김준, 《바다인문학》, 인물과사상사, 2022.

- '부러진 연필 자루' 수백 개, 1억 년 비경
국립해양유물전시관, 〈만재도: 전통한선과 어로민속조사 보고서〉 2008.
배석환, "안개 속에 피어난 만 가지 이야기, 만재도," 〈우리바다〉 538호, 수협중앙회, 2017.
이승하 · 홍선기, "섬지역 생태관광 활성화를 위한 신안 만재도 지질공원 지정 필요성과 기대효과," 〈인문사회과학연구〉 24권 2호, 부경대학교 인문사회과학연구소, 2023.
천기철, "동쪽으로 날아오르는 한 마리 저 새를 보라!," 〈사람과 산〉 2020년 9월호, 월간 사람과산.
최홍길, "맛있는 섬여행 섬에서 삼시세끼," 〈투어코리아〉 2020년 7월호, 태건미디어.
홍경일, "원조 감성돔 낚시가 처음이라고요? 신안 만재도를 추천합니다," 〈낚시춘추〉 2022년 1월호, 황금시간.

- 2m 대물 심해어 '돗돔'의 황금 어장
강제윤, 《신안》, 21세기북스, 2020.
신안군, 《가히 아름다워 살고 싶은 섬 가거도》.2022.
황호택, "〈황호택의 탐방〉 조기 · 슈퍼태풍 · 국가명승··· 해 가장 늦게 지는 가거도," 〈아주경제〉 2022. 11. 16.
KBS, 다큐멘터리 〈전설의 대물 돗돔을 찾아서〉 2008. 7. 23.
유튜브 어양차 바다야 https://www.youtube.com/watch?v=v6MR7oTu-BE&t=911s

- 6월 병어 맛 모르고 어찌 여름 나려는가
김준, 《바다 인문학》, 인물과사상사, 2022.
권혁준, "가을철 밥상 위 대표 물고기 병어와 덕대," 〈Map: Marine and people〉 2018 Fall, 국립생물자원관, 2018.
정약전, 《자산어보》, 정명현 옮김, 서해문집, 2016.
조선아, "20년간 몸값 가장 많이 오른 생선은 뭘까," 〈비즈넷 타임스〉 146호, 피앤플러스, 2016.

- 현복순 할머니의 30년 수선화 사랑
박미정, "슬픈 이야기 간직한 자기애의 꽃 수선화," 〈산림〉 602호, 산림조합중앙회, 2016.
이재진, "CNN도 반했다, 수선화 천국," 〈산〉 2021년 4월호, 조선뉴스프레스.
이지후, "꽃을 든 신사 수선화섬으로 간 까닭," 〈월간 가드닝〉 2019년 5월호, 그린쿱협동조합.

최성환 외, 《수선화의 섬 선도》, 민속원, 2023.
한상훈, "그리움의 수사학 - 문학공간에 나타난 수선화 이미지," 〈문학춘추〉 90호, 문학춘추사, 2015.
- 부자 양반이 먹던 민어와 전장포 새우젓
강봉룡 외, 《섬과 인문학의 만남》, 민속원, 2015.
김경옥, "17~18세기 임자도진의 설치와 목장의 개간," 〈도서문화〉 제24집, 목포대 도서문화연구소, 2004.
김준, "파시의 어업기술사적 고찰: 임자도 파시를 중심으로," 〈민속학연구〉 제17호, 국립민속박물관, 2005.
EBS, 〈한국기행 - 명물찾아 섬만리 3부 황금어장이 열렸다 임자도〉 2017. 8. 9. (https://www.youtube.com/watch?v=Ptcgam0Arb8)
문화유산채널, 〈배우 박철민, 섬으로 가다〉. (https://www.youtube.com/watch?v=uLco4uY-j3s)
최성환, 《천사섬 신안 섬사람 이야기》, CREFUN, 2014.
신안군, 《사계절 꽃 피는 바다 위 정원 플로피아》, 2021.
- 투명하게 빛나는 광활한 소금밭
국립민속박물관, 《소금꽃이 핀다: 2011 전남 민속문화의 해 특별전》, 2011.
김준, "소금과 국가 그리고 어민," 〈도서문화〉 제20집, 목포대 도서문화연구소, 2002.
조효은, 〈근대산업경관으로서의 천일염전의 가치 측정과 포괄적 보전 방안〉, 경성대학교 대학원 석사 학위 논문, 2021.
최성환, "섬사람들의 생활 혁명을 이끈 천일염전," 《섬과 인문학의 만남》, 민속원, 2015.
- 신안 보물선, 한국 수중고고학의 탄생
문지혜, 〈짱뚱어 조직의 호흡대사 및 항산화 활성〉, 청주대학교 대학원 생물학과 석사 학위 논문, 2006.
이은윤, "신안문화재 발굴인양의 총결산," 〈세대〉 1979년 9월호.
정양모, "신안해저유물발굴의 중간보고," 〈신동아〉 1978년 10월호.
국립해양문화재연구소, 《한국의 보물선 타임캡슐을 열다》, 공명, 2016.
국립해양문화재연구소, 《대한민국 수중발굴 40년 특별전》, 2016.
- 갯벌 위로 걷는 12km 노두 길 섬티아고
김병희, 《12사도와 떠나는 섬티아고 순례 길》, 학지사비즈, 2024.
임병진, 《문준경에게 인생의 길을 묻다》, 사랑마루, 2015.
정원영, 《영원한 전도자 하나님의 사람 문준경》, CESI 한국전도학연구소, 2019.
- 눈 오는 날 애기동백꽃 4,000만 송이
국립해양문화재연구소, 《해양문화유산조사보고서 16 고이도》. 2019.
신안군, 《사계절 꽃 피는 바다 위 정원 플로피아》, 2011.
이수건·김언종 외, 《나주정씨 선계연구》, 동문선, 2009.
최성환, 《바다로 간 천사, 섬이 되다 - 신안이야기》, 신안문화원, 2012.
- 동양 최대 독살에서 숭어가 뛴다
이재언, 《한국의 섬 - 신안군 2》, 이어도, 2021.
최성환, 《신안여행을 위한 문화관광 가이드북》, 신안군, 2023.
신안군, "명예 신안사람 임양수 씨," 〈신안소식〉 2020년 봄호.
- 소작 쟁의 주역들과 친일 지주의 변신
송기숙, 《암태도》, 창비, 1981.
박승찬, "1924년 암태도 소작 쟁의의 전개과정," 〈한국근현대사연구〉 제54집, 한국근현대사학회, 2010.
정병준, "암태도 소작 쟁의 주역의 세 가지 길: 서태석 박복영 문재철," 〈한국민족운동사연구〉 51호, 한국민족운동사학회, 2007.
최성환, "암태도 소작 쟁의의 참여 인물과 쟁의의 특징," 〈도서문화〉 제56집, 목포대 도서문화연구소, 2020.
- 참척의 슬픔을 이겨낸 이순신
문홍일, 《팔금도 제염문화 100년》, 남흥제염문화연구원, 2019.

안영배, "잊혀진 전쟁 정유재란… 이순신의 고단한 뱃길," 〈동아일보〉 2017. 11. 4.
정현창·김병인, "발음도와 팔금도·장산도 그리고 강막지," 〈지방사와 지방문화〉 21권 2호, 역사문화학회, 2018.
최하림연구회 엮음, 《최하림 다시 읽기》, 문학과지성사, 2021.
- 신안의 섬들, 김환기 추상화의 점이 되다
김환기, 《어디서 무엇이 되어 다시 만나랴》, 환기미술관, 2005.
삼성문화재단, 《한국의 미술가 김환기》, 1997.
갤러리현대, 《김환기》, 1999.
이태호, "발굴 김환기 가계," 〈월간미술〉 271, 2007.
김현숙, "김환기 회고전: 40년 추상의 여정을 꿰다," 〈월간미술〉 463, 2023.
- 라벤더가 지천인 보라빛 성지
국립해양문화재연구소, 《해양문화유산 조사보고서 14 반월도 박지도》. 2017.
남궁산, 《문명을 담은 팔레트》, 창비, 2020.
- 시금치와 비금 섬초는 이렇게 다릅니다
고상희, 〈신안 섬초(시금치)의 항산화 효과와 분말 첨가 식품의 품질 특성〉, 순천대학교 대학원 박사 학위 논문, 2014.
김민수, 《대한민국 100섬 여행 – 서해편》, 파람북, 2022.
농촌진흥청, 《섬초(시금치) 장기 저장유통 및 상품화 기술개발》, 2019.
최성환, "광복 이후 비금도 대동염전 개발과정과 사회적 가치," 〈신안문화〉 27호, 신안문화원, 2017.
- AI 알파고를 무너뜨린 이세돌의 바둑 DNA
경기도박물관, 《고려도경: 900년 전 이방인의 코리아 방문기》, 2018.
국립문화재연구소, 《프랑스 세브르국립도자박물관 소장 한국문화재》, 2006.
서긍, 《고려도경》, 조동원 외 옮김, 황소자리, 2005.
정아람, 《이세돌의 일주일: 밀착 취재로 복기한 인간 이세돌과 그의 바둑》, 동아시아, 2016.
- 수국의 파스텔 톤에 흠뻑 취하다
강제윤, 《신안》, 21세기북스, 2020.
신안군, 《사계절 꽃피는 바다 위 정원 플로피아》, 2021.
이재진, "이렇게 많은 수국, 본 적이 있나요?," 〈산〉 2022년 6월호, 조선뉴스프레스.
이주영, "산책로 따라 형형색색 수국에 흠뻑 빠져볼까," 〈월간 전남매일〉 2023년 7월호, 전남매일.
- 홍어 장수 문순득의 필리핀 마카오 표류기
고태규, "조선 시대 홍어장수 문순득의 해외 표류여행에 대한 연구," 〈한국사진지리학회지〉 제33권 제2호 별책, 2023.
국립해양유물전시관, 《전통한선과 어로민속조사보고서 5》, 2009.
최성환, 《문순득 표류연구 – 조선후기 문순득의 표류와 세계인식》, 민속원, 2012.
오카자키 이데타카, 《최초의 글로벌 동양인 존 만지로》, 김현용 옮김, 학사원, 2017.
- 살기 위해 배교한 정약전의 마지막 기도
문화재청 국립해양유물전시관 학술총서 제16집 《전통한선과 어로민속조사보고서 5》, 2009.
이덕일, 《정약전과 그의 형제들》, 다산초당, 2021.
이태원, 《현산어보를 찾아서 4》, 청어람미디어, 2018.
- 큰 바위 얼굴로 우뚝 솟은 섬마을 소년
김대중, 《김대중 자서전》, 삼인, 2022.
김택근, 《새.벽. 김대중 평전》, 사계절, 2012.
이재언, 《한국의 섬 – 신안군 2》, 이어도, 2021.
이희호, 《동행》, 웅진지식하우스, 2019.
최성환, 《신안여행을 위한 문화관광 가이드북》, 신안군, 2023.
- 의원·장관 5명 태어난 고택

박남일,《장병준 평전》, 도서출판 선인, 2016.
이해준, "장산도·하의도 문화의 배경," 〈도서문화〉 제3집, 목포대 도서문화연구소, 1985.
조용헌, "조용헌 살롱 - 수재집안," 〈조선일보〉 2002. 6. 20, 6. 25, 6. 30.
- 목포에서도 여기 낙지는 최고로 알아줍니다
국립해양문화재연구소,《해양문화유산조사보고서 08 옥도》, 2012.
이재언,《한국의 섬 - 신안군 2》, 이어도, 2021.
정약전,《자산어보》, 권경순·김광년 옮김, 더스토리, 2022.
이태원,《현산어보를 찾아서 4》, 청어람미디어, 2018.
최성환,《바다로 간 천사, 섬이 되다 - 신안이야기》, 신안문화원, 2012.
- 해오름길에서 바라본 다도해 풍광
강원석·강주일,《꿈을 키우는 육형제 소금밭》, 프로방스, 2010.
김재은, "전남 신안군 증도와 신의도의 천일염전과 생태문화자원 활용에 대한 연구," 〈한국도서연구〉 58호, 한국도서(섬)학회, 2017.
문안식, "백제의 해상활동과 신의도 상서고분의 축조 배경," 〈백제문화〉 제51집, 공주대학교 백제문화연구소, 2014.
백준상, "6형제 소금밭, 이제 고급 소금으로 승부합니다," 〈유기농생활 오가닉라이프〉 2016년 7월호, 매거진플러스.
최영미, "소금 공부, 신의도 여행 : 뜨거운 태양 아래서 체험하며 즐기며," 〈슬로매거진 달팽이〉 2019년 7월호, 지안.
- 남도 섬에만 있는 산해진미
강성국·김경휘·양동휘·노선미,《신안군 섬음식 백서》, J&H, 2022.
강제윤,《전라도 섬맛기행》, 21세기북스, 2019.
김준,《바다맛 기행 1》, 자연과생태, 2013.
김준,《바다맛 기행 2》, 자연과생태, 2015.
김준,《바다맛 기행 3》, 자연과생태, 2018.
- 우럭돌미역국, 간재미무침, 붕장어탕……
강성국·김경휘·양동휘·노선미,《신안군 섬음식 백서》, J&H, 2022.
강제윤,《전라도 섬맛기행》, 21세기북스, 2019.
김준,《바다맛 기행 1》, 자연과생태, 2013.
김준,《바다맛 기행 2》, 자연과생태, 2015.
김준,《바다맛 기행 3》, 자연과생태, 2018.
- 예술과 낭만이 있는 한국의 나오시마
김병희·김신동·홍경수,《보랏빛 섬이 온다》, 학지사, 2022.
신안군,《사계절 꽃피는 바다 위 정원 플로피아》, 2021.
- 우리는 왜 신안으로 가는가
강봉룡, "'섬의 인문학' 담론 - 섬과 바다의 일체성과 양면성 문제," 〈도서문화〉 44호, 도서문화연구소, 2014.
국립해양문화재연구소,《서남해 섬과 유배문화》, 2011.
김병희·김신동·김병수,《보랏빛 섬이 온다》, 학지사, 2022.
김재은, "전남 신안군 증도와 신의도의 천일염전과 생태문화자원 활용에 대한 연구," 〈한국도서연구〉 58호, 한국도서(섬)학회, 2017.
김준,《섬문화답사기 신안편》, 서책, 2021.
이주열, "'천사의 섬' 빛나는 해양문화유산 - 신안군 근대역사문화," 〈월간 전남매일〉 2021년 2월호, 전남매일.
채지선·전형연, "섬 지역의 음식문화 커뮤니케이션 전략 연구," 〈도서문화〉 제61집, 목포대 도서문화연구원, 2023.
최성환 외,《섬 공간의 탈경계성과 문화교류》, 민속원, 2015.

신안

QR 코드로 들어가면 보다 자세한
신안 지도를 보실 수 있습니다.